الديوان الشرقي للمؤلف الغربي

DIVÃ OCIDENTO-ORIENTAL

GOE

DIVÃ OCIDENTO-ORIENTAL

**JOHANN
WOLFGANG
VON
GOETHE**

TRADUÇÃO E POSFÁCIO
DANIEL
MARTINESCHEN

Estação Liberdade

Título original: *West-östlicher Divan*
© Editora Estação Liberdade, 2020, para esta tradução

PREPARAÇÃO Editora Estação Liberdade
REVISÃO Huendel Viana
SUPERVISÃO EDITORIAL Letícia Howes
PROJETO GRÁFICO E COMPOSIÇÃO Mika Matsuzake
IMAGEM DA CAPA Sultão Muhammad (c. 1531-33): "Alegoria da embriaguez do mundo e do além", folha do *Diwan* de Hafez. Propriedade conjunta do Metropolitan Museum of Art e da Galeria Arthur M. Sackler, Universidade de Harvard; doação do sr. e da sra. Stuart Cary Welch Jr., 1988.
DIREÇÃO EDITORIAL Angel Bojadsen

CIP-BRASIL. CATALOGAÇÃO NA PUBLICAÇÃO
SINDICATO NACIONAL DOS EDITORES DE LIVROS, RJ

G546d

Goethe, Johann Wolfgang Von, 1749-1832
Divã ocidento-oriental / West-östlicher divan / Johann Wolfgang Von Goethe ; tradução e posfácio Daniel Martineschen. - 1. ed. - São Paulo : Estação Liberdade, 2020. 448 p. ; 23 cm.

Tradução de: West-östlicher divan
Inclui bibliografia
ISBN 978-85-7448-307-8

1. Poesia alemã. 2. Poesia alemã - História e crítica. I. Martineschen, Daniel. II. Título.

19-61870

CDD: 831
CDU: 82-1(430)

Vanessa Mafra Xavier Salgado - Bibliotecária - CRB-7/6644
09/12/2019   12/12/2019

A TRADUÇÃO DESTA OBRA CONTOU COM UM SUBSÍDIO DO GOETHE-INSTITUT, FINANCIADO PELO MINISTÉRIO DAS RELAÇÕES EXTERIORES DA ALEMANHA.

Todos os direitos reservados à Editora Estação Liberdade. Nenhuma parte da obra pode ser reproduzida, adaptada, multiplicada ou divulgada de nenhuma forma (em particular por meios de reprografia ou processos digitais) sem autorização expressa da editora, e em virtude da legislação em vigor.

Esta publicação segue as normas do Acordo Ortográfico da Língua Portuguesa, Decreto no 6.583, de 29 de setembro de 2008.

EDITORA ESTAÇÃO LIBERDADE LTDA.
Rua Dona Elisa, 116 – Barra Funda – 01155-030
São Paulo – SP – Tel.: (11) 3660 3180
www.estacaoliberdade.com.br

SUMÁRIO

LIVRO DO CANTOR 13
    Hégira 15
    Porta-sortes 17
    Livre-senso 19
    Talismãs 21
    Quatro graças 23
    Confissão 25
    Elementos 27
    Criado e animado 29
    Cisão 31
    Aparição 31
    Amável 33
    Passado no presente 35
    Poesia e forma 37
    Atrevimento 37
    Curto e grosso 39
    Toda-vida 41
    Anelo abençoado 43
LIVRO DE HAFEZ 47
    Apelido 49
    Acusação 51
    Fátua 53
    O alemão agradece 53
    Fátua 55
    Ilimitado 55
    Imitação 57
    Claro enigma 59
    Aceno 59

LIVRO DO AMOR 61
    Modelos 63
    Livro de leitura 63
    Avisado 65
    Imerso 65
    Pensativo 67
    Mau consolo 69
    Satisfeito 69
    Saudação 71
    Entrega 71
    Inevitável 73
    Secreto 73
    Secretíssimo 75
LIVRO DAS CONTEMPLAÇÕES 77
    Cinco coisas 79
    Cinco outras 79
    Ao Xá Shuja e seus iguais 87
    A mais alta graça 87
    Ferdusi 89
    Jalal al-Din Rumi 89
    Zuleica 89
LIVRO DO MAU HUMOR 91
    Paz de espírito do viandante 109
LIVRO DOS PROVÉRBIOS 115
LIVRO DE TIMUR 135
    O Inverno e Timur 137
    A Zuleica 139
LIVRO DE ZULEICA 141
    Convite 143
    Hatem 145
    Zuleica 147
    Zuleica 149
    Hatem 149
    Ginkgo biloba 153
    Zuleica 191
    Imagem sublime 193

Ressonância 195
Zuleica 197
Reencontro 197
Noite de lua cheia 201
Criptografia 203
Reflexão 205
Zuleica 207
LIVRO DA TAVERNA 211
   Ao garçom 219
   Ao escanção 219
   O escanção fala 219
   Escanção 223
   Escanção 227
   Escanção 227
   Poeta 229
   Noite de verão 231
LIVRO DAS PARÁBOLAS 237
   É bom 245
LIVRO DO PARSE 247
   Legado da antiga crença persa 249
LIVRO DO PARAÍSO 257
   Homens autorizados 259
   Mulheres escolhidas 263
   Animais favorecidos 265
   Superior e supremo 267
   Os sete adormecidos 271
   Boa noite! 277

NOTAS E ENSAIOS PARA MELHOR COMPREENSÃO
DO *DIVÃ OCIDENTO-ORIENTAL* 279
   Introdução 281
   Hebreus 282
   Árabes 284
   Transição 290
   Antigos persas 290
   O Regimento 294

História 295
Maomé 297
Califas 301
Comentário para prosseguimento 302
Mahmud de Gázni 302
Reis poetas 305
Tradições 305
Ferdusi (morto em 1030) 307
Anvari (morto em 1152) 308
Nezami (morto em 1180) 309
Jalal al-Din Rumi (morto em 1262) 310
Saadi (morto em 1291 com 102 anos) 311
Hafez (morto em 1389) 312
Jami (morto em 1494, aos 82 anos de idade) 314
Visão geral 314
Considerações gerais 316
Considerações mais gerais 319
Novas, novíssimas 320
Dúvidas 322
Despotismo 323
Objeção 326
Adendo 327
Compensação 329
Inserção 331
Elementos fundamentais da poesia oriental 332
Transição de tropos para símiles 333
Alerta 335
Comparação 337
Preservação 339
Gêneros poéticos 340
Formas naturais da poesia 341
Adendo 342
Bibliomancia 343
Troca de flores e signos 343
Cifra 347
Divã futuro 349

Do Antigo Testamento....361
Israel no deserto....361
Outros auxílios....377
Peregrinações e cruzadas....378
Marco Polo....378
Jehan de Mandeville....379
Pietro della Valle....380
Perdão....392
Olearius....392
Tavernier e Chardin....393
Novos e mais novos viajantes....394
Professores: antecessores e contemporâneos....394
Von Diez....396
Von Hammer....401
Traduções....403
Fecho final!....407
Revisão....412

POSFÁCIO....415
  Introdução....417
  História do *Divã*....418
  Estrutura do *Divã*....421
  Traduções do *Divã*....427
  O *Divã* no Brasil....431
  Sobre esta tradução....434
  Leituras aprofundadas e referências....441

OBRAS DE GOETHE....443

MOGANNI NAMEH

Zwanzig Jahre ließ ich gehn
Und genoß, was mir beschieden;
Eine Reihe völlig schön
Wie die Zeit der Barmekiden.

LIVRO DO CANTOR

Vinte anos fiz fluir
De uma vida bem vivida;
Maravilhas a fruir
Como o tempo Barmecida.

Hegire

Nord und West und Süd zersplittern,
Throne bersten, Reiche zittern,
Flüchte du, im reinen Osten
Patriarchenluft zu kosten,
Unter Lieben, Trinken, Singen
Soll dich Chisers Quell verjüngen.

Dort, im Reinen und im Rechten,
Will ich menschlichen Geschlechten
In des Ursprungs Tiefe dringen,
Wo sie noch von Gott empfingen
Himmelslehr' in Erdesprachen
Und sich nicht den Kopf zerbrachen.

Wo sie Väter hoch verehrten,
Jeden fremden Dienst verwehrten;
Will mich freun der Jugendschranke:
Glaube weit, eng der Gedanke,
Wie das Wort so wichtig dort war,
Weil es ein gesprochen Wort war.

Will mich unter Hirten mischen,
An Oasen mich erfrischen,
Wenn mit Karawanen wandle,
Schal, Kaffee und Moschus handle;
Jeden Pfad will ich betreten
Von der Wüste zu den Städten.

Bösen Felsweg auf und nieder
Trösten, Hafis, deine Lieder,
Wenn der Führer mit Entzücken
Von des Maultiers hohem Rücken
Singt, die Sterne zu erwecken
Und die Räuber zu erschrecken

Hégira

Norte e oeste e sul se espalham,
tronos racham, reinos falham,
Vai-te à terra oriental,
sorve o ar patriarcal;
Pois no amar, beber, cantar
Vai Chadir te remoçar.

Onde tudo é justo e puro
gerações, com muito apuro,
buscarei na funda origem,
de onde ouviam — sem vertigem —
na sua língua o tom de Deus,
sem partir os crânios seus.

Onde os pais ainda honravam,
e maus cultos rejeitavam;
vou gozar do desatino,
com fé ampla e pouco tino,
já que o forte era a palavra,
pois falada era a palavra.

Aos pastores vou mesclar-me,
num oásis saciar-me,
trago em caravana e a pé
xale, almíscar e café;
Quero andar pelas picadas
do deserto até as muradas.

Nos rochedos, pela trilha,
com sua mula vai o guia;
às estrelas canta alto —
medo assoma os maus de assalto.
Ó Hafez! sem teus poemas
esta terra tem problemas.

Will in Bädern und in Schenken,
Heil'ger Hafis, dein gedenken,
Wenn den Schleier Liebchen lüftet,
Schüttelnd Ambralocken düftet.
Ja, des Dichters Liebeflüstern
Mache selbst die Huris lüstern.

Wolltet ihr ihm dies beneiden
Oder etwa gar verleiden,
Wisset nur, daß Dichterworte
Um des Paradieses Pforte
Immer leise klopfend schweben,
Sich erbittend ew'ges Leben.

Segenspfänder

Talisman in Karneol,
Gläub'gen bringt er Glück und Wohl;
Steht er gar auf Onyx Grunde,
Küß ihn mit geweihtem Munde!
Alles Übel treibt er fort,
Schützet dich und schützt den Ort:
Wenn das eingegrabne Wort
Allahs Namen rein verkündet,
Dich zu Lieb' und Tat entzündet.
Und besonders werden Frauen
Sich am Talisman erbauen.

Amulette sind dergleichen
Auf Papier geschriebne Zeichen;
Doch man ist nicht im Gedränge
Wie auf edlen Steines Enge,
Und vergönnt ist frommen Seelen,
Längre Verse hier zu wählen.

Pelas termas e tavernas
tuas honras canto eternas:
meu benzinho sopra o véu,
cachos de âmbar solta ao léu.
Sim, o poeta, sussurrando,
deixa as huris se corando.

Saibam todos que o invejam
ou que seu caminho pejam
que os poemas sempre pedem
baixinho à porta do Éden
uma dádiva singela:
uma vida eterna e bela.

Porta-sortes

Talismã em cornalina
traz ao crente sorte à sina;
quando em ônix lavrado,
dá-lhe um beijo consagrado!
Ele afasta todo mal,
cobre a ti e ao teu local:
se, encravada como tal,
a palavra amar a Alá,
e ao amor te incitar.
E as mulheres, sobretudo,
tiram dele seu estudo.

Amuletos são tais quais;
mas são de papel: sinais,
sem limite de tamanho —
que na pedra é tacanho —,
e as almas pias colhem
versos longos quantos podem.

Männer hängen die Papiere
Gläubig um, als Skapuliere.

Die *Inschrift* aber hat nichts hinter sich,
Sie ist sie selbst und muß dir alles sagen,
Was hinterdrein mit redlichem Behagen
Du gerne sagst: Ich sag' es! Ich!

Doch *Abraxas* bring ich selten!
Hier soll meist das Fratzenhafte,
Das ein düstrer Wahnsinn schaffte,
Für das Allerhöchste gelten.
Sag ich euch absurde Dinge,
Denkt, daß ich Abraxas bringe.

Ein *Siegelring* ist schwer zu zeichnen,
Den höchsten Sinn im engsten Raum;
Doch weißt du hier ein Echtes anzueignen,
Gegraben steht das Wort, du denkst es kaum.

Freisinn

Laßt mich nur auf meinem Sattel gelten!
Bleibt in euren Hütten, euren Zelten!
Und ich reite froh in alle Ferne,
Über meiner Mütze nur die Sterne.

—

Er hat euch die Gestirne gesetzt
Als Leiter zu Land und See,
Damit ihr euch daran ergetzt,
Stets blickend in die Höh.

Tais papéis-penduricalhos
São pro crente escapulários.

Mas nada atrás da *inscrição* se escondeu,
pois se sustenta por si e diz tudo,
ao que tu, em afã honesto e puro,
diz com gosto: "Eu digo! Eu!"

Só que o *abraxas* eu evito!
Aqui cria o grotesco
a loucura pelo avesso,
e se sagra no infinito.
Se eu falar muita besteira,
trago abraxas na algibeira.

Já um *sinete* é complicado:
em pouco espaço muito é dito.
Se tu entendes bem o que é honrado,
após gravado, mal pensas no escrito.

Livre-senso

Me deixe estar sobre a minha sela!
Fiquem nas suas tendas, suas celas!
E eu vou trotar ao longe, ao léu,
apenas estrelas sobre o chapéu.

—

Ele pôs constelações,
como guia em terra e mares,
para que, em exultações,
vocês ergam seus olhares.

Talismane

Gottes ist der Orient!
Gottes ist der Okzident!
Nord- und südliches Gelände
Ruht im Frieden seiner Hände.

—

Er, der einzige Gerechte,
Will für jedermann das Rechte.
Sei, von seinen hundert Namen,
Dieser hochgelobet! Amen.

—

Mich verwirren will das Irren;
Doch du weißt mich zu entwirren.
Wenn ich handle, wenn ich dichte,
Gieb du meinem Weg die Richte.

—

Ob ich Ird'sches denk und sinne,
Das gereicht zu höherem Gewinne.
Mit dem Staube nicht der Geist zerstoben,
Dringet, in sich selbst gedrängt, nach oben.

—

Im Atemholen sind zweierlei Gnaden:
Die Luft einziehen, sich ihrer entladen;
Jenes bedrängt, dieses erfrischt;
So wunderbar ist das Leben gemischt.
Du danke Gott, wenn er dich preßt,
Und dank' ihm, wenn er dich wieder entläßt.

Talismãs

É de Deus o Oriente,
é de Deus o Ocidente!
Norte ou sul, todo torrão
jaz na paz da Sua mão.

—

Ele, o único que é Justo,
quer a todos só o justo.
De seus nomes, muitos, cem,
que louvemos este! Amém.

—

O errado me confunde,
mas só tu me desconfundes.
Quando ajo ou poeto,
tu me dás caminho reto.

—

Quando penso no mundano,
realizo um alto plano.
A mente não dispersa pelo pó
se ergue à escuta por si só.

—

Existem duas graças no respirar:
sorver o ar, dele se liberar.
Um refresca, o outro oprime:
a vida é assim, mista e sublime.
Graça a Deus, se ele te aperta;
dá graça a Ele se te liberta.

Vier Gnaden

Daß Araber an ihrem Teil
Die Weite froh durchziehen,
Hat Allah zu gemeinem Heil
Der Gnaden vier verliehen.

Den Turban erst, der besser schmückt
Als alle Kaiserkronen;
Ein Zelt, das man vom Orte rückt,
Um überall zu wohnen;

Ein Schwert, das tüchtiger beschützt
Als Fels und hohe Mauern;
Ein Liedchen, das gefällt und nützt,
Worauf die Mädchen lauern.

Und Blumen sing' ich ungestört
Von ihrem Schal herunter,
Sie weiß recht wohl, was ihr gehört,
Und bleibt mir hold und munter.

Und Blum' und Früchte weiß ich euch
Gar zierlich aufzutischen,
Wollt ihr Moralien zugleich,
So geb' ich von den frischen.

Quatro graças

Aos árabes, de sua parte,
pra singrar a amplitude,
Alá por bem comum reparte
quatro graças em virtude.

Primeiro o turbante: graça tal
nem mesmo os reis têm tanto.
A tenda se ergue do local
pra morar em qualquer canto.

A espada, muito mais valente
que pedras e amurada.
A canção, que à moça atente
dá saber e lhe agrada.

E canto flores sem pudor
das que caem do xale dela;
ela bem sabe o seu valor,
tão doce e assim tão bela.

E flor e fruta sei servir
a vocês, mui graciosas;
se morais querem ouvir,
dou-lhes logo das viçosas.

Geständniss

Was ist schwer zu verbergen? Das Feuer!
Denn bei Tage verrät's der Rauch,
Bei Nacht die Flamme, das Ungeheuer.
Ferner ist schwer zu verbergen auch
Die Liebe; noch so stille gehegt,
Sie doch gar leicht aus den Augen schlägt.
Am schwersten zu bergen ist ein Gedicht;
Man stellt es untern Scheffel nicht.
Hat es der Dichter frisch gesungen,
So ist er ganz davon durchdrungen.
Hat er es zierlich nett geschrieben,
Will er, die ganze Welt soll's lieben.
Er liest es jedem froh und laut,
Ob es uns quält, ob es erbaut.

Confissão

O que é ruim de esconder? O fogo!
Se ao dia a fumaça o trai
à noite a chama o monstro, o ogro.
Difícil de esconder ainda mais,
O amor: guardado em cura calma,
pula ágil pra fora da alma.
O pior mesmo é esconder um poema:
pois cobri-lo dá o maior problema.
Se o poeta o recém-cantou,
de poesia se encharcou;
se o poeta o escreveu com classe,
quer que todo o mundo o abrace.
A todos lê, alegre e forte.
Azar de nós — ou será sorte?

Elemente

Aus wie vielen Elementen
Soll ein echtes Lied sich nähren,
Daß es Laien gern empfinden,
Meister es mit Freuden hören?

Liebe sei vor allen Dingen
Unser Thema, wenn wir singen;
Kann sie gar das Lied durchdringen,
Wird's um desto besser klingen.

Dann muß Klang der Gläser tönen
Und Rubin des Weins erglänzen:
Denn für Liebende, für Trinker
Winkt man mit den schönsten Kränzen.

Waffenklang wird auch gefodert,
Daß auch die Trommete schmettre;
Daß, wenn Glück zu Flammen lodert,
Sich im Sieg der Held vergöttre.

Dann zuletzt ist unerläßlich,
Daß der Dichter manches hasse;
Was unleidlich ist und häßlich,
Nicht wie Schönes leben lasse.

Weiß der Sänger, dieser Viere
Urgewalt'gen Stoff zu mischen,
Hafis gleich wird er die Völker
Ewig freuen und erfrischen.

Elementos

E de quantos elementos
deve o canto se nutrir,
para aos leigos sentimentos
e aos mestres divertir?

Sobretudo seja o amor
tema de todo cantor.
Tem o canto um esplendor,
e vai soar muito melhor.

Que as taças alto soem,
brilhe o rubro vinho nelas:
aos amantes e aos ébrios
só se ofertem láureas belas.

Soem armas! Já é hora.
Que o trompete toe alto!
Quando a sorte chama: agora!
seja o herói um deus no alto.

E por fim é indispensável
que o poeta odeie tudo
que há de feio e insuportável
e o expulse deste mundo.

Dome bem nosso cantor
tal quarteto tão potente,
vai cantar como Hafez,
despertando a toda a gente.

Erschaffen und beleben

Hans Adam war ein Erdenkloß,
Den Gott zum Menschen machte,
Doch bracht er aus der Mutter Schoß
Noch vieles Ungeschlachte.

Die Elohim zur Nas' hinein
Den besten Geist ihm bliesen,
Nun schien er schon was mehr zu sein,
Denn er fing an zu niesen.

Doch mit Gebein und Glied und Kopf
Blieb er ein halber Klumpen,
Bis endlich Noah für den Tropf
Das Wahre fand, den Humpen.

Der Klumpe fühlt sogleich den Schwung,
Sobald er sich benetzet,
So wie der Teig durch Säuerung
Sich in Bewegung setzet.

So, Hafis, mag dein holder Sang,
Dein heiliges Exempel,
Uns führen, bei der Gläser Klang,
Zu unsres Schöpfers Tempel.

Criado e animado

Seu Adão, bolo de lama,
Deus fez homem formoso;
do ventre da mãe derrama
seu aspecto horroroso.

Elohim no seu nariz
sopraram um bom espírito.
Já se achou muito feliz
e logo deu um espirro.

Ossos, membros, cuca ao topo:
nunca foi um bolo inteiro,
até Noé achar o copo
que pra gota é o verdadeiro.

O bolo sente o momento
tão logo se umedece,
como a massa, com fermento,
que se mexe e logo cresce.

Hafez, que teu beato canto,
teu santo exemplo,
faça-nos ver, taças em pranto,
do Criador o templo.

Zwiespalt

Wenn links an Baches Rand
Cupido flötet,
Im Felde rechter Hand
Mavors drommetet,
Da wird dorthin das Ohr
Lieblich gezogen,
Doch um des Liedes Flor
Durch Lärm betrogen.
Nun flötets immer voll
Im Kriegesthunder,
Ich werde rasend, toll,
Ist das ein Wunder.
Fort wächst der Flötenton,
Schall der Posaunen.
Ich irre, rase schon,
Ist das zu staunen!

Phänomen

Wenn zu der Regenwand
Phöbus sich gattet,
Gleich steht ein Bogenrand
Farbig beschattet.

Im Nebel gleichen Kreis
Seh ich gezogen,
Zwar ist der Bogen weiß,
Doch Himmelsbogen.

So sollst du, muntrer Greis,
Dich nicht betrüben,
Sind gleich die Haare weiß,
Doch wirst du lieben.

Cisão

Se à esquerda do regato
Cupido canta à toa,
e à destra em campo vasto
Mavorte atroa,
para lá o seu ouvido
é docemente puxado,
mas por ruído o florido
da canção é perturbado.
Já soa linda a flauta
em meio a um traque.
Se me agito, peralta:
não é um milagre?
E sobe o tom da flauta,
trombeta que soa.
Erro e saio da pauta:
mas essa é boa!

Aparição

Se ao muro de chuva
Febo está unido,
surge a sombra recurva,
em sombra colorida.

Vejo um mesmo arco
traçado no véu;
branco é mesmo o arco,
mas arco de céu.

Tu, velho querido,
não deves chorar;
teu cabelo é embranquecido,
mas tu vais amar.

Liebliches

Was doch Buntes dort verbindet
Mir den Himmel mit der Höhe?
Morgennebelung verblindet
Mir des Blickes scharfe Sehe.

Sind es Zelte des Wesires,
Die er lieben Frauen baute?
Sind es Teppiche des Festes,
Weil er sich der Liebsten traute?

Rot und weiß, gemischt, gesprenkelt,
Wüßt ich schönres nicht zu schauen;
Doch wie Hafis kommt dein Schiras
Auf des Nordens trübe Gauen?

Ja, es sind die bunten Mohne,
Die sich nachbarlich erstrecken
Und, dem Kriegesgott zum Hohne,
Felder streifweis freundlich decken.

Möge stets so der Gescheute
Nutzend Blumenzierde pflegen
Und ein Sonnenschein, wie heute,
Klären sie auf meinen Wegen!

Amável

Onde a cor que me apega
firmamento com a altura?
Bruma matutina cega
no meu olho a vista pura.

São as tendas do vizir
que ele fez a suas queridas?
São tapetes desta festa
porque se uniu à preferida?

Rubro e branco, misturados,
nada vi tão belo assim;
pode o teu Xiraz, Hafez,
vir ao norte triste, enfim?

Sim, é o colorido ópio
que se estende à vizinhança,
e, causando em Marte opróbrio,
cobre os campos com pujança.

Que o sábio ainda cultive
flores lindas de uma renda,
e, como hoje, o sol se altive
e as clareie em minha senda!

Im gegenwärtigen Vergangnes

Ros' und Lilie morgentaulich
Blüht im Garten meiner Nähe;
Hinten an, bebuscht und traulich,
Steigt der Felsen in die Höhe;
Und mit hohem Wald umzogen
Und mit Ritterschloß gekrönet,
Lenkt sich hin des Gipfels Bogen,
Bis er sich dem Tal versöhnet.

Und da duftet's wie vor alters,
Da wir noch von Liebe litten
Und die Saiten meines Psalters
Mit dem Morgenstrahl sich stritten;
Wo das Jagdlied aus den Büschen
Fülle runden Tons enthauchte,
Anzufeuern, zu erfrischen,
Wie's der Busen wollt' und brauchte.

Nun die Wälder ewig sprossen,
So ermutigt euch mit diesen,
Was ihr sonst für euch genossen.
Läßt in andern sich genießen.
Niemand wird uns dann beschreien,
Daß wirs uns alleine gönnen;
Nun in allen Lebensreihen
Müsset ihr genießen können.

Und mit diesem Lied und Wendung
Sind wir wieder bei Hafisen,
Denn es ziemt des Tags Vollendung
Mit Genießern zu genießen.

Passado no presente

Rosa e lírio, orvalhados,
o jardim vizinho enfeitam;
escondidos, confiados
os rochedos se alteiam.
E com alta mata em volta
e um castelo lá em cima,
o arco no topo se solta,
e com o vale se combina.

Aí recende a tempos velhos,
quando amores nos doíam,
e as cordas dos saltérios
enfrentar o sol sabiam.
Sopra o hino da caçada
tons redondos do arbusto
pra aguilhada remoçada,
como quer e pede o busto.

A floresta sempre cresceu:
conformem-se com isso.
O que sempre lhes apeteceu
agrada agora com novo viço.
Ninguém vai nos reprovar
que sozinhos desfrutemos,
todos devem desfrutar
tudo aquilo que vivemos.

Com este canto e esta guinada
a Hafez retornaremos,
pois pro bem desta jornada
com cultores cultuaremos.

Lied und Gebilde

Mag der Grieche seinen Ton
Zu Gestalten drücken,
An der eignen Hände Sohn
Steigern sein Entzücken;

Aber uns ist wonnereich.
In den Euphrat greifen
Und im flüßgen Element
Hin und wider schweifen.

Löscht ich so der Seele Brand,
Lied es wird erschallen;
Schöpft des Dichters reine Hand,
Wasser wird sich ballen.

Dreistigkeit

Worauf kommt es überall an.
Daß der Mensch gesundet?
Jeder höret gern den Schall an,
Der zum Ton sich rundet.

Alles weg! was deinen Lauf stört!
Nur kein düster Streben!
Eh er singt und eh er aufhört
Muß der Dichter leben.

Und so mag des Lebens Erzklang
Durch die Seele dröhnen!
Fühlt der Dichter sich das Herz bang,
Wird sich selbst versöhnen.

Poesia e forma

Pode o argivo com sua argila
formas espremer,
sua própria mão destila
o que eleva o seu prazer;

mas nos é auspicioso
o Eufrates adentrar,
e no líquido elemento
passear pra lá e pra cá.

Quando a chama da alma esfria,
canção que se alteia;
pura mão do poeta cria,
água se boleia.

Atrevimento

Donde vem que em todo lado
O Homem a si se cura?
Todos ouçam de bom grado
O som que em tom se apura.

Manda embora o que te estrova!
Só evita o mau querer!
Seja quieto, seja em trova,
O poeta há de viver.

Que da vida o tom primário
Vibre nesta alma!
Mal sente o mau preságio,
e o peito se acalma.

Derb und tüchtig

Dichten ist ein Übermut,
Niemand schelte mich!
Habt getrost ein warmes Blut,
Froh und frei wie ich.

Sollte jeder Stunde Pein
Bitter schmecken mir,
Würd' ich auch bescheiden sein,
Und noch mehr als ihr.

Denn Bescheidenheit ist fein,
Wenn das Mädchen blüht,
Sie will zart geworben sein
Die den Rohen flieht.

Auch ist gut Bescheidenheit,
Spricht ein weiser Mann,
Der von Zeit und Ewigkeit
Mich belehren kann.

Dichten ist ein Übermut!
Treib' es gern allein.
Freund und Frauen, frisch von Blut,
Kommt nur auch herein!

Mönchlein ohne Kapp' und Kutt'
Schwatz nicht auf mich ein!
Zwar du machest mich kaputt,
Nicht bescheiden! Nein.

Deiner Phrasen leeres Was
Treibet mich davon,
Abgeschliffen hab ich das
An den Sohlen schon.

Curto e grosso

Poesia é petulância,
ninguém me reprima!
Sangue quente e confiança
leva todos para cima.

Se a dor de toda hora
amarga me souber,
eu seria modesto, ora,
e maior do que eu puder.

Pois o bom é ser contido
quando a moça enflora,
ela quer um bom partido:
que o bruto vá embora.

Modéstia é bom também,
diz um homem sábio,
que do tempo e do além
faz-me muito hábil.

Poesia é petulância!
Faço bem sozinho.
Amigo, amada, sangue e ânsia,
entrem, rapidinho!

Monge sem manto e capuz,
não me amoles, não!
Por ti cansado me pus,
mas modesto? Não!

Do vazio das tuas frases
fujo apressado,
já gastei as tuas crases
bem no meu solado.

Wenn des Dichters Mühle geht,
Halte sie nicht ein:
Denn wer einmal uns versteht
Wird uns auch verzeihn.

Alleben

Staub ist eins der Elemente,
Das du gar geschickt bezwingest,
Hafis, wenn zu Liebchens Ehren
Du ein zierlich Liedchen singest.

Denn der Staub auf ihrer Schwelle
Ist dem Teppich vorzuziehen,
Dessen goldgewirkte Blumen
Mahmuds Günstlinge beknieen.

Treibt der Wind von ihrer Pforte
Wolken Staubs behend vorüber,
Mehr als Moschus sind die Düfte
Und als Rosenöl dir lieber.

Staub, den hab ich längst entbehret
In dem stets umhüllten Norden,
Aber in dem heißen Süden
Ist er mir genugsam worden.

Doch schon längst daß liebe Pforten
Mir auf ihren Angeln schwiegen!
Heile mich, Gewitterregen,
Laß mich daß es grunelt riechen!

Gira o poeta a sua moenda,
nunca vai parar.
Pois quem quer que nos entenda
vai nos perdoar.

Toda-vida

Pó é um dos elementos
que tu moves muito hábil,
ó Hafez, quando em honra do amado
lindo canto sai-te ao lábio.

Pois no umbral da casa dela
o pó afasta até o tapete,
em cujas flores tão douradas
curvam os bons de Mahamede.

Leva o vento do portão
pó em nuvens graciosas,
mais que almíscar o preferes,
inda mais que óleo de rosas.

Pó: suportei-o há muito tempo
lá no norte, sempre oculto,
mas foi só no quente sul
que cresceu pra mim seu vulto.

Mas há tempo a dobradiça
dos portões vem me embalando!
Que me salve a tempestade,
que eu cheire o verdejando!

Wenn jetzt alle Donner rollen
Und der ganze Himmel leuchtet,
Wird der wilde Staub des Windes
Nach dem Boden hingefeuchtet.

Und sogleich entspringt ein Leben,
Schwillt ein heilig heimlich Wirken,
Und es grunelt und es grünet
In den irdischen Bezirken.

Selige Sehnsucht

Sagt es niemand, nur den Weisen,
Weil die Menge gleich verhöhnet,
Das Lebend'ge will ich preisen,
Das nach Flammentod sich sehnet.

In der Liebesnächte Kühlung,
Die dich zeugte, wo du zeugtest,
Überfällt dich fremde Fühlung
Wenn die stille Kerze leuchtet.

Nicht mehr bleibest du umfangen
In der Finsternis Beschattung,
Und dich reißet neu Verlangen
Auf zu höherer Begattung.

Keine Ferne macht dich schwierig,
Kommst geflogen und gebannt,
Und zuletzt, des Lichts begierig,
Bist du Schmetterling verbrannt.

Quando o céu se ilumina
com muito raio e trovão
o agreste pó dos ventos
é regado até o chão.

E assim surge uma vida,
poder sobe, oculto e santo,
e viceja, verdejante,
esta terra em todo canto.

Anelo abençoado

Conta só a quem é sábio,
pois a plebe zomba logo:
louvarei o vivo, lábil,
que deseja o fim no fogo.

Na fresca noite de amor,
que te gerou e onde geraste,
cai-te estranho dissabor
quando, calma, a vela gaste.

Nunca mais quedas envolto
pela sombra desta treva;
há um anseio em ti, revolto,
por um coito que se enleva.

Não te impedem as distâncias,
vens voando e encantada;
pela luz tens muitas ânsias.
Mariposa: és chamuscada.

Und solang du das nicht hast,
Dieses: Stirb und werde!
Bist du nur ein trüber Gast
Auf der dunklen Erde.

—

Tut ein Schilf sich doch hervor,
Welten zu versüßen!
Möge meinem Schreibe-Rohr
Liebliches entfließen!

Se isto não te habita,
isto: morre e te transforma!
Não passas de visita
Na terra sem forma.

—

Como o caldo vem da cana
e adoça a todo o mundo,
flua amor de minha pena
sem parar nem um segundo.

HAFIS NAMEH

Sei das Wort die Braut genannt,
Bräutigam der Geist;
Diese Hochzeit hat gekannt,
Wer Hafisen preist.

LIVRO DE HAFEZ

A palavra seja a noiva.
Noivo o espírito;
Quem conhece essa boda
Vê em Hafez o mérito.

Beiname

DICHTER
>Mohamed Schemseddin, sage,
>Warum hat dein Volk, das hehre,
>*Hafis* dich genannt?

HAFIS
>Ich ehre,
>Ich erwiedre deine Frage.
>Weil in glücklichem Gedächtnis
>Des Korans geweiht Vermächtnis
>Unverändert ich verwahre
>Und damit so fromm gebahre,
>Daß gemeinen Tages Schlechtnis
>Weder mich noch die berühret
>Die Prophetenwort und Samen
>Schätzen, wie es sich gebühret;
>Darum gab man mir den Namen.

DICHTER
>Hafis drum, so will mir scheinen,
>Möcht' ich dir nicht gerne weichen:
>Denn, wenn wir wie andre meinen,
>Werden wir den andern gleichen.
>Und so gleich ich dir vollkommen,
>Der ich unsrer heil'gen Bücher
>Herrlich Bild an mich genommen,
>Wie auf jenes Tuch der Tücher
>Sich des Herren Bildnis drückte,
>Mich in stiller Brust erquickte,
>Trotz Verneinung, Hindrung, Raubens,
>Mit dem heitern Bild des Glaubens.

Apelido

POETA
    Muhammad Samsu d-Din, então,
    porque o teu povo, o honrado,
    chamou-te *Hafez*?

HAFEZ
    Honrado,
    eu respondo à tua questão.
    Porque, com feliz memória,
    do Corão sagrada história
    sem mudança eu preservo,
    e qual bom e pio servo
    repudio a diária inglória
    a tocar aqueles — e a mim —
    que a palavra e a semente
    do profeta têm na mente;
    é por isso o nome, enfim.

POETA
    Bem, Hafez, me parece,
    não me devo a ti igualar:
    pois quem opinião alheia tece
    a outros vai se assimilar.
    E assim me igualo a ti,
    pois do livro dos livros santos
    bela imagem extraí:
    daquele pano dos panos
    que a face do Senhor guardou,
    meu peito em calma serenou —
    com negação, óbice, rapinagem —
    com a fé e sua serena imagem.

Anklage

Wißt ihr denn, auf wen die Teufel lauern,
In der Wüste, zwischen Fels und Mauern?
Und, wie sie den Augenblick erpassen,
Nach der Hölle sie entführend fassen?
Lügner sind es und der Bösewicht.

Der Poete, warum scheut er nicht
Sich mit solchen Leuten einzulassen!

Weiß denn der, mit wem er geht und wandelt?
Er, der immer nur im Wahnsinn handelt.
Grenzenlos, von eigensinn'gem Lieben,
Wird er in die Öde fortgetrieben,
Seiner Klagen Reim', in Sand geschrieben,
Sind vom Winde gleich verjagt;
Er versteht nicht, was er sagt,
Was er sagt, wird er nicht halten.

Doch sein Lied, man läßt es immer walten,
Da es doch dem Koran widerspricht.
Lehret nun, ihr, des Gesetzes Kenner,
Weisheit-fromme, hochgelahrte Männer,
Treuer Mosleminen feste Pflicht.

Hafis, in's besondre, schaffet Ärgernisse,
Mirza sprengt den Geist ins Ungewisse,
Saget, was man tun und lassen müsse?

Acusação

Sabem quem o diabo espreita no escuro,
no deserto, entre as pedras e o muro?
E, quando aguardam apenas o momento
de seduzir pro Inferno adentro?
São mentirosos, e o vilão.

Poeta, onde está tua vexação
de ter com essa gente envolvimento?

Mas sabe com quem vive e transfigura?
Aquele que só opera na loucura.
Sem limite, de amor obstinado,
levam-no a território assolado;
seu lamento, na areia grafado,
logo o vento leva embora;
o que diz ele ignora.
O que diz não vai guardar.

Mas seu canto fazem sempre soar,
pois ele contradiz o Corão.
Ensinem, vocês, que sabem da lei,
grandes doutos, sábios desta grei,
ao fiel muçulmano a obrigação.

Hafez, que amolações vais trazer,
Mirza lança a alma sem saber:
diz agora, que devemos nós fazer?

Fetwa

Hafis' Dichterzüge, sie bezeichnen
Ausgemachte Wahrheit unauslöschlich;
Aber hie und da auch Kleinigkeiten
Außerhalb der Grenze des Gesetzes.
Willst du sicher gehn, so mußt du wissen,
Schlangengift und Theriak zu sondern —
Doch der reinen Wollust edler Handlung
Sich mit frohem Mut zu überlassen,
Und vor solcher, der nur ew'ge Pein folgt,
Mit besonnenem Sinn sich zu verwahren,
Ist gewiß das Beste, um nicht zu fehlen.
Dieses schrieb der arme *Ebusuud* euch,
Gott verzeih ihm seine Sünden alle.

Der Deutsche dankt

Heiliger Ebusuud, hast's getroffen!
Solche Heilige wünschet sich der Dichter:
Denn gerade jene Kleinigkeiten
Außerhalb der Grenze des Gesetzes,
Sind das Erbteil wo er, übermütig,
Selbst im Kummer lustig, sich beweget.
Schlangengift und Theriak muß
Ihm das eine wie das andre scheinen,
Töten wird nicht jenes, dies nicht heilen:
Denn das wahre Leben ist des Handelns
Ew'ge Unschuld, die sich so erweiset
Daß sie niemand schadet als sich selber.
Und so kann der alte Dichter hoffen,
Daß die Huris ihn im Paradiese,
Als verklärten Jüngling wohl empfangen.
Heiliger Ebusuud, du hast's getroffen!

Fátua

Os versos de Hafez eles mostram
verdades arranjadas, indeléveis;
mas aqui e ali também miudezas
para fora dos limites da lei.
Se quiseres andar seguro, deves
distinguir peçonha e teriaga —
mas entregar-se ao nobre ato
de volúpia pura em boa vontade,
e proteger-se, com bom senso,
daquilo que leva ao tormento eterno,
é mesmo o melhor, pra não errar.
Isso escreveu-lhes o pobre *Ebusuude*,
Deus perdoe-lhe todos seus pecados.

O alemão agradece

Ó santo Ebusuude, tu acertaste!
Tais santidades quer pra si o poeta:
pois justamente essas miudezas
para fora dos limites da lei
são a herança onde ele, petulante,
alegre mesmo na dor, se move.
Peçonha e teriaga deverão
parecer-lhe o mesmo, um ou outro;
aquele não mata, este não cura:
pois a vera vida está na eterna
inocência da ação, que tal se mostra
que não fere ninguém, só a si mesma.
O velho poeta pode então esperar
que as huris o esperam no Paraíso,
como um jovem transfigurado.
Ó santo Ebusuude, tu acertaste!

Fetwa

Der Mufti las des *Misri* Gedichte,
Eins nach dem andern, alle zusammen,
Und wohlbedächtig warf sie in die Flammen,
Das schöngeschriebne Buch, es ging zu nichte.
Verbrannt sei jeder, sprach der hohe Richter,
Wer spricht und glaubt wie *Misri* — er allein
Sei ausgenommen von des Feuers Pein:
Denn Allah gab die Gabe jedem Dichter.
Mißbraucht er sie im Wandel seiner Sünden,
So seh' er zu mit Gott sich abzufinden

Unbegrenzt

Daß du nicht enden kannst das macht dich groß,
Und daß du nie beginnst, das ist dein Los.
Dein Lied ist drehend wie das Sterngewölbe,
Anfang und Ende immer fort dasselbe,
Und was die Mitte bringt ist offenbar
Das was zu Ende bleibt und Anfangs war.

Du bist der Freuden echte Dichterquelle,
Und ungezählt entfließt dir Well' auf Welle.
Zum Küssen stets bereiter Mund,
Ein Brustgesang, der lieblich fließet,
Zum Trinken stets gereizter Schlund,
Ein gutes Herz das sich ergießet.

Und mag die ganze Welt versinken!
Hafis, mit dir, mit dir allein
Will ich wetteifern! Lust und Pein
Sei uns den Zwillingen gemein!
Wie du zu lieben und zu trinken
Das soll mein Stolz, mein Leben sein.

Fátua

Poemas de *Misri* o mufti os leu,
um a um, todos juntos numa trama,
e, deliberado, jogou na chama:
o livro bem escrito se foi no breu.
Disse o grão-juiz: que se queime e mate
quem falar e pensar qual *Misri* — só ele
se exclui da dor do fogo: pois Ele,
Alá, deu o dom a todo vate.
Use-o mal no andar de seus pecados,
com Deus passará por maus bocados.

Ilimitado

Te engrandece que não tens término;
e que não comeces, é o teu destino.
Teu poema gira como o firmamento,
fim e início, o mesmo eternamente.
E o que o meio traz sabe-se bem:
o que fica no fim e era na origem.

És do poeta de alegrias vera fonte,
que incontáveis fluem de ti onda a onda.
Boca ao beijo sempre ávida,
um canto que do peito amável vaza,
goela sempre atenta à bebida,
um bom coração que se extravasa.

E pode o mundo se afundar,
Hafez, contigo, contigo apenas
disputarei! Prazer e penas
sejam a nós, gêmeos, plenas!
Como tu beber e amar
será o orgulho, a minha sina!

Nun töne, Lied, mit eignem Feuer!
Denn du bist älter, du bist neuer.

Nachbildung

In deine Reimart hoff' ich mich zu finden,
Das Wiederholen soll mir auch gefallen,
Erst werd' ich Sinn, sodann auch Worte finden;
Zum zweitenmal soll mir kein Klang erschallen,
Er müßte denn besondern Sinn begründen,
Wie du's vermagst begünstigter vor allen.

Denn wie ein Funke fähig zu entzünden
Die Kaiserstadt, wenn Flammen grimmig wallen,
Sich Wind erzeugend, glühn von eignen Winden,
Er, schon erloschen, schwand zu Sternenhallen;
So schlang's von dir sich fort, mit ew'gen Gluten
Ein deutsches Herz von frischem zu ermuten.

Zugemeßne Rhythmen reizen freilich,
Das Talent erfreut sich wohl darin;
Doch wie schnelle widern sie abscheulich,
Hohle Masken ohne Blut und Sinn.
Selbst der Geist erscheint sich nicht erfreulich,
Wenn er nicht, auf neue Form bedacht,
Jener toten Form ein Ende macht.

Soa, canto, em próprio fogo!
Pois és mais velho, és mais novo.

Imitação

Nas tuas rimas espero me achar,
repetir-te vai ser, sim, muito bom,
de início o sentido, e aí verbos achar;
duas vezes não terei nenhum som:
ele deve ter um sentido a fundar,
qual fazes tu, de nós quem tem mais dom.

Pois, qual faísca capaz de inflamar
a cidade do Rei, chamas sem proporção,
ventando-se, queimam de próprio ar,
ela, extinta, estrela sumiu no salão;
tal veio, a mim, de ti eterna chama
que um peito teuto renova e inflama.

Ritmos corretos são cabíveis,
o talento se alegra infenso;
mas depressa repelem, horríveis,
ocas máscaras sem sangue ou senso.
Nem o gênio tem frenesi, eis
que ele, a nova forma em mente,
tal forma morta faz silente.

Offenbar Geheimnis

Sie haben dich heiliger Hafis
Die mystische Zunge genannt,
Und haben, die Wortgelehrten,
Den Wert des Worts nicht erkannt.

Mystisch heißest du ihnen,
Weil sie närrisches bei dir denken,
Und ihren unlautern Wein
In deinem Namen verschenken.

Du aber bist mystisch rein
Weil sie dich nicht verstehn,
Der du, ohne fromm zu sein, selig bist!
Das wollen sie dir nicht zugestehn.

Wink

Und doch haben sie recht, die ich schelte:
Denn daß ein Wort nicht einfach gelte
Das müßte sich wohl von selbst verstehn.
Das Wort ist ein Fächer! Zwischen den Stäben
Blicken ein Paar schöne Augen hervor.
Der Fächer ist nur ein lieblicher Flor,
Er verdeckt mir zwar das Gesicht;
Aber das Mädchen verbirgt er nicht,
Weil das schönste was sie besitzt
Das Auge, mir in's Auge blitzt.

Claro enigma

A ti eles, santo Hafez,
de língua mística chamaram,
e eles, sábios na palavra,
o valor da palavra erraram.

Místico eras pra eles,
pois pensam asneira de ti,
e o vinho impuro deles
despejam em nome de ti.

Mas tu és puro místico,
pois a ti não te entendem,
tu, que sem ser beato, és bento!
Por isso te repreendem.

Aceno

Mas têm razão os que censuro:
pois é claro que a palavra
não tem só um sentido puro.
Pelas hastes do leque — a palavra! —
um belo par de olhos espreita.
O leque é só um buquê doce,
que de fato oculta a face,
mas a moça não se esgueira,
pois o mais belo que ela tem,
o olho, no olho me relampeia.

USHK NAMEH

Sage mir,
Was mein Herz begehrt?

Mein Herz ist bei dir.
Halt es wert.

LIVRO DO AMOR

Diz, a
Que anseia meu coração?

Em ti está meu coração
Valoriza.

Musterbilder

Hör und bewahre
    Sechs Liebespaare.
Wortbild entzündet, Liebe schürt zu:
    Rustan und Rodawu.
Unbekannte sind sich nah:
    Jussuph und Suleika.
Liebe, nicht Liebesgewinn:
    Ferhad und Schirin.
Nur für einander da:
    Medschnun und Leila.
Liebend im Alter sah
    Dschemil auf Boteinah.
Süße Liebeslaune,
    Salomo und die Braune!
Hast du sie wohl vermerkt,
    Bist im Lieben gestärkt.

Lesebuch

Wunderlichstes Buch der Bücher
Ist das Buch der Liebe;
Aufmerksam hab ich's gelesen:
Wenig Blätter Freuden,
Ganze Hefte Leiden;
Einen Abschnitt macht die Trennung.
Wiedersehn! ein klein Kapitel
Fragmentarisch. Bände Kummers
Mit Erklärungen verlängert,
Endlos ohne Maß.
O Nisami! — doch am Ende
Hast den rechten Weg gefunden;
Unauflösliches, wer löst es?
Liebende, sich wieder findend.

Modelos

Ouve, lembra de cor
    seis pares de amor.
Palavra atiça, amor a queimar:
    Rostam e Rodavá.
Desconhecidos, venham cá:
    Iussuf e Zuleica.
O amor não dá ganho ao fim:
    Ferhad e Xirin.
Unidos, como em baila:
    Majnun e Laila.
Velho, admirando está
    Jamil a Botainá.
Um doce humor sem regra,
    Salomão e a negra!
Se tens isto bem guardado,
    és na vida reforçado.

Livro de leitura

Maravilhoso livro dos livros
é o livro do amor!
Atencioso eu o li:
pouca folha de alegria,
cadernos todos de dores;
uma seção faz a separação.
Reencontro! Um só capítulo,
fragmentário. Tomos de mágoa
alargados com explicações,
infindas, sem medida.
Ó Nezami! — Mas no fim
encontraste o caminho reto;
indissolúvel, quem o solve?
Amantes, se reencontrando.

Gewarnt

Auch in Locken hab ich mich
Gar zu gern verfangen,
Und so, Hafis, wär's wie dir
Deinem Freund ergangen.

Aber Zöpfe flechten sie
Nun aus langen Haaren,
Unterm Helme fechten sie,
Wie wir wohl erfahren.

Wer sich aber wohl besann,
Läßt sich so nicht zwingen:
Schwere Ketten fürchtet man,
Rennt in leichte Schlingen.

Versunken

Voll Locken kraus ein Haupt so rund! —
Und darf ich dann in solchen reichen Haaren
Mit vollen Händen hin und wider fahren
Da fühl ich mich von Herzensgrund gesund.
Und küss' ich Stirne, Bogen, Auge, Mund,
Dann bin ich frisch und immer wieder wund.
Der fünfgezackte Kamm, wo sollt er stocken?
Er kehrt schon wieder zu den Locken.
Das Ohr versagt sich nicht dem Spiel,
Hier ist nicht Fleisch, hier ist nicht Haut,
So zart zum Scherz so liebeviel!
Doch wie man auf dem Köpfchen kraut,
Man wird in solchen reichen Haaren
Für ewig auf und nieder fahren.
So hast du, Hafis, auch getan,
Wir fangen es von vornen an.

Avisado

Em cachos eu também
gostei de me enredar.
Ah, Hafez! E se a mim
o mesmo se fosse passar!

Mas tranças trançam elas
com seus longos cabelos,
sob o elmo lutam elas,
todos já devem sabê-lo.

Quem contudo pensou bem
não deixa nada se impor:
de densas cadeias medo têm,
leves grilhões aceitam sem dor.

Imerso

Cabeça redonda de crespo cacheado!
E se passo em ricos cabelos tais
as mãos cheias pra frente e pra trás,
sinto-me no âmago revigorado.
Beijo lábios, pestana, olhos um bocado,
então estou vivo e de novo esfolado.
O pente de cinco dentes, onde guardar?
Pros cachos já deve retornar.
Nem o ouvido vai deixar de jogar:
não é só carne ou pele, ora essa,
tenra pra brincar, pronta pra amar,
mas quando acariciamos a cabeça,
passamos em ricos cabelos tais
sempre as mãos pra frente e pra trás.
Assim também fizeste, Hafez;
recomecemos por nossa vez.

Bedenklich

Soll ich von Smaragden reden,
Die dein Finger niedlich zeigt?
Manchmal ist ein Wort vonnöten,
Oft ist's besser daß man schweigt.

Also sag' ich: daß die Farbe
Grün und augerquicklich sei!
Sage nicht, daß Schmerz und Narbe
Zu befürchten nah dabei.

Immerhin! du magst es lesen!
Warum übst du solche Macht!
»So gefährlich ist dein Wesen
Als erquicklich der Smaragd.«

Pensativo

Falarei da esmeralda,
que em teu belo dedo cabe?
A palavra é precisada,
mas melhor é que se cale.

Pois eu digo: é verde a cor
e ao olho saciante!
Mas não diz que chaga e dor
estão rente e arrepiantes.

Mas enfim! Tu deves ler!
Pra que tanta força usada?
"Tão perigoso é o teu ser
quão saciante a esmeralda."

Schlechter Trost

Mitternachts weint' und schluchzt' ich,
Weil ich dein entbehrte.
Da kamen Nachtgespenster,
Und ich schämte mich.
Nachtgespenster, sagt ich,
Schluchzend und weinend
Findet ihr mich, dem ihr sonst
Schlafendem vorüberzogt.
Große Güter vermiss' ich.
Denkt nicht schlimmer von mir
Den ihr sonst weise nanntet,
Großes Übel betrifft ihn! —
Und die Nachtgespenster
Mit langen Gesichtern
Zogen vorbei,
Ob ich weise oder törig
Völlig unbekümmert.

Genügsam

»Wie irrig wähnest du,
 Aus Liebe gehöre das Mädchen dir zu.
 Das könnte mich nun gar nicht freuen,
 Sie versteht sich auf Schmeicheleien.«

DICHTER
 Ich bin zufrieden, daß ich's habe!
 Mir diene zur Entschuldigung:
 Liebe ist freiwillige Gabe,
 Schmeichelei Huldigung.

Mau consolo

Meia-noite chorei e solucei,
porque senti tua falta.
Aí vieram fantasmas
e me envergonhei.
"Fantasmas", falei,
"soluçando e chorando
encontram a mim, por quem
já passaram, adormecido.
Grandes bens desperdicei.
Não pensem mal de mim,
que já chamaram de sábio,
grande mal o acomete!"
E os fantasmas
com caras tristes
foram embora,
sem se importarem
se sou sábio ou tolo.

Satisfeito

"Quão errado disparatas
que só com amor a moça atas?
Isso jamais me alegraria,
Pois ela gosta de galanteria."

POETA
Sou feliz porque eu a tenho!
Razão tenho e sou astuto:
Amor é dom sem empenho,
Bajulação é tributo.

Gruß

O wie selig ward mir!
Im Lande wandl' ich
Wo Hudhud über den Weg läuft.
Des alten Meeres Muscheln,
Im Stein sucht ich die versteinten,
Hudhud lief einher,
Die Krone entfaltend;
Stolzierte, neckischer Art,
Über das Tote scherzend,
Der Lebend'ge.
Hudhud, sagt ich, fürwahr!
Ein schöner Vogel bist du.
Eile doch, Wiedehopf!
Eile der Geliebten
Zu verkünden daß ich ihr
Ewig angehöre.
Hast du doch auch
Zwischen Salomo
Und Sabas Königin
Ehemals den Kuppler gemacht!

Ergebung

»Du vergehst und bist so freundlich,
    Verzehrst dich und singst so schön?«

DICHTER
    Die Liebe behandelt mich feindlich!
    Da will ich gern gestehn
    Ich singe mit schwerem Herzen.
    Sieh doch einmal die Kerzen,
    Sie leuchten, indem sie vergehn.

Saudação

Oh, como sou abençoado!
Perambulo pela terra
onde Hudhud[1] passa no caminho.
As conchas do velho mar
na pedra busco as petrificadas,
Hudhud veio atrás
Abrindo sua coroa.
Exibiu-se, gracioso,
brincando com a morte,
ele, o vivo.
"Hudhud", disse eu, "de fato!
És uma bela ave.
Apressa-te, poupa!
Apressa-te, e à amada
conta que eu a ela
pertenço eternamente.
Afinal, já não foste
do rei Salomão
e da rainha de Sabá
a antiga alcoviteira?"

[1] Hudhud é o nome árabe para a poupa-eurasiática (*Upupa epops*), ave descrita no Antigo Testamento como imprópria para alimentação humana, e escolhida em 2008 como ave nacional de Israel. [Todas as notas são do tradutor, com exceção daquelas indicadas por N.E.]

Entrega

"Tu passas e és tão amigo,
Tão bem cantas no teu evolar!"

POETA
O amor me tem como inimigo!
Admito sem pesar
Canto com o peito em dor.
Mas vê a vela, que em ardor,
Ilumina ao se passar.

Unvermeidlich

Wer kann gebieten den Vögeln.
Still zu sein auf der Flur?
Und wer verbieten zu zappeln
Den Schafen unter der Schur?

Stell ich mich wohl ungebärdig
Wenn mir die Wolle kraust?
Nein! Die Ungebärden entzwingt mir
Der Scherer der mich zerzaust.

Wer will mir wehren zu singen
Nach Lust zum Himmel hinan?
Den Wolken zu vertrauen
Wie lieb sie mir's angetan.

Geheimes

Über meines Liebchens Äugeln
Stehn verwundert alle Leute,
Ich, der Wissende, dagegen
Weiß recht gut was das bedeute.

Denn es heißt: Ich liebe diesen,
Und nicht etwa den und jenen,
Lasset nur ihr guten Leute
Euer Wundern, euer Sehnen.

Ja, mit ungeheuren Mächten
Blicket sie wohl in die Runde;
Doch sie sucht nur zu verkünden
Ihm die nächste süße Stunde.

Inevitável

Quem é que manda as aves
ficarem quietas no prado?
E quem proíbe agitar-se
o cordeiro que está amarrado?

Acaso fico tão rebelde
quando a lã me encrespa?
Não! Da agitação me desobriga
o pastor que desencrespa.

Quem é que proíbe meu canto
alegre aos céus acima?
Confiando às nuvens
o quanto ela me anima.

Secreto

Do olhar da minha amada
se admira toda a gente,
eu, porém, bem informado,
do que é isto estou ciente.

Pois é isto: Eu amo este,
e não fulano ou beltrano.
Deixe então, ó boa gente,
de ansiar com tanto afano.

Sim, em torno está olhando
como poderosa fosse,
mas só está lhe anunciando
a vindoura hora doce.

Geheimstes

»Wir sind emsig, nachzuspüren,
Wir, die Anekdotenjäger,
Wer dein Liebchen sei und ob du
Nicht auch habest viele Schwäger.

Denn daß du verliebt bist sehn wir,
Mögen dir es gerne gönnen;
Doch daß Liebchen so dich liebe
Werden wir nicht glauben können.«

Ungehindert, liebe Herren,
Sucht sie auf, nur hört das Eine:
Ihr erschrecket wenn sie dasteht,
Ist sie fort, ihr kost dem Scheine.

Wißt ihr, wie *Schehâb-eddin*
Sich auf *Arafat* entmantelt,
Niemand haltet ihr für törig
Der in seinem Sinne handelt.

Wenn vor deines Kaisers Throne,
Oder vor der Vielgeliebten
Je dein Name wird gesprochen
Sei es dir zu höchstem Lohne.

Darum war's der höchste Jammer
Als einst *Medschnun* sterbend wollte
Daß vor *Leila* seinen Namen
Man forthin nicht nennen sollte.

Secretíssimo

"Nós, os fofoqueiros,
estamos muito preocupados:
quem é tua amada, e se tu
não tens muitos cunhados.

Vemos que apaixonado estás,
até podemos aceitar;
mas que a amada te ame,
isso não podemos acreditar."

Sem problema, meus senhores,
vão a ela, mas ouçam bem:
Tremerão em sua presença;
ausente, louvem sua imagem.

Sabem como *Xaabe Aldim*
se despiu sobre o *Arafat*.
Ninguém que aja como ele
está fazendo disparate.

Se perante a tão amada
ou perante o trono do rei
o teu nome for falado:
esta é a paga mais elevada.

Foi por isso o grande luto
quando *Majnun* quis morrer,
e que *Laila* o seu nome
nunca mais voltasse a dizer.

TEFKIR NAMEH

LIVRO DAS CONTEMPLAÇÕES

Höre den Rat den die Leier tönt;
Doch er nutzet nur wenn du fähig bist.
Das glücklichste Wort es wird verhöhnt,
Wenn der Hörer ein Schiefohr ist.

»Was tönt denn die Leier?« sie tönet laut:
　Die schönste das ist nicht die beste Braut;
　Doch wenn wir dich unter uns zählen sollen,
　So mußt du das Schönste, das Beste wollen.

Fünf Dinge

Fünf Dinge bringen fünfe nicht hervor,
Du, dieser Lehre öffne du dein Ohr:
Der stolzen Brust wird Freundschaft nicht entsprossen.
Unhöflich sind der Niedrigkeit Genossen;
Ein Bösewicht gelangt zu keiner Größe;
Der Neidische erbarmt sich nicht der Blöße;
Der Lügner hofft vergeblich Treu und Glauben;
Das halte fest, und niemand laß dir's rauben.

Fünf andere

Was verkürzt mir die Zeit?
　　Tätigkeit!
Was macht sie unerträglich lang?
　　Müßiggang!
Was bringt in Schulden?
　　Harren und Dulden!
Was macht Gewinnen?
　　Nicht lange besinnen!
Was bringt zu Ehren?
　　Sich wehren!

Ouve o conselho que a lira entoa[1];
mas ela só é útil se fores capaz.
Palavra mais certa, dela se caçoa
se o ouvinte ouvido torto traz.

"Mas o que entoa a lira?", ela entoa:
a noiva mais bela não é tão boa;
mas se entre nós te formos contar,
deves querer o mais belo, o invulgar.

[1] Agradeço a Leonardo Gonçalves Fischer pela primeira versão deste poema.

Cinco coisas

Cinco coisas cinco outras não trazem,
tu, abre o ouvido à aprendizagem:
do peito altivo não brota a amizade.
São baixos os que amam brutalidade;
um malvado não alcança a grandeza;
ao invejoso não move a nudeza;
quem mente conta em vão que nele confiem;
guarda isto e não permitas que retirem.

Cinco outras

O que me encurta o tempo?
    Passatempo!
O que o estica, indócil?
    O ócio!
O que endivida?
    A espera e a lida!
O que traz ganho?
    Ponderar tacanho!
O que torna honrado?
    Ser resguardado!

Lieblich ist des Mädchens Blick, der winket,
Trinkers Blick ist lieblich eh er trinket,
Gruß des Herren der befehlen konnte,
Sonnenschein im Herbst der dich besonnte.
Lieblicher als alles dieses habe
Stets vor Augen, wie sich kleiner Gabe
Dürft'ge Hand so hübsch entgegen dränget,
Zierlich dankbar was du reichst empfänget.
Welch ein Blick! ein Gruß! ein sprechend Streben!
Schau es recht und du wirst immer geben.

★

Und was im *Pend-Nameh* steht,
Ist dir aus der Brust geschrieben:
Jeden, dem du selber gibst
Wirst du wie dich selber lieben.
Reiche froh den Pfennig hin,
Häufe nicht ein Goldvermächtnis,
Eile, freudig vorzuziehn
Gegenwart vor dem Gedächtnis.

★

Reitest du bei einem Schmied vorbei,
Weißt nicht wann er dein Pferd beschlägt;
Siehst du eine Hütte im Felde frei,
Weißt nicht, ob sie dir ein Liebchen hegt;
Einem Jüngling begegnest du, schön und kühn,
Er überwindet dich künftig oder du ihn.
Am sichersten kannst du vom Rebstock sagen
Er werde für dich was Gutes tragen.
So bist du denn der Welt empfohlen,
Das übrige will ich nicht wiederholen.

★

Amável é o olhar da moça que acena,
olhar do ébrio é amável antes da cena,
aceno do senhor que sabe mandar,
luz do sol no outono que te fez pensar.
Mais amável que tudo isso, tem
em vista: como, por um vintém,
a bela mão carente se estende
a apanhar, grata, o que despendes.
Que olhar! que aceno! um alto querer!
Olha bem, e sempre vais oferecer.

★

E o que está no *Pend-Nameh*
do teu seio foi escrito;
Aquele a quem tu doares
te amará como a si próprio.
Feliz, deixa a moeda cair,
empilhar ouro não é glória,
corre alegre a preferir
o presente à memória.

★

Se cavalgares perto de um ferreiro,
quem sabe quando ferrará teu alazão?
Se vires choupana à beira do sendeiro,
quem sabe alguém te guarda no coração?
Encontras um jovem, belo e sagaz,
ele te superará, ou tu a ele — tanto faz.
O mais certo que podes dizer da vinha
é que dela só boa coisa vinga.
Assim, te recomendo ao mundo;
quanto ao restante, eu não secundo.

★

Behandelt die Frauen mit Nachsicht!
Aus krummer Rippe ward sie erschaffen,
Gott konnte sie nicht ganz grade machen.
Willst du sie biegen, sie bricht;
Läßt du sie ruhig, sie wird noch krümmer;
Du guter Adam, was ist denn schlimmer? —
Behandelt die Frauen mit Nachsicht:
Es ist nicht gut, daß euch eine Rippe bricht.

★

Das Leben ist ein Gänsespiel:
Je mehr man vorwärts gehet,
Je früher kommt man an das Ziel,
Wo niemand gerne stehet.

Man sagt die Gänse wären dumm,
O! glaubt mir nicht den Leuten:
Denn eine sieht einmal sich rum
Mich rückwärts zu bedeuten.

Ganz anders ist's in dieser Welt
Wo alles vorwärts drücket,
Wenn einer stolpert oder fällt
Keine Seele rückwärts blicket.

★

Trate as mulheres com cautela!
De uma costela torta ela foi feita,
Deus não pôde torná-la direita.
Se tentam curvá-la, quebra-se ela.
Se a deixam quieta, entorta ainda mais,
Ó bom Adão, o que irrita mais? —
Trate as mulheres com cautela:
Não é nada bom quebrar uma costela.

★

A vida é um jogo do ganso!
Chego ao fim tanto mais cedo
Quanto mais eu avanço,
Onde ninguém está quedo.

Diz-se que os gansos são tolos.
Ah! Não creio nesse povo:
vê: uns torcem os seus colos
pra me ver recuar de novo.

Bem outro é este mundo,
que só avança e nunca para;
se um tropeça e cai no fundo
ninguém nunca o vê e ampara.

★

Freigebiger wird betrogen,
Geizhafter ausgesogen,
Verständiger irregeleitet,
Vernünftiger leer geweitet.
Der Harte wird umgangen,
Der Gimpel wird gefangen.
Beherrsche diese Lüge,
Betrogener betrüge!

★

Wer befehlen kann, wird loben
Und er wird auch wieder schelten,
Und das muß dir, treuer Diener,
Eines wie das andre gelten.

Denn er lobt wohl das Geringe,
Schilt auch, wo er sollte loben,
Aber bleibst du guter Dinge
Wird er dich zuletzt erproben.

Und so haltet's auch ihr Hohen,
Gegen Gott wie der Geringe,
Tut und leidet, wie sich's findet,
Bleibt nur immer guter Dinge.

★

O generoso é enganado,
O cobiçoso explorado,
O sóbrio em descaminho,
No vazio está o ladino,
O duro é contornado,
O tolo é capturado.
Vê esta mentira e, sem pudor,
Engana a todo enganador.

★

Quem manda vai elogiar,
mas também vai criticar.
Se tu fores um servo fiel
deve a ambos aguentar.

Ele louva poucas coisas,
critica onde devia louvar;
mas se te fias em boas coisas,
no final vai te aprovar.

E assim, ó poderosos,
contra Deus são pouca coisa;
vivam, sofram, como queiram,
mas se atenham a boa coisa.

★

An Schach Sedschan
und seines gleichen

Durch allen Schall und Klang
Der Transoxanen
Erkühnt sich unser Sang
Auf deine Bahnen!
Uns ist für gar nichts bang,
In dir lebendig,
Dein Leben daure lang
Dein Reich beständig.

Höchste Gunst

Ungezähmt so wie ich war
Hab ich einen Herrn gefunden,
Und, gezähmt, nach manchem Jahr
Eine Herrin auch gefunden.
Da sie Prüfung nicht gespart
Haben sie mich treu gefunden,
Und mit Sorgfalt mich bewahrt
Als den Schatz, den sie gefunden.
Niemand diente zweien Herrn,
Der dabei sein Glück gefunden;
Herr und Herrin sehn es gern,
Daß sie beide mich gefunden,
Und mir leuchtet Glück und Stern,
Da ich beide sie gefunden.

Ao Xá Shuja
e seus iguais

Por todo tom e som
da Transoxânia
educa nossa canção
tua capitânia!
Não tememos nada
em ti somos vivos;
tende uma vida alongada,
seja teu reino altivo.

A mais alta graça

Indomado como eu era
um senhor eu fui achar;
anos depois, menos fera,
uma senhora fui achar.
Como provas não faltaram
fiel me foram achar,
e com zelo me preservaram,
tesouro que foram achar.
Quem serve a dois senhores
a sorte não vai achar;
pois ambos os senhores
blasonam de me achar.
brilha estrela de esplendores,
pois eu ambos fui achar.

Ferdusi

SPRICHT

    O Welt! wie schamlos und boshaft du bist!
    Du nährst und erziehest und tötest zugleich.
    —

    Nur wer von Allah begünstiget ist,
    Der nährt sich, erzieht sich, lebendig und reich.
    —

    Was heißt denn Reichtum? — Eine wärmende Sonne,
    Genießt sie der Bettler, wie wir sie genießen!
    Es möge doch keinen der Reichen verdrießen
    Des Bettlers im Eigensinn selige Wonne.

Dschelâl-Eddîn Rumi

SPRICHT

    Verweilst du in der Welt, sie flieht als Traum,
    Du reisest, ein Geschick bestimmt den Raum,
    Nicht Hitze, Kälte nicht vermagst du festzuhalten,
    Und was dir blüht, sogleich wird es veralten.

Suleika

SPRICHT

    Der Spiegel sagt mir: ich bin schön!
    Ihr sagt: zu altern sei auch mein Geschick.
    Vor Gott muß alles ewig stehn,
    In mir liebt Ihn, für diesen Augenblick.

Ferdusi

FALA
    Ó mundo! és indecente e malvado!
    Alimentas, educas e matas como ninguém.
    —

    Só quem por Alá é abençoado
    se alimenta, educa e vive, rico também.
    —

    Que é riqueza? — Um sol que aquece,
    que o pedinte desfruta, e nós também.
    Que entre os ricos não aborreça ninguém
    o pedinte, que em enlevo se apetece.

Jalal al-Din Rumi

FALA
    Se ficas no mundo, ele foge qual sonho,
    Viajas, o espaço da sina é risonho;
    Calor ou frio, nada podes conter,
    E o que te floresce, já vai fenecer.

Zuleica

FALA
    O espelho me diz que sou linda!
    Dizem que envelhecer é o meu destino.
    Aos olhos de Deus a vida é infinda;
    Neste instante, amai em mim o Divino.

RENDJI NAMEH

LIVRO DO MAU HUMOR

»Wo hast du das genommen?
Wie konnt' es zu dir kommen?
Wie aus dem Lebensplunder
Erwarbst du diesen Zunder,
Der Funken letzte Gluten
Von frischem zu ermuten.«

Euch mög' es nicht bedünkeln,
Es sei gemeines Fünkeln;
Auf ungemeßner Ferne,
Im Ozean der Sterne,
Mich hatt' ich nicht verloren,
Ich war wie neu geboren.

Von weißer Schafe Wogen
Die Hügel überzogen,
Umsorgt von ernsten Hirten,
Die gern und schmal bewirten.
So ruhig, liebe Leute,
Daß jeder mich erfreute.

In schauerlichen Nächten,
Bedrohet von Gefechten;
Das Stöhnen der Kamele
Durchdrang das Ohr, die Seele,
Und derer die sie führen
Einbildung und Stolzieren.

Und immer ging es weiter
Und immer ward es breiter
Und unser ganzes Ziehen
Es schien ein ewig Fliehen,
Blau, hinter Wüst und Heere,
Der Streif erlogner Meere.

★

"De onde tiraste isso?
E como chegaste a isso?
Da vida no seu fastio,
como achaste este pavio,
pra lançar uma faísca
e tal brasa fazer arisca?"

Não se deixem enganar:
não é faísca vulgar;
num espaço tão imano,
de estrelas um oceano,
eu não me vi perdido,
mas, antes, renascido.

Ondas de alvas ovelhas
recobrem colinas velhas,
por pastores bem cuidadas,
que se esmeram na cuidada.
Gente, tão calma e querida,
que me alegra toda a vida.

Em noites de pesadelos,
acossado por duelos;
o camelo e seu gemido
cruza a alma e o ouvido;
e o condutor, por sua vez,
cruza o orgulho e a altivez.

E cada vez mais adiante
e cada vez mais abundante,
e esse nosso caminhar
parecia um escapar.
Passe o ermo e o militar,
azul, delírio: o mar!

★

Keinen Reimer wird man finden
Der sich nicht den besten hielte,
Keinen Fiedler, der nicht lieber
Eigne Melodien spielte.

Und ich konnte sie nicht tadeln;
Wenn wir andern Ehre geben,
Müssen wir uns selbst entadeln.
Lebt man denn, wenn andre leben?

Und so fand ich's denn auch juste
In gewissen Antichambern,
Wo man nicht zu sondern wußte
Mäusedreck von Koriandern.

Das Gewesne wollte hassen
Solche rüstige neue Besen,
Diese dann nicht gelten lassen
Was sonst Besen war gewesen.

Und wo sich die Völker trennen,
Gegenseitig im Verachten,
Keins von beiden wird bekennen
Daß sie nach demselben trachten.

Und das grobe Selbstempfinden
Haben Leute hart gescholten,
Die am wenigsten verwinden,
Wenn die andern was gegolten.

★

Não se encontra um rimador
que não se ache o melhor,
nem rabequista que sua
melodia não ache a melhor.

E não pude censurá-los;
quando damos honra a outrem,
o orgulho devemos deixá-lo.
Quem vive como outros vivem?

Sempre achei muito correto,
nas antessalas adentro,
onde não se sabe ao certo:
se cocô de rato ou coentro?

O Antigo deve odiar
a nova e forte vassoura,
e não se deve mais aceitar
a que então era a vassoura.

E onde os povos se separam
mutuamente em fastio,
um ao outro recusaram,
pois têm o mesmo feitio.

E condena duramente
o egoísmo tão vulgar
quem se queda descontente
quando um outro quer brilhar.

★

Befindet sich einer heiter und gut,
Gleich will ihn der Nachbar pein'gen;
Solang der Tüchtige lebt und tut,
Möchten sie ihn gerne stein'gen.
Ist er hinterher aber tot,
Gleich sammeln sie große Spenden.
Zu Ehren seiner Lebensnot
Ein Denkmal zu vollenden;
Doch ihren Vorteil sollte dann
Die Menge wohl ermessen,
Gescheiter wär's, den guten Mann
Auf immerdar vergessen.

★

Se alguém está alegre e bem,
vem vizinho incomodar;
Se vive certo o homem de bem,
vem o mundo apedrejar.
E depois? Se ele morre,
bom montante é recolhido,
ergue-se então uma torre
em honra desse sofrido;
essa gente deveria
pensar bem seu rendimento,
este homem estaria
bem melhor no esquecimento.

★

Übermacht, Ihr könnt es spüren,
Ist nicht aus der Welt zu bannen;
Mir gefällt zu konversieren
Mit Gescheiten, mit Tyrannen.

Da die dummen Eingeengten
Immerfort am stärksten pochten,
Und die Halben, die Beschränkten
Gar zu gern uns unterjochten;

Hab ich mich für frei erkläret
Von den Narren, von den Weisen,
Diese bleiben ungestöret,
Jene möchten sich zerreißen.

Denken in Gewalt und Liebe
Müßten wir zuletzt uns gatten,
Machen mir die Sonne trübe
Und erhitzen mir den Schatten.

Hafis auch und Ulrich Hutten
Mußten ganz bestimmt sich rüsten
Gegen braun und blaue Kutten;
Meine gehn wie andre Christen.

»Aber nenn uns doch die Feinde!«
Niemand soll sie unterscheiden:
Denn ich hab in der Gemeinde
Schon genug daran zu leiden.

★

Vejam bem, a prepotência
do mundo não será banida;
me apetece a experiência
com tirano e gente sabida.

Como os tolos limitados
sempre querem agredir
e os meia-gente, retardados,
gostam de nos oprimir;

declarei-me livre já,
dos tolos e dos sabidos:
aqueles querem se matar,
estes, são comedidos.

Pensam que em força ou amor
devemos nos ajuntar;
o dia de sol se anuviou,
minha sombra parece queimar.

Hafez e Ulrich Hutten, sim,
repeliram inimigos:
monge cristão e muslim.
Já os meus se unem aos amigos.

"Mas me aponta o teu algoz!"
Não, deixemos para lá,
pois muita coisa atroz
na vila devo aguentar.

★

Wenn du auf dem Guten ruhst,
Nimmer werd ich's tadeln,
Wenn du gar das Gute tust,
Sieh das soll dich adeln;
Hast du aber deinen Zaun
Um dein Gut gezogen,
Leb ich frei und lebe traun
Keineswegs betrogen.

Denn die Menschen sie sind gut,
Würden besser bleiben,
Sollte nicht wie's einer tut,
Auch der andre treiben.
Auf dem Weg da ist's ein Wort,
Niemand wird's verdammen:
Wollen wir an Einen Ort,
Nun! wir gehn zusammen.

Vieles wird sich da und hie
Uns entgegenstellen.
In der Liebe mag man nie
Helfer und Gesellen,
Geld und Ehre hätte man
Gern allein zur Spende
Und der Wein, der treue Mann,
Der entzweit am Ende.

Hat doch über solches Zeug
Hafis auch gesprochen,
Über manchen dummen Streich
Sich den Kopf zerbrochen,
Und ich seh nicht was es frommt,
Aus der Welt zu laufen,
Magst du, wenn das Schlimmste kommt,
Auch einmal dich raufen.

★

Se repousas no Bem,
não vou te censurar;
se fizeres o Bem,
isso vai te iluminar;
mas se fizeres tua cerca
em torno da riqueza,
vivo bem sem que se perca
nunca minha firmeza.

Pois a gente, ela é boa,
mas melhor ficaria
não fizesse uma pessoa
como outra faria.
O caminho é bem falado,
dele não falarão mal:
melhor ir acompanhado
se for a este local.

Aqui e ali encontraremos
muitos inimigos.
No amor nós não queremos
nem ajuda nem amigos,
ouro e honra tomem
só pra doar, enfim.
E o vinho, o bom homem,
se parte então no fim.

E já não falou Hafez
sobre esta peça?
Sobre tal desfaçatez
não quebrou a cabeça?
E não vejo serventia
em fugir do mundo;
se o pior vier, deverias
tornar-se furibundo.

★

Als wenn das auf Namen ruhte!
Was sich schweigend nur entfaltet.
Lieb ich doch das schöne Gute
Wie es sich aus Gott gestaltet.

Jemand lieb ich, das ist nötig;
Niemand haß ich; soll ich hassen;
Auch dazu bin ich erbötig,
Hasse gleich in ganzen Massen.

Willst sie aber näher kennen,
Sieh aufs Rechte, sieh aufs Schlechte,
Was sie ganz fürtrefflich nennen
Ist wahrscheinlich nicht das Rechte.

Denn das Rechte zu ergreifen,
Muß man aus dem Grunde leben,
Und salbadrisch auszuschweifen
Dünket mich ein seicht Bestreben.

Wohl! Herr Knitterer er kann sich
Mit Zersplitterer vereinen,
Und Verwitterer alsdann sich
Allenfalls der Beste scheinen.

Daß nur immer in Erneuung
Jeder täglich Neues höre,
Und zugleich auch die Zerstreuung
Jeden in sich selbst zerstöre.

Dies der Landsmann wünscht und liebet,
Mag er Deutsch, mag Teutsch sich schreiben,
Liedchen aber heimlich piepet:
Also war es und wird bleiben.

★

Como se de nome se tratasse,
O que quieto se desnovela!
Mas, como de Deus se formasse,
amo a coisa boa e bela.

Amo alguém: necessidade;
odeio ninguém; devo odiar?
Ah, faço de boa vontade:
larga escala vou odiar.

Se quiseres saber melhor,
busque o certo, busque o errado;
aquilo que em verdade é o pior
eles acham que é o azado.

Pois o certo entendimento
precisa de um bom chão,
voar em mau pensamento
faz tua vida ser em vão.

Sim! o enrugado pode
se juntar ao estilhaçado,
e o Degredado pode
ser melhor — mesmo que errado.

Que agora só renovação
todo dia se faça ouvir
e igualmente a distração
possa a todos destruir:

isso o alemão ama e anseia,
escreva "teuto" ou "alemão",
oculta, a canção gorjeia,
era assim e será — em vão.

★

Medschnun heißt — ich will nicht sagen
Daß es grad ein Toller heiße;
Doch ihr müßt mich nicht verklagen
Daß ich mich als Medschnun preise.

Wenn die Brust, die redlich volle,
Sich entladet euch zu retten,
Ruft ihr nicht: das ist der Tolle!
Holet Stricke, schaffet Ketten!

Und wenn ihr zuletzt in Fesseln
Seht die Klügeren verschmachten,
Sengt es euch wie Feuernesseln
Das vergebens zu betrachten.

★

"Majnun" quer dizer — não digo
que ele um louco se chame,
mas não se queixem comigo
se de Majnun me proclame.

Se o peito, pleno e honrado,
se escoa para salvar,
não gritem: é o pirado!
Tomem cordas pra agrilhoar!

Se vocês virem na prisão
os "espertos" definhando,
vai-lhes dar um comichão
pra ficar assim, só olhando.

★

Hab ich euch denn je geraten,
Wie ihr Kriege führen solltet?
Schalt ich euch, nach euren Taten,
Wenn ihr Friede schließen wolltet?

Und so hab ich auch den Fischer
Ruhig sehen Netze werfen,
Brauchte dem gewandten Tischer
Winkelmaß nicht einzuschärfen.

Aber ihr wollt' besser wissen,
Was ich weiß, der ich bedachte
Was Natur, für mich beflissen,
Schon zu meinem Eigen machte.

Fühlt ihr auch dergleichen Stärke,
Nun, so fördert eure Sachen;
Seht ihr aber meine Werke,
Lernet erst: so wollt' er's machen.

★

Por acaso eu já lhes disse
como é que guerra se faz?
Ou fechei-me em casmurrice
quando enfim queriam paz?

Pois vi calmo o pescador
lançar redes no pesqueiro,
e não me fiz de afiador
do formão do carpinteiro.

Mas vocês têm sua certeza
de saberem mais que eu,
que escutei a Natureza,
e este estudo tornei meu.

Batendo essa força no peito,
deixem suas coisas crescer,
e aprendam vendo meus feitos:
foi assim que eu quis fazer.

★

Wanderers Gemütsruhe

Übers Niederträchtige
Niemand sich beklage;
Denn es ist das Mächtige,
Was man dir auch sage.

In dem Schlechten waltet es
Sich zu Hochgewinne,
Und mit Rechtem schaltet es
Ganz nach seinem Sinne.

Wandrer! — Gegen solche Not
Wolltest du dich sträuben?
Wirbelwind und trocknen Kot,
Laß sie drehn und stäuben.

★

Wer wird von der Welt verlangen,
Was sie selbst vermißt und träumet,
Rückwärts oder seitwärts blickend
Stets den Tag des Tags versäumet?
Ihr Bemühn ist guter Wille,
Hinkt nur nach dem raschen Leben
Und was du vor Jahren brauchtest,
Möchte sie dir heute geben.

★

Paz de espírito do viandante

Sobre baixezas vis
ninguém se lamente;
de tudo que o povo diz
isso é o mais potente.

No Mal elas prosperam
para um alto ganho;
e no Bem é que operam
bem do seu tamanho.

Viandante! Que costume
têm de te irritar!
Torvelinho e seco estrume:
Gira-os em pó no ar!

★

Quem vai exigir do mundo
aquilo que perde sonhando,
se olhando pro lado e pra trás
o dia dos dias vai passando?
Seu esforço é boa vontade,
mas se arrasta atrás da vida.
e a vontade de outros anos
vai ser hoje atendida.

★

Glaubst du denn von Mund zu Ohr
Sei ein redlicher Gewinnst?
Überliefrung, o! du Tor!
Ist auch wohl ein Hirngespinst.
Nun geht erst das Urteil an.
Dich vermag aus Glaubensketten
Der Verstand allein zu retten,
Dem du schon Verzicht getan.

★

Und wer franzet oder britet,
Italienert oder teutschet,
Einer will nur wie der andre,
Was die Eigenliebe heischet.

Denn es ist kein Anerkennen,
Weder vieler noch des einen,
Wenn es nicht am Tage fördert
Wo man selbst was möchte scheinen.

Morgen habe denn das Rechte
Seine Freunde wohlgesinnet,
Wenn nur heute noch das Schlechte
Vollen Platz und Gunst gewinnet.

Wer nicht von dreitausend Jahren
Sich weiß Rechenschaft zu geben,
Bleib im Dunkeln unerfahren,
Mag von Tag zu Tage leben.

★

Crês que da boca ao ouvido
alguma coisa se ganha?
A tradição, ó estúpido,
é coisa de mente tacanha.
Eis que vem o julgamento:
das correntes de crendices
a razão (se não desistisses)
pode dar-te o livramento.

★

E quem afrancesa ou abrita
italiana ou alemanha,
um ou outro só deseja
nutrir a vaidade tacanha.

Não é reconhecimento
nem de muitos, nem de um,
se o que se quer fazer brilhar
não surgir em dia algum.

Amanhã terá o correto
seus amigos bem-dispostos,
se só hoje o incorreto
receber favor e postos.

Quem de anos três mil
não tiver a conta em dia
fica no escuro, pueril,
e vai viver no dia a dia.

★

Ärgert's jemand, daß es Gott gefallen
Mahomet zu gönnen Schutz und Glück,
An den stärksten Balken seiner Hallen
Da befestig' er den derben Strick,
Knüpfe sich daran! das hält und trägt,
Er wird fühlen, daß sein Zorn sich legt.

★

Quem não gostar que guarda e sorte
Deus quis dar a Maomé,
no teto, na viga mais forte,
amarre corda, suba e até
se pendure nela! Mire e veja:
verá que Sua fúria se despeja.

★

HIKMET NAMEH

LIVRO DOS PROVÉRBIOS

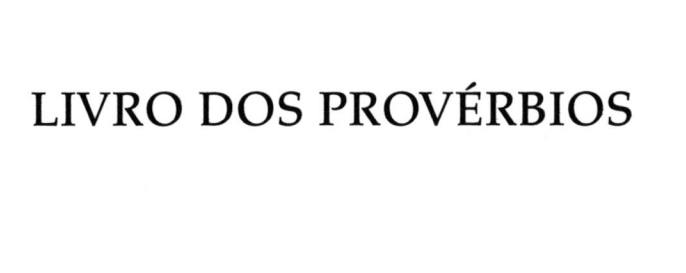

Talismane werd ich in dem Buch zerstreuen,
Das bewirkt ein Gleichgewicht.
Wer mit gläub'ger Nadel sticht
Überall soll gutes Wort ihn freuen.

—

Vom heut'gen Tag, von heut'ger Nacht
Verlange nichts,
Als was die gestrigen gebracht.

—

Wer geboren in bös'ten Tagen,
Dem werden selbst die bösen behagen.

—

Wie etwas sei leicht
Weiß der es erfunden und der es erreicht.

—

Das Meer flutet immer,
Das Land behält es nimmer.

★

Was klagst du über Feinde?
Sollten solche je werden Freunde,
Denen das Wesen wie du bist
Im stillen ein ewiger Vorwurf ist?

—

Talismãs no livro quero diluir
pra que tudo pese o mesmo.
Crente, espeta a agulha a esmo:
palavra boa vais fruir.

—

Nesta noite e neste dia,
nada queiras
que já ontem não havia.

—

Quem nasceu em dias piores
acha até os ruins melhores.

—

Que algo seja simples,
Sabe quem achou, e o fez simples.

—

O mar vai e vem,
a terra não o retém.

★

Por que queixar-se de inimigos?
Se viessem a ser amigos,
pra eles ser quem tu és
eterna censura é.

—

Dümmer ist nichts zu ertragen,
Als wenn Dumme sagen den Weisen:
Daß sie sich in großen Tagen
Sollten bescheidentlich erweisen.

—

Wenn Gott so schlechter Nachbar wäre
Als ich bin und als du bist,
Wir hätten beide wenig Ehre;
Der läßt einen jeden, wie er ist.

—

Gesteht's! die Dichter des Orients
Sind größer als wir des Okzidents.
Worin wir sie aber völlig erreichen,
Das ist im Haß auf unsresgleichen.

★

Überall will jeder obenauf sein,
Wie's eben in der Welt so geht.
Jeder sollte freilich grob sein,
Aber nur in dem, was er versteht.

—

Verschon uns Gott mit deinem Grimme!
Zaunkönige gewinnen Stimme.

—

Will der Neid sich doch zerreißen,
Laß ihn seinen Hunger speisen.

Nada é pior de aguentar
que o tolo, que aos sábios dizia
que deviam se mostrar
modestos no grande dia.

—

Se Deus fosse um mau vizinho
como eu e como tu,
ambos seríamos mesquinhos;
bem, cada um é cada um.

—

Admite! Os poetas do Oriente
são maiores que os do Ocidente.
Mas onde nos alcançamos mais,
é só no ódio aos nossos iguais.

★

Sempre há o que quer estar por cima,
é o que acontece neste mundo.
Cada um é livre para ser bruto,
mas apenas naquilo que domina.

—

Deus nos livre da Sua ira!
Ganha voz a corruíra.

—

Se a inveja for rasgar-se,
deixa-a em sua fome saciar-se.

Sich im Respekt zu erhalten
Muß man recht borstig sein.
Alles jagt man mit Falken,
Nur nicht das wilde Schwein.

★

Was hilft's dem Pfaffenorden
Der mir den Weg verrannt?
Was nicht gerade erfaßt worden
Wird auch schief nicht erkannt.

—

Einen Helden mit Lust preisen und nennen
Wird jeder, der selbst als Kühner stritt.
Des Menschen Wert kann niemand erkennen
Der nicht selbst Hitze und Kälte litt.

—

Gutes tu rein aus des Guten Liebe,
Was du tust, verbleibt dir nicht;
Und wenn es auch dir verbliebe,
Bleibt es deinen Kindern nicht.

—

Soll man dich nicht aufs schmählichste berauben,
Verbirg dein Gold, dein Weggehn, deinen Glauben.

★

Pra manter-se no respeito
tem que ter boa pelagem.
Tudo se caça com falcão,
menos o porco selvagem.

★

Que ajuda dos padrecos
esperar, se me desviaram?
O que não entenderam reto
torto também não captaram.

—

Nomear e louvar um herói com prazer
sabe aquele que lutou com bravura.
O valor humano só vai reconhecer
quem sentiu toda temperatura.

—

Faze o bem por amor ao bem,
o que fazes não te pertence;
se te pertencesse também,
aos teus filhos não permanece.

—

Pra que um vil ladrão não limpe tua despensa,
esconde teu ouro, tuas fugas, a tua crença.

★

Wie kommt's, daß man an jedem Orte
So viel Gutes, so viel Dummes hört?
Die Jüngsten wiederholen der Ältesten Worte,
Und glauben, daß es ihnen angehört.

—

Laß dich nur in keiner Zeit
Zum Widerspruch verleiten,
Weise fallen in Unwissenheit,
Wenn sie mit Unwissenden streiten.

—

»Warum ist Wahrheit fern und weit?
Birgt sich hinab in tiefste Gründe?«

Niemand versteht zur rechten Zeit! —
Wenn man zur rechten Zeit verstünde;
So wäre Wahrheit nah und breit,
Und wäre lieblich und gelinde.

★

Was willst du untersuchen
Wohin die Milde fließt.
In's Wasser wirf deine Kuchen,
Wer weiß, wer sie genießt.

—

Como pode que em cada cantinho
se ouça coisas boas, coisas reles?
Jovens repetem o que diz um velhinho
e acreditam que pertença a eles.

—

Não deixes em nenhum instante
te levarem à incoerência;
quando lutam com ignorantes
sábios caem na ignorância.

—

"Por que a verdade está na lonjura?
Escondida em tão grande fundura?"

Ninguém entende na hora certa! —
Se na hora certa entendesse,
a verdade estaria perto e aberta,
amável, como se esplandecesse.

★

Como é que me indagas
de onde a placidez flui?
Joga teu bolo nas águas,
que quem sabe alguém o frui.

—

Als ich einmal eine Spinne erschlagen,
Dacht ich, ob ich das wohl gesollt?
Hat Gott ihr doch wie mir gewollt
Einen Anteil an diesen Tagen!

—

»Dunkel ist die Nacht, bei Gott ist Licht.
Warum hat er uns nicht auch so zugericht?«

★

Welch eine bunte Gemeinde!
An Gottes Tisch sitzen Freund' und Feinde.

—

Ihr nennt mich einen kargen Mann;
Gebt mir, was ich verprassen kann.

—

Soll ich dir die Gegend zeigen,
Mußt du erst das Dach besteigen.

—

Wer schweigt, hat wenig zu sorgen,
Der Mensch bleibt unter der Zunge verborgen.

★

Ein Herre mit zwei Gesind
Er wird nicht wohl gepflegt.
Ein Haus, worin zwei Weiber sind
Es wird nicht rein gefegt.

Quando matei uma aranha certo dia,
pensei: será que agi certo?
Quis Deus que ela, decerto,
como eu também vivesse este dia?

—

"A noite é escura, a luz está em Deus.
Por que não fez assim os filhos Seus?"

★

Que colorida comunidade!
Na mesa de Deus sentam ódio e amizade.

—

Me chamam de homem mesquinho;
Deem-me algo — que eu encaminho.

—

Quer que te mostre a região?
Sobe no telhado, então!

—

Quem cala tem pouco a temer,
sob a língua é possível se esconder.

★

Um senhor com dois criados
Não vai ser tão bem cuidado.
Uma casa com duas mulheres
Não vai ter limpos talheres.

—

Ihr lieben Leute, bleibt dabei
Und sagt nur: Autos epha!
Was sagt ihr lange Mann und Weib?
Adam, so heißts, und Eva.

—

Wofür ich Allah höchlich danke?
Daß er Leiden und Wissen getrennt.
Verzweifeln müßte jeder Kranke
Das Übel kennend wie der Arzt es kennt.

—

Närrisch, daß jeder in seinem Falle
Seine besondere Meinung preist!
Wenn *Islam* Gott ergeben heißt,
In Islam leben und sterben wir alle.

★

Wer auf die Welt kommt, baut ein neues Haus,
Er geht und läßt es einem zweiten,
Der wird sich's anders zubereiten
Und niemand baut es aus.

—

Wer in mein Haus tritt, der kann schelten,
Was ich ließ viele Jahre gelten;
Vor der Tür aber müßt er passen
Wenn ich ihn nicht wollte gelten lassen.

—

Vocês aí só sabem dizer,
perplexos: "autos epha!"
O que chamam marido e mulher
São na verdade Adão e Eva.

—

Por que dou tanta graça a Alá?
Ele separou a dor do saber.
Em aflição o doente cairá
se a doença como médico entender.

—

Não é tolice que sua opinião
cada um queira enaltecer?
Se *Islã* é a divina submissão,
no Islã vamos viver e morrer.

★

Quem vem ao mundo faz uma casa,
e quando vai um outro chega,
e de outro modo se aconchega,
e ninguém termina a casa.

—

Quem me visita pode criticar
o que anos durou no meu lar;
mas porta afora deve saber:
eu digo o que vai ou não valer.

—

Herr! laß dir gefallen
Dieses kleine Haus,
Größre kann man bauen,
Mehr kommt nicht heraus.

★

Du bist auf immer geborgen,
Das nimmt dir niemand wieder:
Zwei Freunde, ohne Sorgen,
Weinbecher, Büchlein Lieder.

—

»Was brachte Lokman nicht hervor,
 Den man den garst'gen hieß!«
Die Süßigkeit liegt nicht im Rohr,
Der Zucker der ist süß.

—

Herrlich ist der Orient
Übers Mittelmeer gedrungen,
Nur wer Hafis liebt und kennt
Weiß was Calderon gesungen.

★

»Was schmückst du die eine Hand denn nun
 Weit mehr als ihr gebührte?«
Was sollte denn die linke tun,
 Wenn sie die Rechte nicht zierte?

—

Que vos agrade, ó Senhor,
o meu humilde lar!
Posso fazer maior,
mais que eu não sai de lá.

★

Estás sempre bem cuidado,
isto não se retira:
dois amigos despreocupados,
cálice, canção e lira.

—

"O que Lucman não nos trouxe,
ele que chamavam de feio!"
A cana em si não é doce
sem que açúcar seja feito.

—

Grandioso o Oriente
o Mediterrâneo cruzou;
Quem ama Hafez e o entende
sabe o que Calderón cantou.

★

"Por que enfeitas aquela mão
mais do que pode merecer?"
O que resta à esquerda então,
senão a direita enaltecer?

—

Wenn man auch nach Mekka triebe
Christus' Esel, würd er nicht
Dadurch besser abgericht,
Sondern stets ein Esel bliebe.

—

Getretner Quark
Wird breit, nicht stark.

—

Schlägst du ihn aber mit Gewalt
In feste Form, er nimmt Gestalt.
Dergleichen Steine wirst du kennen,
Europäer Pisé sie nennen.

★

Betrübt euch nicht, ihr guten Seelen!
Denn wer nicht fehlt, weiß wohl, wenn andre fehlen;
Allein wer fehlt, der ist erst recht daran,
Er weiß nun deutlich, wie sie wohl getan.

—

Du hast gar vielen nicht gedankt,
Die dir so manches Gute gegeben!
Darüber bin ich nicht erkrankt,
Ihre Gaben mir im Herzen leben.

—

—

Se o asno de Cristo
fosse a Meca, retornaria
e o mesmo asno ele seria,
e nada melhor que isto.

—

Lama pisada
não é forte, é espalhada.

—

Mas se bater nela bem forte,
talvez, dura, se comporte.
Tais pedras deves conhecer,
europeus chamam de *pisé*.

★

Ó boas almas, não se iludam!
Quem não falha vê onde outros falham;
mas só quem falha consegue saber,
pois viu com os outros como fazer.

—

Tu és mesmo muito ingrato
por tudo que acontece de bom!
Isso não me deixa perturbado,
meu peito abriga todo esse dom.

—

Guten Ruf mußt du dir machen,
Unterscheiden wohl die Sachen,
Wer was weiter will, verdirbt.

—

Die Flut der Leidenschaft, sie stürmt vergebens
Ans unbezwungne feste Land. —
Sie wirft poetische Perlen an den Strand,
Und das ist schon Gewinn des Lebens.

Boa fama tu deves fazer,
as coisas bem perceber.
Quem quer mais, vai perecer.

—

A maré da paixão, ela avança em vão
contra a terra firme e incontida. —
Deixa pérolas poéticas no chão,
e isso já é um ganho na vida.

TIMUR NAMEH

LIVRO DE TIMUR

Der Winter und Timur

So umgab sie nun der Winter
Mit gewalt'gem Grimme. Streuend
Seinen Eishauch zwischen alle,
Hetzt' er die verschiednen Winde
Widerwärtig auf sie ein.
Über sie gab er Gewaltkraft
Seinen frostgespitzten Stürmen,
Stieg in Timurs Rat hernieder,
Schrie ihn drohend an und sprach so:
Leise, langsam, Unglücksel'ger!
Wandle, du Tyrann des Unrechts;
Sollen länger noch die Herzen
Sengen, brennen deinen Flammen?
Bist du der verdammten Geister
Einer, wohl! ich bin der andre.
Du bist Greis, ich auch, erstarren
Machen wir so Land als Menschen.
Mars! du bist's! Ich bin Saturnus,
Übeltätige Gestirne,
Im Verein die schrecklichsten.
Tötest du die Seele, kältest
Du den Luftkreis; meine Lüfte
Sind noch kälter, als du sein kannst.
Quälen deine wilden Heere
Gläubige mit tausend Martern,
Wohl, in meinen Tagen soll sich,
Geb es Gott! was Schlimmres finden.
Und bei Gott, dir schenk ich nichts.
Hör es Gott, was ich dir biete!
Ja bei Gott! von Todeskälte
Nicht, o Greis, verteid'gen soll dich
Breite Kohlenglut vom Herde,
Keine Flamme des Dezembers.

O Inverno e Timur

E envolveu-lhes o Inverno,
numa fúria acre. Lança
seu gelado bafo em todos,
repulsivo os vários ventos
atiçou pra cima deles.
Sobre eles fez atrozes
chuvas gélidas, agudas,
e ao conselho de Timur
descendeu, urrou e disse:
"Leve e lento perambulas,
infeliz tirano injusto!
quantas almas 'inda queimam
e chamuscam na tua chama?
Um espírito maldito
és decerto! e eu sou outro.
És grisalho, e eu também;
terra e gente enrijecemos.
Tu és Marte! Eu, Saturno;
os celestes malfeitores,
no conluio os piores.
A almas matas, e enregelas
o ar em ciclo; e meus ares
são mais frios de que te ufanas.
Martirizam tuas hordas
brutas todos os bons crentes:
ah, nos dias meus vai dar-se,
haja Deus! mal bem pior.
E por Deus! Não dou-te nada,
ouça Deus o que te deixo!
Sim, por Deus! do frio de morte,
ó grisalho, não te ampara
nem fogão ou ampla brasa,
nem a chama do Dezembro."

An Suleika

Dir mit Wohlgeruch zu kosen,
Deine Freuden zu erhöhn,
Knospend müssen tausend Rosen
Erst in Gluten untergehn.

Um ein Fläschchen zu besitzen.
Das den Ruch auf ewig hält,
Schlank wie deine Fingerspitzen.
Da bedarf es einer Welt.

Einer Welt von Lebenstrieben,
Die, in ihrer Fülle Drang,
Ahndeten schon Bulbuls Lieben,
Seeleregenden Gesang.

Sollte jene Qual uns quälen?
Da sie unsre Lust vermehrt.
Hat nicht Myriaden Seelen
Timurs Herrschaft aufgezehrt!

A Zuleica

Pra aromar-te de carícias
e elevar tuas alegrias,
devem botões de rosas mil
desfazer-se no brasil.

Ter um frasco como um gume,
qual teu dedo, assim, perfeito,
que eternize este perfume,
nos exige um mundo inteiro:

um que pulsa com ardores
que, em seu ímpeto pleno,
semelha muito aos amores
de Bulbul, nada sereno.

Deve tal dor doer-nos,
se ela faz crescer o afã?
Não quis Timur roer-nos,
as mil almas, como *khan*?

SULEIKA NAMEH

Ich gedachte in der Nacht
Daß ich den Mond sähe im Schlaf;
Als ich aber erwachte
Ging unvermutet die Sonne auf.

LIVRO DE ZULEICA

Nesta noite cogitei
Ter visto a Lua ao dormir;
Mas tão logo despertei
Veio quieto o Sol e se ergueu.

Einladung

Mußt nicht vor dem Tage fliehen:
Denn der Tag, den du ereilest,
Ist nicht besser als der heut'ge;
Aber wenn du froh verweilest,
Wo ich mir die Welt beseit'ge,
Um die Welt an mich zu ziehen,
Bist du gleich mit mir geborgen:
Heut ist heute, morgen morgen,
Und was folgt und was vergangen,
Reißt nicht hin und bleibt nicht hangen.
Bleibe du, mein Allerliebstes;
Denn du bringst es, und du gibst es.

★

Daß Suleika von Jussuph entzückt war
Ist keine Kunst,
Er war jung, Jugend hat Gunst,
Er war schön, sie sagen zum Entzücken,
Schön war sie, konnten einander beglücken.
Aber daß du, die so lange mir erharrt war.
Feurige Jugendblicke mir schickst,
Jetzt mich liebst, mich später beglückst,
Das sollen meine Lieder preisen
Sollst mir ewig Suleika heißen.

★

Da du nun Suleika heißest,
Sollt ich auch benamset sein.
Wenn du deinen Geliebten preisest,
Hatem! das soll der Name sein.
Nur daß man mich daran erkennet,
Keine Anmaßung soll es sein

Convite

De hoje não deves fugir,
pois o dia ao qual te apressas
melhor que hoje não será;
mas fica, nada de pressas:
eu deixo o mundo pra lá,
só pra poder te seduzir;
se te ocultas comigo no afã,
hoje é hoje e amanhã é amanhã;
e o que virá e o que já passa
não comove e não se arrasta.
Fica tu, meu mais querido,
pois és dado, és trazido.

★

Que Zuleica por José foi encantada
não é nada novo;
era moço, graça de quem é novo;
era belo, dizem, era de encantar;
era bela, podiam se deleitar.
Mas que tu, que me foste aguardada,
jovens olhos de fogo me remetas,
me ames já, depois me deleites:
isso em meus cantos exaltarei,
Zuleica sempre te chamarei.

★

Já que Zuleica te chamas,
nomeado também devo ser,
se tu teu amado inflamas,
Hatem! deve o nome ser.
Para que se me reconheça,
presunção não há de ser.

Wer sich St. Georgenritter nennet
Denkt nicht gleich Sankt Georg zu sein.
Nicht Hatem Thai, nicht der Alles Gebende
Kann ich in meiner Armut sein,
Hatem Zograi nicht, der reichlichst Lebende
Von allen Dichtern, möcht ich sein.
Aber beide doch im Auge zu haben,
Es wird nicht ganz verwerflich sein:
Zu nehmen, zu geben des Glückes Gaben
Wird immer ein groß Vergnügen sein.
Sich liebend aneinander zu laben
Wird Paradieses Wonne sein.

Hatem

Nicht Gelegenheit macht Diebe,
Sie ist selbst der größte Dieb;
Denn sie stahl den Rest der Liebe
Die mir noch im Herzen blieb.

Dir hat sie ihn übergeben
Meines Lebens Vollgewinn,
Daß ich nun, verarmt, mein Leben
Nur von dir gewärtig bin.

Doch ich fühle schon Erbarmen
Im Karfunkel deines Blicks
Und erfreu' in deinen Armen
Mich erneuerten Geschicks.

Quem de São Jorge se enalteça
não pensa em São Jorge ser.
Não Hatem Thai, o generoso,
posso em minha pobreza ser,
Hatem Zograi não, o mais poderoso
dos poetas, quero ser.
Mas devo ter ambos em mente,
de todo inútil não vai ser:
Leixa-pren da sorte presente
grande prazer há de ser.
Refrescar-se um no outro amante:
o Paraíso há de ser.

Hatem

A ocasião não faz o ladrão;
pois ela é o maior ladrão:
roubou o resto da paixão
que eu tinha no coração;

Todo o ganho da minha vida
só a ti ela entregou;
e pobre de mim, querida,
sem ti eu nada não sou!

Mas já sinto a empatia
na joia do teu olhar,
e em teus braços a alegria,
minha sorte, vou encontrar.

Suleika

Hochbeglückt in deiner Liebe
Schelt ich nicht Gelegenheit,
Ward sie auch an dir zum Diebe,
Wie mich solch ein Raub erfreut!

Und wozu denn auch berauben?
Gib dich mir aus freier Wahl,
Gar zu gerne möcht ich glauben —
Ja! ich bin's die dich bestahl.

Was so willig du gegeben
Bringt dir herrlichen Gewinn,
Meine Ruh, mein reiches Leben
Geb ich freudig, nimm es hin!

Scherze nicht! Nichts von Verarmen!
Macht uns nicht die Liebe reich?
Halt ich dich in meinen Armen,
Jedem Glück ist meines gleich.

★

Der Liebende wird nicht irre gehn,
Wär's um ihn her auch noch so trübe.
Sollten Leila und Medschnun auferstehn,
Von mir erführen sie den Weg der Liebe.

—

Ist's möglich, daß ich, Liebchen, dich kose!
Vernehme der göttlichen Stimme Schall!
Unmöglich scheint immer die Rose,
Unbegreiflich die Nachtigall.

Zuleica

Bendita teu amor me faz,
eu não perco a ocasião;
se ela bandido te faz,
feliz faz-me a espoliação!

E, no fim, pra que este roubo?
Muito livre dá-te a mim;
quero crer com muito arroubo —
que eu roubei-te — fui eu, sim!

Tu te deste de bom grado,
isso traz bom ganho a ti,
minha vida, meu agrado,
dou feliz, pega pra ti!

Zombes não! Sem fracassos!
Não nos enriquece o amor?
Se eu te tenho nos meus braços,
todo ardor é meu ardor.

★

O amante nunca vai se perder,
mesmo envolto em maior negror.
Se Laila e Majnun fossem reviver
eu mostraria o caminho do amor.

—

É possível que eu te mime, graciosa?
Da voz divina o ruído é audível!
Sempre impossível parece a rosa,
e o rouxinol incompreensível.

Suleika

Als ich auf dem Euphrat schiffte,
Streifte sich der goldne Ring
Fingerab in Wasserklüfte,
Den ich jüngst von dir empfing.

Also träumt ich, Morgenröte
Blitzt ins Auge durch den Baum.
Sag, Poete, sag, Prophete!
Was bedeutet dieser Traum?

Hatem

Dies zu deuten bin erbötig!
Hab ich dir nicht oft erzählt
Wie der Doge von Venedig
Mit dem Meere sich vermählt.

So von deinen Fingergliedern
Fiel der Ring dem Euphrat zu.
Ach zu tausend Himmelsliedern,
Süßer Traum begeisterst du!

Mich, der von den Indostanen
Streifte bis Damaskus hin,
Um mit neuen Karawanen
Bis ans Rote Meer zu ziehn.

Mich vermählst du deinem Flusse,
Der Terrasse, diesem Hain,
Hier soll bis zum letzten Kusse
Dir mein Geist gewidmet sein.

Zuleica

Pelo Eufrates ia navegando,
e em meio ao sorvedouro
acabou escorregando
o teu mimo, o anel de ouro.

Tive um sonho — interpreta:
No olho raia a alba no lenho.
Diz poeta, diz profeta:
Que sonho é esse que eu tenho?

Hatem

Interpreto com presteza!
Não cansei de te contar
que o doge de Veneza
esposou-se com o mar?

Pois então, dos teus dedinhos
no Eufrates caiu o anel.
Ah, mil sonhos tão docinhos!
tu pareces vir do Céu.

Eu, que desde o Hindustão
a Damasco viajei,
nas caravanas de então
o mar Vermelho alcancei;

esposaste-me ao teu ribeiro,
teu terraço e a esta mata;
até o beijo derradeiro
meu espírito a ti se ata.

Kenne wohl der Männer Blicke,
Einer sagt: Ich liebe, leide!
Ich begehre, ja verzweifle!
Und was sonst ist, kennt ein Mädchen.
Alles das kann mir nicht helfen,
Alles das kann mich nicht rühren;
Aber, Hatem, deine Blicke
Geben erst dem Tage Glanz.
Denn sie sagen: *Die* gefällt mir,
Wie mir sonst nicht's mag gefallen.
Seh ich Rosen, seh ich Lilien,
Aller Gärten Zier und Ehre,
So Zypressen, Myrten, Veilchen,
Aufgeregt zum Schmuck der Erde.
Und geschmückt ist sie ein Wunder,
Mit Erstaunen uns umfangend,
Uns erquickend, heilend, segnend,
Daß wir uns gesundet fühlen,
Wieder gern erkranken möchten.
Da erblicktest du Suleika
Und gesundetest erkrankend,
Und erkranketest gesundend,
Lächeltest und sahst herüber
Wie du nie der Welt gelächelt.
Und Suleika fühlt des Blickes
Ewge Rede: *Die* gefällt mir,
Wie mir sonst nichts mag gefallen.

★

Conheço bem olhar de homem,
ele diz: eu amo, eu sofro!
Eu anseio, desespero!
Tudo o mais a mulher sabe.
Isso não pode me ajudar,
isso não pode me tocar;
mas Hatem! Os teus olhares
é que dão brilho aos dias.
Pois me dizem: *desta* eu gosto,
mais do que de qualquer coisa.
Vejo rosas, vejo lírios,
dos jardins glória e grandeza,
e cipreste, murta, violeta,
excitados pra ornar a terra.
E enfeitada qual milagre,
envolvendo-nos de espanto,
Saciando, curando, benzendo,
nos fazendo sentir curados,
e querendo adoecer de novo.
Nisto olhas pra Zuleica,
e te curas adoecendo,
e adoeces te curando;
sorrindo olhas além,
como nunca havias sorrido.
Neste olhar, Zuleica ouve
o dito eterno: *Desta* eu gosto
mais do que de qualquer coisa.

★

Gingo Biloba

Dieses Baums Blatt, der von Osten
Meinem Garten anvertraut,
Gibt geheimen Sinn zu kosten,
Wie's den Wissenden erbaut.

Ist es Ein lebendig Wesen,
Das sich in sich selbst getrennt?
Sind es zwei, die sich erlesen,
Daß man sie als eines kennt.

Solche Frage zu erwidern
Fand ich wohl den rechten Sinn;
Fühlst du nicht an meinen Liedern
Daß ich Eins und doppelt bin?

Ginkgo biloba[1]

Folha de árvore do Oriente
que no meu jardim se faz,
dá-me a ver sentido ausente
que aos sábios só apraz.

Será apenas *um* vivo ser?
Que de si em si se parte,
serão *dois*? que, no colher,
dão em um sem que se aparte?

Pra atender a tais questões
alcancei um senso azado;
não vês tu nestas canções
que sou Um e duplicado?

[1] Agradeço a Yuri Kulisky pela primeira versão deste poema.

SULEIKA
    Sag, du hast wohl viel gedichtet?
    Hin und her dein Lied gerichtet? —
    Schöne Schrift von deiner Hand,
    Prachtgebunden, goldgerändet,
    Bis auf Punkt und Strich vollendet,
    Zierlich lockend, manchen Band.
    Stets, wo du sie hingewendet
    War's gewiß ein Liebespfand?

HATEM
    Ja! von mächtig holden Blicken,
    Wie von lächelndem Entzücken
    Und von Zähnen blendend klar.
    Moschusduftend Lockenschlangen,
    Augenwimpern reizumhangen,
    Tausendfältige Gefahr!
    Denke nun wie von so langem
    Prophezeit Suleika war.

★

ZULEICA
>   Então poetaste bastante?
>   Canções aqui, ali, adiante? —
>   Bem escritas, da tua mão,
>   capa boa, borda dourada,
>   cada vírgula bem colocada,
>   uma linda coleção.
>   Certamente, quando usada,
>   do amor era a caução.

HATEM
>   Sim! de olhares muito meigos,
>   de sorrisos benfazejos,
>   dentes luzem, ofuscantes.
>   tranças-cobra almiscaradas,
>   pestanas doce-emolduradas,
>   mil vezes periclitantes!
>   Zuleica profetizada
>   foi, olha, em tempo distante.

★

SULEIKA

    Die Sonne kommt! Ein Prachterscheinen!
    Der Sichelmond umklammert sie.
    Wer konnte solch ein Paar vereinen?
    Dies Rätsel, wie erklärt sich's? Wie?

HATEM

    Der Sultan konnt' es, er vermählte
    Das allerhöchste Weltenpaar,
    Um zu bezeichnen Auserwählte,
    Die Tapfersten der treuen Schar.

    Auch sei's ein Bild von unsrer Wonne!
    Schon seh ich wieder mich und dich,
    Du nennst mich, Liebchen, deine Sonne,
    Komm, süßer Mond, umklammre mich!

★

ZULEICA
    Lá vem o Sol! Que majestade!
    A crescente o enleia.
    Quem fez deste par unidade?
    E esse enigma, quem o clareia?

HATEM
    O sultão! pois ele casou
    o par mais alto do céu,
    escolhidos designou:
    valentes da grei fiel.

    Seja o modelo do nosso prazer!
    Logo revejo, a mim e a ti:
    me chamas Sol, meu bem-querer,
    vem, doce Lua, enleia-me!

        ★

Komm, Liebchen, komm! umwinde mir die Mütze
Aus deiner Hand nur ist der Tulbend schön.
Hat Abbas doch, auf Irans höchstem Sitze,
Sein Haupt nicht zierlicher umwinden sehn.

Ein Tulbend war das Band, das Alexandern
In Schleifen schön vom Haupte fiel
Und allen Folgeherrschern, jenen Andern,
Als Königszierde wohlgefiel.

Ein Tulbend ist's der unsern Kaiser schmücket,
Sie nennen's Krone. Name geht wohl hin!
Juwel und Perle! sei das Aug entzücket!
Der schönste Schmuck ist stets der Musselin.

Und diesen hier, ganz rein und silberstreifig,
Umwinde, Liebchen, um die Stirn umher.
Was ist denn Hoheit? Mir ist sie geläufig!
Du schaust mich an, ich bin so groß als er.

★

Nur wenig ist's, was ich verlange,
Weil eben alles mir gefällt,
Und dieses wenige, wie lange,
Gibt mir gefällig schon die Welt!

Oft sitz ich heiter in der Schenke
Und heiter im beschränkten Haus;
Allein sobald ich dein gedenke,
Dehnt sich mein Geist erobernd aus.

Dir sollten Timurs Reiche dienen,
Gehorchen sein gebietend Heer,
Badakschan zollte dir Rubinen,
Türkise das Hyrkanische Meer.

Meu bem-querer, vem! adorna-me a testa,
só a tua mão faz o mais belo turbante.
Abás, rei do Irã, em dia de festa,
não conseguia ser mais elegante.

Alexandre portou tal faixa, o turbante,
que em cachos nos ombros lhe caía,
e a todos outros, seus pós-reinantes,
como real adereço apetecia.

É o turbante que o nosso rei enfeita,
chamam coroa. Designação fina!
Joia e pérola! o olho se deleita.
O mais belo enfeite, ora, é a musselina.

E este aqui, com prata e puro inteiro,
enrole, amor, para adornar-me a testa.
O que é grandeza? Algo já corriqueiro!
Sou grande como Ele: teu olho atesta.

★

Eu não sou de pedir muito,
porque tudo já me agrada,
e este pouco, quando muito,
o mundo dá de mão beijada.

No bar estou sempre feliz,
feliz na casa restrita;
logo que penso em ti,
se expande a mente em conquista.

Reinos de Timur são-te servis,
hostes seguem com presteza,
Badaquistão deve rubis,
mar Hircânio a turquesa.

Getrocknet honigsüße Früchte
Von Bochara dem Sonnenland,
Und tausend liebliche Gedichte
Auf Seidenblatt von Samarkand.

Da solltest du mit Freude lesen
Was ich von Ormus dir verschrieb,
Und wie das ganze Handelswesen
Sich nur bewegte dir zulieb;

Wie in dem Lande der Brahmanen
Viel tausend Finger sich bemüht,
Daß alle Pracht der Indostanen
Für dich auf Woll' und Seide blüht;

Ja, zu Verherrlichung der Lieben
Gießbäche Soumelpours durchwühlt,
Aus Erde, Grus, Gerill, Geschieben
Dir Diamanten ausgespült;

Wie Taucherschar verwegner Männer
Der Perle Schatz dem Golf entriß,
Darauf ein Divan scharfer Kenner
Sie dir zu reihen sich befliß.

Wenn nun Bassora noch das Letzte,
Gewürz und Weihrauch beigetan,
Bringt alles was die Welt ergetzte
Die Karawane dir heran.

Doch alle diese Kaisergüter
Verwirrten doch zuletzt den Blick;
Und wahrhaft liebende Gemüter
Eins nur im andern fühlt sein Glück.

★

Frutas secas, mel de doçura,
de Bucara, onde o Sol se abanda;
mil canções de fina candura
em seda de Samarcanda.

Aí devias ler com alegrias
o que te mandei de Ormuz,
sobre a troca de mercadorias
que em teu favor se conduz.

Sobre as terras dos brâmanes,
onde há dedos mil no afã
de florir a pompa imane
do Hindustão com seda e lã.

E pra glória do amor, então,
rios de Somelpur revirados,
de terra, cascalho e aluvião
teus diamantes são lavados.

E como aqueles pescadores
que pérolas do Golfo pegam,
um divã de sabedores
uma a uma a ti agregam.

E Baçorá, finalmente,
com incenso e especiaria
e o que agrada a toda a gente
na caravana te traria.

Mas tais bens imperiais
só confundem nosso olhar,
e apenas amantes reais
um no outro vão se fartar.

★

Hätt ich irgend wohl Bedenken
Bochara und Samarkand,
Süßes Liebchen, dir zu schenken?
Dieser Städte Rausch und Tand.

Aber frag einmal den Kaiser,
Ob er dir die Städte gibt?
Er ist herrlicher und weiser;
Doch er weiß nicht, wie man liebt.

Herrscher! zu dergleichen Gaben
Nimmermehr bestimmst du dich!
Solch ein Mädchen muß man haben
Und ein Bettler sein wie ich.

★

Die schön geschriebenen,
Herrlich umgüldeten,
Belächeltest du,
Die anmaßlichen Blätter,
Verziehst mein Prahlen
Von deiner Lieb und meinem
Durch dich glücklichen Gelingen,
Verziehst anmutigem Selbstlob.

Selbstlob! Nur dem Neide stinkt's,
Wohlgeruch Freunden
Und eignem Schmack!

Freude des Daseins ist groß,
Größer die Freud am Dasein,
Wenn du Suleika
Mich überschwenglich beglückst,
Deine Leidenschaft mir zuwirfst,

Já cheguei a cogitar
Bucara e Samarcanda
querida, te presentear?
Lixo e luxo dessas bandas?

Questiona o imperador:
se ele não as quer te dar?
Ele é sábio, dominador,
mas não sabe como amar.

Rei! não vais mais escolher
graças com este requinte!
Mulher como essa deves ter
e, como eu, ser um pedinte.

★

As bem escritas,
belamente redouradas,
escarneces tu
das presunçosas folhas;
perdoa minha jactância
do teu amor e de meu
feliz sucesso devido a ti,
perdoas gracioso autoelogio.

Autoelogio! Só fede à inveja,
perfume aos amigos,
e ao próprio olor!

Alegria da presença é grande,
maior é a alegria em estar presente.
se tu, Zuleica,
me agradas extremamente,
me lanças tua paixão

Als wär's ein Ball,
Daß ich ihn fange,
Dir zurückwerfe
Mein gewidmetes Ich;
Das ist ein Augenblick!
Und dann reißt mich von dir
Bald der Franke, bald der Armenier.

Aber Tage währt's,
Jahre dauert's, daß ich neu erschaffe
Tausendfältig deiner Verschwendungen Fülle,
Auftrösle die bunte Schnur meines Glücks,
Geklöppelt tausendfadig
Von dir, o Suleika.

Hier nun dagegen
Dichtrische Perlen,
Die mir deiner Leidenschaft
Gewaltige Brandung
Warf an des Lebens
Verödeten Strand aus.
Mit spitzen Fingern
Zierlich gelesen,
Durchreiht mit juwelenem
Goldschmuck,
Nimm sie an deinen Hals,
An deinen Busen!
Die Regentropfen Allahs,
Gereift in bescheidener Muschel.

★

como uma bola,
de modo que a pego,
e te devolvo
meu Eu dedicado,
isso é um instante!
E então me afasta de ti
ora o franco, ora o armênio.

Mas passa o dia,
passa o ano, e em mil formas recrio
a plenitude dos teus desperdícios,
enovelo o fio colorido da minha sorte,
em mil fios arrendados
por ti, ó Zuleica.

Aqui, em contrapartida,
pérolas poéticas
que a ressaca violenta
da tua paixão
jogou na praia
deserta da minha vida.
Com finos dedos
belamente lidas,
alinhadas com ajoalhados
adereços de ouro.
Põe-nas no teu colo,
no teu seio!
Gotas de chuva de Alá,
curadas na modesta ostra.

★

Lieb um Liebe, Stund um Stunde,
Wort um Wort und Blick um Blick;
Kuß um Kuß, vom treusten Munde,
Hauch um Hauch und Glück um Glück.
So am Abend, so am Morgen!
Doch du fühlst an meinen Liedern
Immer noch geheime Sorgen;
Jussuphs Reize möcht ich borgen,
Deine Schönheit zu erwidern.

★

SULEIKA
    Volk und Knecht und Überwinder
    Sie gestehn, zu jeder Zeit,
    Höchstes Glück der Erdenkinder
    Sei nur die Persönlichkeit.

    Jedes Leben sei zu führen,
    Wenn man sich nicht selbst vermißt;
    Alles könne man verlieren,
    Wenn man bliebe, was man ist.

HATEM
    Kann wohl sein! so wird gemeinet;
    Doch ich bin auf andrer Spur:
    Alles Erdenglück vereinet
    Find' ich in Suleika nur.

    Wie sie sich an mich verschwendet,
    Bin ich mir ein wertes Ich;
    Hätte sie sich weggewendet,
    Augenblicks verlör ich mich.

    Nun mit Hatem wär's zu Ende;
    Doch schon hab ich umgelost,

Amor a amor, hora a hora,
verbo a verbo e olho a olho,
beijo a beijo, de boca canora,
sopro a sopro e escolha a escolha,
seja à noite, seja de dia
em meus cantos podes ver
que há secretas fantasias;
José, o encanto, serviria
pra tua graça responder.

★

ZULEICA
    Povo e escravo e o vencedor
    têm unanimidade:
    dos filhos da Terra o esplendor
    é a personalidade.

    A vida se deve viver
    se medir-se não souber;
    tudo pode vir a perder
    quem ficar como se é.

HATEM
    Pode ser! assim foi dito;
    mas exploro uma outra frente,
    todo esplendor unido
    vejo em Zuleica somente.

    Se em mim se desperdiça,
    um bom Eu eu seria.
    Se ela fosse escapadiça
    num instante eu me perdia.

    Hatem estaria acabado;
    mas logo me transformei,

Ich verkörpre mich behende
In den Holden den sie kost.

Wollte, wo nicht gar ein Rabbi,
Das will mir so recht nicht ein;
Doch Ferdusi, Motanabbi,
Allenfalls der Kaiser sein.

★

HATEM
Wie des Goldschmieds Basarlädchen
Vielgefärbt geschliffne Lichter,
So umgeben hübsche Mädchen
Den beinah ergrauten Dichter.

MÄDCHEN
Singst du schon Suleika wieder!
Diese können wir nicht leiden,
Nicht um dich — um deine Lieder
Wollen, müssen wir sie neiden.

Denn wenn sie auch garstig wäre,
Machst du sie zum schönsten Wesen,
Und so haben wir von Dschemil
Und Boteinah viel gelesen.

Aber eben weil wir hübsch sind
Möchten wir auch gern gemalt sein.
Und, wenn du es billig machest,
Sollst du auch recht hübsch bezahlt sein.

HATEM
Bräunchen komm! es wird schon gehen;
Zöpfe, Kämme, groß' und kleine,

o alvo do seu agrado
rápido eu encarnei.

Quisera — não que um rabino se use;
talvez não seja o melhor —
Motanabbi ou Ferdusi
fosse, enfim, o imperador.

★

HATEM
    Sobre o ourives no bazar
    luzeiro de cor se espalha;
    moças lindas vão cercar
    o poeta que já grisalha.

MOÇAS
    Zuleica e seus encantos!
    Não podemos suportá-la,
    não por ti — por teus cantos,
    temos, temos que invejá-la.

    Pois mesmo se fosse feia
    fazes dela o melhor ser;
    de Jamil a Botainá
    já tivemos muito que ler.

    Mas justo por sermos belas
    ser pintadas queremos,
    e se pedes preço justo,
    belamente pagaremos.

HATEM
    Moreninha! Até és bonita!
    Tranças, pentes dão beleza

Zieren Köpfchens nette Reine
Wie die Kuppel ziert Moscheen.

Du Blondinchen bist so zierlich,
Aller Weis' und Weg' so nette,
Man gedenkt nicht ungebührlich
Alsogleich der Minarette.

Du dahinten hast der Augen
Zweierlei, du kannst die beiden,
Einzeln, nach Belieben brauchen.
Doch ich sollte dich vermeiden.

Leichtgedrückt der Augenlider
Eines, die den Stern bewhelmen
Deutet auf den Schelm der Schelmen,
Doch das andre schaut so bieder.

Dies, wenn jen's verwundend angelt,
Heilend, nährend wird sich's weisen.
Niemand kann ich glücklich preisen
Der des Doppelblicks ermangelt.

Und so könnt ich alle loben
Und so könnt ich alle lieben:
Denn so wie ich euch erhoben
War die Herrin mit beschrieben.

MÄDCHEN
    Dichter will so gerne Knecht sein,
    Weil die Herrschaft draus entspringet;
    Doch vor allem sollt ihm recht sein,
    Wenn das Liebchen selber singet.
    Ist sie denn des Liedes mächtig?
    Wie's auf unsern Lippen waltet:

às cabeças com pureza,
como os domos às mesquitas.

Tu, loirinha, és tão linda,
com teu jeito tão coquete,
lembra muito mais ainda
o formoso minarete.

Tu, lá atrás, tens duplicados
olhos, tu podes usar
ambos, um pra cada lado,
mas eu devo te evitar.

Véu de olho semicerrado,
um, que está encoberto,
vê o maior dos espertos,
o outro vê de modo honrado.

Um se angula machucado,
o outro cura só de olhar;
ninguém vou elogiar
que não veja duplicado.

Eis que assim eu todas amo,
eis que assim eu todas trovo:
quando assim eu as aclamo,
a Senhora assim aprovo.

MOÇAS
    Poeta só quer servo ser,
    é disso que o poder vem;
    sobretudo deve certo ser
    quando o amor canta também.
    Faz canção que se respeita?
    Como em nossos lábios passa:

Denn es macht sie gar verdächtig
Daß sie im Verborgnen schaltet.

HATEM
Nun wer weiß was sie erfüllet!
Kennt ihr solcher Tiefe Grund?
Selbstgefühltes Lied entquillet,
Selbstgedichtetes dem Mund.

Von euch Dichterinnen allen
Ist ihr eben keine gleich:
Denn sie singt mir zu gefallen,
Und ihr singt und liebt nur euch.

MÄDCHEN
Merke wohl, du hast uns eine
Jener Huris vorgeheuchelt!
Mag schon sein, wenn es nur keine
Sich auf dieser Erde schmeichelt.

★

ela ergue uma suspeita
de que, oculta, faz trapaça.

HATEM
Bem, quem sabe dos seus feitos?
Onde sua força se entoca?
Jorram cantos tão perfeitos
prontos, belos, da sua boca.

Ó poetisa! Ninguém
pode a ela se igualar:
ela canta e me entretém;
é egoísta o teu cantar.

MOÇAS
Tu nos trocaste, vê bem,
por uma huri fingida;
pode ser que mais ninguém
se deixe ser seduzida!

★

HATEM
   Locken! haltet mich gefangen
   In dem Kreise des Gesichts!
   Euch geliebten braunen Schlangen
   Zu erwidern hab ich nichts.

   Nur dies Herz, es ist von Dauer,
   Schwillt in jugendlichstem Flor;
   Unter Schnee und Nebelschauer
   Rast ein Ätna dir hervor.

   Du beschämst wie Morgenröte
   Jener Gipfel ernste Wand,
   Und noch einmal fühlet Hatem
   Frühlingshauch und Sommerbrand.

   Schenke her! Noch eine Flasche!
   Diesen Becher bring ich Ihr!
   Findet sie ein Häufchen Asche,
   Sagt sie: der verbrannte mir.

SULEIKA
   Nimmer will ich dich verlieren!
   Liebe gibt der Liebe Kraft.
   Magst du meine Jugend zieren
   Mit gewalt'ger Leidenschaft.
   Ach! wie schmeichelt's meinem Triebe,
   Wenn man meinen Dichter preist:?
   Denn das Leben ist die Liebe,
   Und des Lebens Leben Geist.

★

HATEM
>   Cachos! têm-me enredado
>   nesta face redonda!
>   Teu castanho serpenteado
>   não deixa que lhe responda.
>
>   Persiste este coração,
>   pulsa em tão jovem flor;
>   sob a neve e a cerração
>   ruge um Etna de amor.
>
>   Aurora: pintas rosete
>   dos picos o paredão,
>   e de novo sente Hatem
>   ar vernal, quente verão.
>
>   Taberneiro! Outra rodada!
>   Este copo eu levo a ela!
>   Ela dirá: "fui queimada!"
>   Se encontrar as cinzas dela.

ZULEICA
>   Te perder? Não, nada disso!
>   Amor ao amor dá força.
>   Podes decorar meu viço
>   com paixão que reforça.
>   Ai! me excita o adulador
>   do poeta favorito;
>   pois a vida é o amor,
>   vida da vida é o espírito.

★

Laß deinen süßen Rubinenmund
Zudringlichkeiten nicht verfluchen,
Was hat Liebesschmerz andern Grund
Als seine Heilung zu suchen?

—

Bist du von deiner Geliebten getrennt
Wie Orient vom Okzident,
Das Herz durch alle Wüsten rennt,
Es gibt sich überall selbst das Geleit,
Für Liebende ist Bagdad nicht weit.

★

O! daß der Sinnen doch so viele sind!
Verwirrung bringen sie ins Glück herein.
Wenn ich dich sehe wünsch ich taub zu sein,
Wenn ich dich höre blind.

—

Auch in der Ferne dir so nah!
Und unerwartet kommt die Qual.
Da hör ich wieder dich einmal,
Auf einmal bist du wieder da!

Que tua doce boca de rubis
não maldiga nenhuma intrusão.
Encontrar sua cicatriz:
dor de amor tem outra razão?

—

Se a amada não te está rente,
como o Oriente do Ocidente,
no ermo o peito está corrente.
Para todos os amantes
Bagdá não está distante.

★

Nossos sentidos são muitos, não nego!
Na nossa vida eles trazem o absurdo.
Se eu te vejo, queria ser surdo;
se te ouço, cego.

—

Mesmo longe tão perto de ti!
Inesperados vêm os ais.
Já te ouço uma vez mais:
de uma vez já estás aqui!

Wie sollt' ich heiter bleiben,
Entfernt von Tag und Licht?
Nun aber will ich schreiben
Und trinken mag ich nicht.

Wenn sie mich an sich lockte
War Rede nicht im Brauch,
Und wie die Zunge stockte
So stockt die Feder auch.

Nur zu! geliebter Schenke,
Den Becher fülle still.
Ich sage nur: Gedenke!
Schon weiß man was ich will.

★

Wenn ich dein gedenke,
Fragt mich gleich der Schenke:
Herr! Warum so still?
Da von deinen Lehren
Immer weiter hören
Saki gerne will.

Wenn ich mich vergesse
Unter der Zypresse
Hält er nichts davon,
Und im stillen Kreise
Bin ich doch so weise,
Klug wie Salomon.

Como vou ficar contente
longe da luz e do dia?
Agora serei escrevente
e beber eu não queria.

Quando ela me atraiu
falar não fazia bem,
e quando a língua traiu,
traiu a pena também.

Taberneiro, ó caro!
Enche o copo, sereno.
Relembra: está bem claro
aquilo que estou querendo.

      ★

Se de ti me recordo,
taberneiro me aborda:
"Senhor! Por que sereno?
Pois teu ensinamento
ouvir todo momento
o *saki* está querendo."

Se me esqueceste
sob o cipreste,
ele acha nada, não;
No ponto silente
sou tão sapiente
quanto Salomão.

An vollen Büschelzweigen,
Geliebte, sieh nur hin!
Laß dir die Früchte zeigen,
Umschalet stachlig grün.

Sie hängen längst geballet,
Still, unbekannt mit sich,
Ein Ast der schaukelnd wallet
Wiegt sie geduldiglich.

Doch immer reift von Innen
Und schwillt der braune Kern,
Er möchte Luft gewinnen
Und säh die Sonne gern.

Die Schale platzt und nieder
Macht er sich freudig los;
So fallen meine Lieder
Gehäuft in deinen Schoß.

★

Em ramos carregados,
querida, olha lá!
Frutos espinhados
estão verdes a brilhar.

Juntos estão pendentes,
calmos, sem se falar,
um ramo, pacientemente,
mexe pra lá e pra cá.

Mas de dentro a madurar
cresce bruna semente,
ela quer ganhar o ar
e ver o Sol de frente.

A casca abre e sai,
saltita o grão no solo;
assim meu verso cai,
aninhado no teu colo.

★

SULEIKA

    An des lust'gen Brunnens Rand
    Der in Wasserfäden spielt
    Wußt ich nicht, was fest mich hielt;
    Doch da war von deiner Hand
    Meine Chiffer leis gezogen,
    Nieder blickt ich, dir gewogen.

    Hier, am Ende des Kanals
    Der gereihten Hauptallee
    Blick ich wieder in die Höh.
    Und da seh ich abermals
    Meine Lettern fein gezogen.
    Bleibe! bleibe mir gewogen!

HATEM

    Möge Wasser, springend, wallend,
    Die Zypressen dir gestehn:
    Von Suleika zu Suleika
    Ist mein Kommen und mein Gehn.

★

ZULEICA
> À borda do poço bufão
> que em fios d'água brincava,
> não sei quê me segurava;
> mas como da tua mão
> minha cifra foi grafada,
> baixo o olho a ti, prostrada.
>
> Ao fim do canal, aqui,
> na alameda enfileirada,
> minha vista acima é alçada,
> e então de novo eu vi:
> minha alcunha bem gravada.
> Fica, fica! Estou prostrada!

HATEM
> Possam água em fonte e onda,
> o cipreste te resistir:
> de Zuleica a Zuleica —
> este é o meu ir e vir.

★

SULEIKA

    Kaum daß ich dich wieder habe
    Dich mit Kuß und Liedern labe,
    Bist du still in dich gekehret;
    Was beengt und drückt und störet?

HATEM

    Ach, Suleika, soll ich's sagen?
    Statt zu loben, möcht' ich klagen!
    Sangest sonst nur meine Lieder,
    Immer neu und immer wieder.

    Sollte wohl auch diese loben,
    Doch sie sind nur eingeschoben;
    Nicht von Hafis, nicht Nisami,
    Nicht Saadi, nicht von Dschami.

    Kenn ich doch der Väter Menge,
    Silb' um Silbe, Klang um Klänge,
    Im Gedächtnis unverloren;
    Diese da sind neugeboren.

    Gestern wurden sie gedichtet.
    Sag hast du dich neu verpflichtet?
    Hauchest du so froh-verwegen
    Fremden Atem mir entgegen,

    Der dich ebenso belebet,
    Ebenso in Liebe schwebet,
    Lockend, ladend zum Vereine,
    So harmonisch als der meine?

SULEIKA

    War Hatem lange doch entfernt,
    Das Mädchen hatte was gelernt,
    Von ihm war sie so schön gelobt,

ZULEICA
    Tão logo te abraço de novo,
    e com beijo e cantos louvo,
    estás quieto, ensimesmado;
    que te atou, vexou, prostrado?

HATEM
    Ai, Zuleica, devo dizer?
    Não quero louvar, só me doer!
    Cantas só minhas canções,
    mais de mil repetições.

    Mas e esta, será louvada?
    Ela só foi enxertada;
    não de Hafez, nem Nezami,
    nem de Saadi, nem de Jami.

    Guardo bem dos pais o dom,
    cada sílaba, cada som,
    na memória protegida;
    e essa aí? Recém-nascida!

    Foi ontem que foi criada.
    Acaso já estás enredada?
    Sopras feliz, leviana
    bafo de boca estranha!

    Esse bafo que te enleva,
    que seduz, que te eleva,
    seu convite pra união
    foi melhor que minha canção?

ZULEICA
    Se Hatem ficou tão distante,
    a moça foi boa estudante;
    se ele tão bem a louvou,

Da hat die Trennung sich erprobt.
Wohl, daß sie dir nicht fremde scheinen;
Sie sind Suleikas, sind die deinen!

★

Behramgur, sagt man, hat den Reim erfunden,
Er sprach entzückt aus reiner Seele Drang;
Dilaram schnell, die Freundin seiner Stunden,
Erwiderte mit gleichem Wort und Klang.

Und so, Geliebte! warst du mir beschieden
Des Reims zu finden holden Lustgebrauch,
Daß auch Behramgur ich, den Sassaniden,
Nicht mehr beneiden darf: mir ward es auch.

Hast mir dies Buch geweckt, du hast's gegeben;
Denn was ich froh, aus vollem Herzen sprach,
Das klang zurück aus deinem holden Leben,
Wie Blick dem Blick, so Reim dem Reime nach.

Nun tön' es fort zu dir, auch aus der Ferne
Das Wort erreicht, und schwände Ton und Schall.
Ist's nicht der Mantel noch gesäter Sterne?
Ist's nicht der Liebe hochverklärtes All?

★

a separação comprovou:
as canções não são de outro alguém;
são de Zuleica, são tuas também.

★

Bahram-Gor, dizem, inventou a rima,
do fundo da alma soltou seu dom;
Dilaram, velha amiga, logo em cima
respondeu com igual palavra e som.

E eis, amada! Me foste atribuída
para achares o uso de rimar bem,
tal que eu Bahram-Gor, o grande sassânida,
não mais possa invejar: eu sei também.

Deste-me o livro, que foi despertado:
pois o que eu, cálido, vim a falar
na tua doce vida foi ecoado,
rima a rima, e também olhar a olhar.

Que ainda te soe, e ainda que distante,
chegue o verbo, eco e som vão calar-se.
Não é o manto ora estrela abundante?
Não é amor ora o cosmo a sublimar-se?

★

Deinem Blick mich zu bequemen,
Deinem Munde, deiner Brust,
Deine Stimme zu vernehmen
War die letzt' und erste Lust.

Gestern, Ach! war sie die letzte,
Dann verlosch mir Leucht und Feuer,
Jeder Scherz, der mich ergetzte,
Wird nun schuldenschwer und teuer.

Eh es Allah nicht gefällt,
Uns aufs neue zu vereinen,
Gibt mir Sonne, Mond und Welt
Nur Gelegenheit zum Weinen.

★

Prazeres: ver teu olhar,
a tua boca, o teu seio,
a voz tua escutar;
bom no fim, começo e meio.

Ontem, ai! foi o final,
luz e fogo se apagaram;
teus chistes fizeram mal:
deram culpa e me custaram.

Enquanto Alá não gostar
de rever nossa união,
mundo, Lua e Sol vão dar
razões de lamentação.

★

Suleika

Was bedeutet die Bewegung?
Bringt der Ost mir frohe Kunde?
Seiner Schwingen frische Regung
Kühlt des Herzens tiefe Wunde.

Kosend spielt er mit dem Staube,
Jagt ihn auf in leichten Wölkchen,
Treibt zur sichern Rebenlaube
Der Insekten frohes Völkchen.

Lindert sanft der Sonne Glühen,
Kühlt auch mir die heißen Wangen,
Küßt die Reben noch im Fliehen,
Die auf Feld und Hügel prangen.

Und mir bringt sein leises Flüstern
Von dem Freunde tausend Grüße;
Eh noch diese Hügel düstern
Grüßen mich wohl tausend Küsse.

Und so kannst du weiterziehen!
Diene Freunden und Betrübten.
Dort, wo hohe Mauern glühen
Find ich bald den Vielgeliebten.

Ach, die wahre Herzenskunde,
Liebeshauch, erfrischtes Leben
Wird mir nur aus seinem Munde,
Kann mir nur sein Atem geben.

Zuleica

O que é o movimento?
Leste, boa nova propagas?
Do teu giro o bom momento
cura no peito as fundas chagas.

Entretém o pó num mimo,
levantando-o em fina nuvem,
Leva à vinha, ao seu imo,
do inseto o povo do bem.

Calma suave o sol que arde,
fresca faz-me a quente face,
beija a vinha que se parte,
que em campo e montes faz-se.

E seu leve sussurrar
traz do amigo mil gracejos;
até que o monte vá escurar
me saúdam bem mil beijos.

Podes seguir adiante!
Serve o amigo e o ofendido.
No alto muro que é brilhante
acho logo o meu querido.

Ah, a vera cardiologia!
Vida fresca, o amado vento
só sua boca sopraria,
só me traz o seu alento.

Hochbild

Die Sonne, Helios der Griechen,
Fährt prächtig auf der Himmelsbahn,
Gewiß das Weltall zu besiegen
Blickt er umher, hinab, hinan.

Er sieht die schönste Göttin weinen,
Die Wolkentochter, Himmelskind,
Ihr scheint er nur allein zu scheinen,
Für alle heitre Räume blind;

Versenkt er sich in Schmerz und Schauer
Und häuf'ger quillt ihr Tränenguß:
Er sendet Lust in ihre Trauer
Und jeder Perle Kuß auf Kuß.

Nun fühlt sie tief des Blicks Gewalten,
Und unverwandt schaut sie hinauf;
Die Perlen wollen sich gestalten:
Denn jede nahm sein Bildnis auf.

Und so, umkränzt von Farb' und Bogen,
Erheitert leuchtet ihr Gesicht,
Entgegen kommt er ihr gezogen,
Doch er! doch ach! erreicht sie nicht.

So, nach des Schicksals hartem Lose,
Weichst du mir Lieblichste davon,
Und wär ich Helios der Große
Was nützte mir der Wagenthron?

Imagem sublime

O Sol, Hélio do heleno,
corre belo na rota do céu;
pra ganhar o mundo pleno
olha em torno, abaixo e pro céu.

Vê a mais bela deusa chorando
prole da nuvem, celestial;
só por ela surge brilhando,
cego a qualquer outro local.

Ele afunda em dor e tremores,
dela a lágrima flui em rio;
manda agrados às suas dores,
às pérolas, beijos a fio.

Ela sente o olhar tão potente,
seu olho acima se atém;
a pérola quer ser consistente:
rostos dele todas retêm.

Arco e cor cercam o rosto dela,
que assim se ilumina feliz.
Ele vem de encontro a ela,
Mas ai! não chega por um triz.

A sorte impõe duro regime,
amada, tu vais me escapar.
Fosse eu Hélio, o sublime,
adiantaria o carro solar?

Nachklang

Es klingt so prächtig, wenn der Dichter
Der Sonne bald, dem Kaiser sich vergleicht;
Doch er verbirgt die traurigen Gesichter,
Wenn er in düstern Nächten schleicht.

Von Wolken streifenhaft befangen
Versank zu Nacht des Himmels reinstes Blau;
Vermagert bleich sind meine Wangen
Und meine Herzenstränen grau.

Laß mich nicht so der Nacht dem Schmerze,
Du Allerliebstes, du mein Mondgesicht!
Oh, du mein Phosphor, meine Kerze,
Du meine Sonne, du mein Licht!

Ressonância

Soa tão pomposo o poeta
que ora o Sol, ora o rei se afigura;
a face triste mantém secreta
quando escorre pra noite escura.

Por faixas de nuvens cercado,
o azul sumiu na escuridão;
meu rosto é pálido e escarnado,
cinza o pranto do coração.

Não me deixa no breu, na querela,
ó mais amada, rosto lunar!
ó meu Fósforo, minha vela,
minha luz, meu raio solar.

Suleika

Ach, um deine feuchten Schwingen,
West, wie sehr ich dich beneide:
Denn du kannst ihm Kunde bringen
Was ich in der Trennung leide!

Die Bewegung deiner Flügel
Weckt im Busen stilles Sehnen,
Blumen, Augen, Wald und Hügel
Stehn bei deinem Hauch in Tränen.

Doch dein mildes sanftes Wehen
Kühlt die wunden Augenlider;
Ach, für Leid müßt ich vergehen,
Hofft' ich nicht zu sehn ihn wieder.

Eile denn zu meinem Lieben,
Spreche sanft zu seinem Herzen;
Doch vermeid' ihn zu betrüben
Und verbirg ihm meine Schmerzen.

Sag ihm, aber sag's bescheiden:
Seine Liebe sei mein Leben,
Freudiges Gefühl von beiden
Wird mir seine Nähe geben.

Wiederfinden

Ist es möglich, Stern der Sterne,
Drück' ich wieder dich ans Herz!
Ach! was ist die Nacht der Ferne
Für ein Abgrund, für ein Schmerz.
Ja, du bist es! meiner Freuden
Süßer, lieber Widerpart;

Zuleica

Ah, das tuas úmidas alas,
ah, Oeste, como te invejo:
estas notícias podes levá-las
a ele, que, sozinha, desejo.

O mover-se das tuas asas
traz ao peito um calmo arquejo;
flores, olho, monte e matas
caem em pranto ao teu bafejo.

Mas tua brisa em sopro leve
salva o olho tão cansado;
ah, a dor me diz: releve!
Não queria tê-lo encontrado.

Vou correndo ao meu amor,
falo ao peito, sem temores;
mas lhe poupo o amargor,
e lhe oculto as minhas dores.

Diz discreto, diz a ele:
minha vida é o seu amor,
o bom afeto, meu e dele,
vai me dar seu arredor.

Reencontro

Grande estrela, é possível?
Te aperto no coração!
Ai! que abismo horrível,
noite longa, que aflição!
Sim! Tu és meu complemento
doce e amável desta dor;

Eingedenk vergangner Leiden,
Schaudr' ich vor der Gegenwart.

Als die Welt im tiefsten Grunde
Lag an Gottes ew'ger Brust,
Ordnet' er die erste Stunde
Mit erhabner Schöpfungslust,
Und er sprach das Wort: Es werde!
Da erklang ein schmerzlich Ach!
Als das All, mit Machtgebärde
In die Wirklichkeiten brach.

Auf tat sich das Licht! sich trennte
Scheu sich Finsternis von ihm,
Und sogleich die Elemente
Scheidend auseinander fliehn.
Rasch, in wilden wüsten Träumen
Jedes nach der Weite rang,
Starr, in ungemeßnen Räumen,
Ohne Sehnsucht, ohne Klang.

Stumm war alles, still und öde,
Einsam Gott zum erstenmal!
Da erschuf er Morgenröte,
Die erbarmte sich der Qual;
Sie entwickelte dem Trüben
Ein erklingend Farbenspiel
Und nun konnte wieder lieben
Was erst auseinander fiel.

Und mit eiligem Bestreben
Sucht sich, was sich angehört;
Und zu ungemeßnem Leben
Ist Gefühl und Blick gekehrt.
Sei's Ergreifen, sei es Raffen,
Wenn es nur sich faßt und hält!

lembrando o velho tormento
hoje corre-me um tremor.

Jazia o mundo outrora
no peito do Senhor,
ordenou a prima hora,
com impulso criador,
e eis que disse: "Que se faça!"
Um doído "ai!" se ouviu,
quando o mundo, sob ameaça,
nas realidades partiu.

Acendeu-se a luz! A treva
débil dela se separou,
e, um por um, uma leva
de elementos se apartou.
Ágeis, por sonhos selvagens,
buscaram a vastidão,
rijos, em amplas paragens,
sem som, sem aspiração.

Tudo quieto, ermo; ora
logo Deus estava só!
Então Ele criou a aurora
que da dor sentiu seu dó,
e um jogo de cor no torvo
ressoante produziu,
e eis que pôde amar de novo
o que outrora se partiu.

E com ânsia esbaforida
se busca o que vai casar;
virando pra esta ampla vida
seu afeto e seu olhar.
Seja êxtase ou presa —
se puder se comportar —

Allah braucht nicht mehr zu schaffen,
Wir erschaffen seine Welt.

So, mit morgenroten Flügeln
Riß es mich an deinen Mund,
Und die Nacht mit tausend Siegeln
Kräftigt sternenhell den Bund.
Beide sind wir auf der Erde
Musterhaft in Freud und Qual,
Und ein zweites Wort: Es werde!
Trennt uns nicht zum zweitenmal.

Vollmondnacht

Herrin! sag was heißt das Flüstern?
Was bewegt dir leis' die Lippen?
Lispelst immer vor dich hin,
Lieblicher als Weines Nippen!
Denkst du deinen Mundgeschwistern
Noch ein Pärchen herzuziehn?

    Ich will küssen! Küssen! sagt ich.

Schau! Im zweifelhaften Dunkel
Glühen blühend alle Zweige,
Nieder spielet Stern auf Stern,
Und smaragden durchs Gesträuche
Tausendfältiger Karfunkel;
Doch dein Geist ist allem fern.

    Ich will küssen! Küssen! sagt ich.

Dein Geliebter, fern, erprobet
Gleicherweis im Sauersüßen,
Fühlt ein unglücksel'ges Glück.

Alá suspenda a Sua empresa:
seu mundo vamos criar.

Pois, a asa da alvorada
na tua boca me lançou;
selada, a noite estrelada
nosso pacto confirmou.
Na alegria e na desgraça
estamos na Terra nós dois;
nem um outro "que se faça!"
vai nos apartar depois.

Noite de lua cheia

Senhora! Que é o sussurrar?
Por que moves pouco o lábio?
Sempre falas murmurado,
bebendo vinho, amável!
Que pensas de mais um par
às amigas ver somado?

    Quero beijar! Beijar! eu digo.

Vê! Na treva duvidosa
brilha o ramo em floral,
estrelas brincam caindo,
esmeraldas no moital,
granada maravilhosa;
mas sua mente está fugindo.

    Quero beijar! Beijar! eu digo.

Longe, também teu amado
o agridoce saboreia
com bênção angustiante.

Euch im Vollmond zu begrüßen
Habt ihr heilig angelobet,
Dieses ist der Augenblick.

Ich will küssen! Küssen! sag ich.

Geheimschrift

Laßt euch, o Diplomaten!
Recht angelegen sein,
Und eure Potentaten
Beratet rein und fein.
Geheimer Chiffern Sendung
Beschäftige die Welt,
Bis endlich jede Wendung
Sich selbst ins gleiche stellt.

Mir von der Herrin süße
Die Chiffer ist zur Hand,
Woran ich schon genieße,
Weil sie die Kunst erfand.
Es ist die Liebesfülle
Im lieblichsten Revier,
Der holde, treue Wille
Wie zwischen mir und ihr.

Von abertausend Blüten
Ist es ein bunter Strauß,
Von englischen Gemüten
Ein vollbewohntes Haus;
Von buntesten Gefiedern
Der Himmel übersä't,
Ein klingend Meer von Liedern,
Geruchvoll überweht.

Saudando-se em lua cheia,
fazem um voto sagrado.
Este, *este* é o instante.

    Quero beijar! Beijar! eu digo.

Criptografia

Diplomatas! Sua vontade
dediquem muito bem,
e às suas potestades
orientem muito bem.
Secretas cifras lendo
o mundo vai ficar,
até que cada segmento
a si vai se igualar.

Doce, da minha senhora
a cifra está na mão,
me delicio agora:
ela foi o artesão.
Este é o amor mais pleno,
no mais lindo bandim,
o fiel querer sereno
como entre ela e mim.

De milhares de flores
faz-se um belo buquê,
de angélicos humores
um lar pra bem viver;
das mais coradas penas
polvilhado está o céu,
um mar de cantos apenas
fragrante passa ao léu.

Ist unbedingten Strebens
Geheime Doppelschrift,
Die in das Mark des Lebens
Wie Pfeil um Pfeile trifft.
Was ich euch offenbaret
War längst ein frommer Brauch,
Und wenn ihr es gewahret,
So schweigt und nutzt es auch.

Abglanz

Ein Spiegel er ist mir geworden,
Ich sehe so gerne hinein,
Als hinge des Kaisers Orden
An mir mit Doppelschein;
Nicht etwa selbstgefällig
Such ich mich überall;
Ich bin so gerne gesellig,
Und das ist hier der Fall.

Wenn ich nun vorm Spiegel stehe,
Im stillen Witwerhaus,
Gleich guckt, eh ich mich versehe,
Das Liebchen mit heraus.
Schnell kehr ich mich um, und wieder
Verschwand sie die ich sah;
Dann blick ich in meine Lieder,
Gleich ist sie wieder da.

Die schreib' ich immer schöner
Und mehr nach meinem Sinn,
Trotz Krittler und Verhöhner,
Zu täglichem Gewinn.
Ihr Bild in reichen Schranken
Verherrlichet sich nur,

Essa sede incontida
de segredos grafar,
o tutano da vida
com setas vai cruzar.
Aquilo que foi revelado
é um velho e pio saber;
se o tiverem bem guardado,
mudos, devem obedecer.

Reflexão

Para mim ele é um espelho,
nele muito já olhei,
como se com duplo brilho
pendesse a ordem do rei.
Estou sempre me buscando,
não só pra me entreter;
quero gente acompanhando,
e é isto que vem a ser.

Se do espelho estou diante,
na casa da viuvez,
vejo ali em um instante
a amada em placidez.
Me viro, e no reverso,
sumiu tão logo a vi;
quando olho no meu verso
logo ela volta aqui.

Escrevo-os sempre melhores,
seguindo o meu pensar,
apesar dos zombadores,
pra todo dia lucrar.
Nessa rica moldura
sua imagem tem *glamour*:

In goldnen Rosenranken
Und Rähmchen von Lasur.

Suleika

Wie! Mit innigstem Behagen,
Lied, empfind' ich deinen Sinn!
Liebevoll du scheinst zu sagen:
Daß ich ihm zur Seite bin.

Daß er ewig mein gedenket,
Seiner Liebe Seligkeit
Immerdar der Fernen schenket,
Die ein Leben ihm geweiht.

Ja! mein Herz, es ist der Spiegel,
Freund! worin du dich erblickt,
Diese Brust, wo deine Siegel
Kuß auf Kuß hereingedrückt.

Süßes Dichten, lautre Wahrheit
Fesselt mich in Sympathie!
Rein verkörpert Liebesklarheit
Im Gewand der Poesie.

★

Die Welt durchaus ist lieblich anzuschauen,
Vorzüglich aber schön die Welt der Dichter,
Auf bunten, hellen oder silbergrauen
Gefilden, Tag und Nacht, erglänzen Lichter.
Heut ist mir alles herrlich, wenn's nur bliebe,
Ich sehe heut durchs Augenglas der Liebe.

rosas na bordadura
e uma mão de lasur.

Zuleica

Canção! Com fino agrado,
teu sentido eu senti!
Tu pareces ter falado
Que ao lado dele estou, ali.

Que em mim pensa em ânsias;
que a ternura abençoada,
enviada às distâncias,
torna sua vida dedicada.

Sim! meu peito é o espelho,
amigo, onde te olhaste;
esse peito que teu selo
beijo a beijo encravaste.

Doce canto da verdade,
me prende em simpatia!
Corpo de amor-claridade,
puro manto da poesia.

★

O mundo é maravilhoso de olhar,
mas o mundo do poeta é coisa fina;
dia e noite tantas luzes a brilhar,
em belas, claras, prateadas campinas.
Ai! se ficasse todo esse esplendor!
Hoje eu olho pela lente do amor.

In tausend Formen magst du dich verstecken,
Doch, Allerliebste, gleich erkenn' ich dich;
Du magst mit Zauberschleiern dich bedecken,
Allgegenwärtige, gleich erkenn' ich dich.

An der Zypresse reinstem, jungem Streben,
Allschöngewachsne, gleich erkenn' ich dich;
In des Kanales reinem Wellenleben,
Allschmeichelhafte, wohl erkenn' ich dich.

Wenn steigend sich der Wasserstrahl entfaltet,
Allspielende, wie froh erkenn' ich dich;
Wenn Wolke sich gestaltend umgestaltet,
Allmannigfaltige, dort erkenn' ich dich.

An des geblümten Schleiers Wiesenteppich,
Allbuntbesternte, schön erkenn' ich dich;
Und greift umher ein tausendarmger Eppich,
O! Allumklammernde, da kenn' ich dich.

Wenn am Gebirg der Morgen sich entzündet,
Gleich, Allerheiternde, begrüß' ich dich;
Dann über mir der Himmel rein sich ründet,
Allherzerweiternde, dann atm' ich dich.

Was ich mit äußerm Sinn, mit innerm kenne,
Du Allbelehrende, kenn' ich durch dich;
Und wenn ich Allahs Namenhundert nenne,
Mit jedem klingt ein Name nach für dich.

★

Em mil formas podes te esconder,
mas, Oniamado, logo reconheço a ti;
com véus mágicos vais te defender,
Onipresente, logo reconheço a ti.

No jovem cipreste, de puro ardor,
Oniviçoso, logo reconheço a ti;
se a água viva do canal flui sem labor,
Onilisonjeiro, claro, reconheço a ti.

Quando as águas em fluxo se desdobram
Onibrincalhão, feliz reconheço a ti;
quando nuvens formando se transformam
Onivariado, ali reconheço a ti.

No tapete florido que vela a campina,
Onicolorstrelado, belo reconheço a ti;
e agarra em torno com mil braços de vinha,
ó Oniacolhedor, ali conheço a ti.

Quando ao monte a manhã se incendeia,
logo, Onirreluzente, saúdo a ti;
depois sobre mim o céu puro se alteia,
Onicordiamplo, aí respiro a ti.

O que sei com senso externo, interno,
tu Oni-instrutor, conheço por meio de ti;
e quando os nomes de Alá, cem, externo,
em cada um ressoa um nome de ti.

★

SAKI NAMEH

LIVRO DA TAVERNA

Ja, in der Schenke hab ich auch gesessen,
Mir ward wie andern zugemessen,
Sie schwatzten, schrieen, händelten von heut,
So froh und traurig, wie's der Tag gebeut;
Ich aber saß, im Innersten erfreut,
An meine Liebste dacht' ich — wie sie liebt?
Das weiß ich nicht; was aber mich bedrängt!
Ich liebe sie, wie es ein Busen gibt,
Der treu sich Einer gab und knechtisch hängt.
Wo war das Pergament, der Griffel wo?
Die alles faßten! — doch so war's! ja, so!

★

Sitz ich allein,
Wo kann ich besser sein?
Meinen Wein
Trink' ich allein,
Niemand setzt mir Schranken,
Ich hab' so meine eignen Gedanken.
—
So weit bracht es Muley, der Dieb,
Daß er trunken schöne Lettern schrieb.

★

Sim, na taverna já me sentei,
como os outros, me aconcheguei.
Conversam, gritam, falam do dia,
do dia cheio de tristeza e alegria;
sentei-me, o peito cheio de alegria,
pensando nela — como ela me ama?
Não sei; mas como me aflige!
Eu a amo como um peito sempre ama
e a só uma, fiel servo, se cinge.
Onde o pergaminho, o estilete,
que tudo guardam? — isso, exatamente!

★

Sento-me só,
onde posso estar melhor?
Meu vinho, ó:
bebo só,
ninguém me põe limites,
assim penso, sem ouvir palpites.
—
Só isso bastou a Mulai, o bandido,
pra escrever belas cartas, moído.

★

Ob der Koran von Ewigkeit sei?
Darnach frag ich nicht!
Ob der Koran geschaffen sei?
Das weiß ich nicht!
Daß er das Buch der Bücher sei
Glaub ich aus Mosleminen-Pflicht.
Daß aber der Wein von Ewigkeit sei
Daran zweifl' ich nicht.
Oder daß er vor den Engeln geschaffen sei
Ist vielleicht auch kein Gedicht.
Der Trinkende, wie es auch immer sei,
Blickt Gott frischer ins Angesicht.

★

Trunken müssen wir alle sein!
Jugend ist Trunkenheit ohne Wein;
Trinkt sich das Alter wieder zu Jugend,
So ist es wundervolle Tugend.
Für Sorgen sorgt das liebe Leben,
Und Sorgenbrecher sind die Reben.

—

Da wird nicht mehr nachgefragt!
Wein ist ernstlich untersagt.
Soll denn doch getrunken sein,
Trinke nur vom besten Wein:
Doppelt wärest du ein Ketzer
In Verdammnis um den Krätzer.

★

Que o Corão eterno seja?
Não questiono isso!
Que o Corão criado seja?
Não sei nada disso!
Que ele o livro dos livros seja
creio: é muslim compromisso.
Mas que o vinho eterno seja,
não duvido disso.
Ou que por anjos criado seja:
não há poema nisso?
O bebedor, seja como seja,
encara Deus com mais viço.

★

Devemos beber, é sério!
Sem o vinho o jovem é ébrio;
bebe o velho e ganha juventude,
e isso é mais a bela virtude.
Aflições temos nesta vidinha,
mas quem as quebra é a vinha.
—
Isso não é mais requerido!
O vinho foi mesmo proibido.
Se ainda assim fores beber,
o melhor dos vinhos deve ser:
serias duplo herege, sim,
e maldito com um vinho ruim.

★

So lang' man nüchtern ist
Gefällt das Schlechte,
Wie man getrunken hat,
Weiß man das Rechte,
Nur ist das Übermaß
Auch gleich zu handen;
Hafis! o lehre mich
Wie du's verstanden.

Denn meine Meinung ist
Nicht übertrieben:
Wenn man nicht trinken kann
Soll man nicht lieben;
Doch sollt ihr Trinker euch
Nicht besser dünken,
Wenn man nicht lieben kann
Soll man nicht trinken.

★

SULEIKA
    Warum du nur oft so unhold bist?

HATEM
    Du weißt daß der Leib ein Kerker ist,
    Die Seele hat man hinein betrogen,
    Da hat sie nicht freie Ellebogen.
    Will sie sich da- und dorthin retten:
    Schnürt man den Kerker selbst in Ketten,
    Da ist das Liebchen doppelt gefährdet,
    Deshalb sie sich oft so seltsam gebärdet.

★

Para quem está sóbrio
o errado é bom,
quando se bebe,
o certo é que é bom,
apenas o exagero
deve-se tratar:
Hafez! me ensina
como lidar?

Pois minha opinião
não é exagerada:
gente que não bebe
não deve ser amada;
mas vocês que bebem
não devem se gabar,
pois não devia beber
quem não sabe amar.

★

ZULEICA
    Por que és assim tão grosseirão?

HATEM
    Sabe, o corpo é uma prisão
    que o espírito tem detento,
    sem espaço de movimento.
    Se quiser fugir, independente,
    a prisão envolvem de corrente;
    como a amada sofre duplamente,
    e por isso age tão estranhamente.

★

Wenn der Körper ein Kerker ist,
Warum nur der Kerker so durstig ist?
Seele befindet sich wohl darinnen
Und bliebe gern vergnügt bei Sinnen;
Nun aber soll eine Flasche Wein
Frisch eine nach der andern herein.
Seele will's nicht länger ertragen,
Sie an der Türe in Stücke schlagen.

Dem Kellner

Setze mir nicht, du Grobian,
Mir den Krug so derb vor die Nase!
Wer mir Wein bringt, sehe mich freundlich an,
Sonst trübt sich der Eilfer im Glase.

Dem Schenken

Du zierlicher Knabe, du komm herein,
Was stehst du denn da auf der Schwelle?
Du sollst mir künftig der Schenke sein,
Jeder Wein ist schmackhaft und helle.

Schenke spricht

Du, mit deinen braunen Locken,
Geh mir weg, verschmitzte Dirne!
Schenk' ich meinem Herrn zu Danke,
Nun, so küßt er mir die Stirne.

Se o corpo é uma cadeia,
por que sua sede não sofreia?
Sim, o espírito está ali contido,
e pelos sentidos é entretido;
agora o vinho, garrafas a fio,
esvai-se adentro, sem fastio.
Nenhuma alma a mais suporta,
e espedaça todas contra a porta.

Ao garçom

Não me ponha, seu grosseiro,
o caneco assim frente ao naso!
Quem me traz vinho tem que ser hospitaleiro,
ou a safra do cometa estraga no vaso.

Ao escanção

Gracioso menino, eia, adiante.
Por que estás aí no limiar?
Escanção serás de hoje em diante,
o vinho é claro e de bom paladar.

O escanção fala

Tu, com tais brunas madeixas,
sai de mim, moça indigesta!
Te envio de presente ao meu senhor,
e logo ele me beija a testa.

Aber du, ich wollte wetten,
Bist mir nicht damit zufrieden,
Deine Wangen, deine Brüste
Werden meinen Freund ermüden.

Glaubst du wohl mich zu betrügen
Daß du jetzt verschämt entweichest?
Auf der Schwelle will ich liegen
Und erwachen wenn du schleichest.

★

Sie haben wegen der Trunkenheit
Vielfältig uns verklagt,
Und haben von unsrer Trunkenheit
Lange nicht genug gesagt.
Gewöhnlich der Betrunkenheit
Erliegt man, bis es tagt;
Doch hat mich meine Betrunkenheit
In der Nacht umher gejagt.
Es ist die Liebestrunkenheit
Die mich erbärmlich plagt,
Von Tag zu Nacht, von Nacht zu Tag
In meinem Herzen zagt.
Dem Herzen das in Trunkenheit
Der Lieder schwillt und ragt,
Daß keine nüchterne Trunkenheit
Sich gleich zu heben wagt.
Lieb', Lied und Weines Trunkenheit,
Ob's nachtet oder tagt,
Die göttlichste Betrunkenheit
Die mich entzückt und plagt.

★

Mas tu, eu poderia apostar,
não ficarias satisfeita.
Meu amigo vai cansar
do teu rosto e do teu peito.

Achas que vais me enganar
se, amuada, sais de perto?
No limiar vou me deitar,
se passares eu desperto!

★

Por causa da bebedeira
muito nos reclamaram,
e sobre essa bebedeira
há muito nada falaram.
É costume a bebedeira
sumir no alvorecer;
Mas a minha bebedeira
me caça ao anoitecer.
Implacável, a bebedeira
do amor me agita,
dia e noite, noite e dia,
no meu peito hesita.
A canção da bebedeira
este peito ergue e alça,
e nenhuma sã bebedeira
atreve-se e se alça.
Amor, canto e bebedeira
do vinho, noite e dia,
a mais divina bebedeira
que me encanta e sevicia.

★

Schenke

Welch ein Zustand! Herr, so späte
Schleichst du heut aus deiner Kammer;
Perser nennen's Bidamag buden,
Deutsche sagen Katzenjammer.

DICHTER
Laß mich jetzt, geliebter Knabe,
Mir will nicht die Welt gefallen,
Nicht der Schein, der Duft der Rose,
Nicht der Sang der Nachtigallen.

SCHENKE
Eben das will ich behandeln,
Und ich denk', es soll mir klecken,
Hier! genieß die frischen Mandeln
Und der Wein wird wieder schmecken.

Dann will ich auf der Terrasse
Dich mit frischen Lüften tränken;
Wie ich dich ins Auge fasse
Gibst du einen Kuß dem Schenken.

Schau! die Welt ist keine Höhle,
Immer reich an Brut und Nestern,
Rosenduft und Rosenöle!
Bulbul auch, sie singt wie gestern.

Escanção

    Que estado! Senhor, tão tarde
    escorregas em tua casaca;
    "Bidamag buden", diz o persa,
    o alemão chama "ressaca".

POETA
    Me deixa, caro menino,
    hoje não gosto nem do sol,
    nem o brilho, cheiro de rosa,
    nem o canto do rouxinol.

ESCANÇÃO
    Isso mesmo eu vou tratar,
    e creio que vou suceder,
    aqui! frescas amêndoas
    prova, e vinho volta a saber.

    Então vou levar-te ao terraço
    e de ar fresco dar-te unção,
    se com o olho eu te enlaço,
    dá um beijo no escanção.

    Vê! o mundo não é uma fossa,
    vida e ninhos tem aos montes,
    Perfume e óleo de rosa!
    Bulbul canta como ontem.

Jene garstige Vettel,
Die buhlerische,
Welt heißt man sie,
Mich hat sie betrogen
Wie die übrigen alle.
Glaube nahm sie mir weg,
Dann die Hoffnung,
Nun wollte sie
An die Liebe,
Da riß ich aus.
Den geretteten Schatz
Für ewig zu sichern
Teilt ich ihn weislich
Zwischen Suleika und Saki.
Jedes der beiden
Beeifert sich um die Wette,
Höhere Zinsen zu entrichten.
Und ich bin reicher als je.
Den Glauben hab' ich wieder!
An ihre Liebe den Glauben.
Er im Becher gewährt mir
Herrliches Gefühl der Gegenwart;
Was will da die Hoffnung!

★

Aquela bruxa feia,
a tentadora,
chamam-na "mundo",
ela me traiu
e a todos os outros.
Me levou a fé,
depois a esperança,
agora queria
meu amor,
mas eu fugi.
Pra guardar pra sempre
o tesouro salvo,
dividi-o sabiamente
entre Zuleica e Saki.
Cada um deles
competiu avidamente
pelo máximo lucro.
Fiquei mais rico que antes.
Recuperei a fé!
Fé no amor dela.
Ele, com o cálice, me garante
delicioso senso do agora;
Para que esperança?

★

Schenke

Heute hast du gut gegessen,
Doch du hast noch mehr getrunken;
Was du bei dem Mahl vergessen
Ist in diesen Napf gesunken.

Sieh, das nennen wir ein Schwänchen
Wie's dem satten Gast gelüstet,
Dieses bring' ich meinem Schwane,
Der sich auf den Wellen brüstet.

Doch vom Singschwan will man wissen
Daß er sich zu Grabe läutet;
Laß mich jedes Lied vermissen,
Wenn es auf dein Ende deutet.

Schenke

Nennen dich den großen Dichter,
Wenn dich auf dem Markte zeigest;
Gerne hör' ich wenn du singest
Und ich horche, wenn du schweigest.

Doch ich liebe dich noch lieber,
Wenn du küssest zum Erinnern;
Denn die Worte gehn vorüber
Und der Kuß der bleibt im Innern.

Reim auf Reim will was bedeuten,
Besser ist es viel zu denken.
Singe du den andern Leuten
Und verstumme mit dem Schenken.

Escanção

Hoje comeste muito bem,
mas bebeste mais ainda;
Este prato aqui contém
os restos da janta finda.

Olha, chamamos "gansinho"
ao hóspede estufado.
Levo os restos ao meu ganso
lá na água, esfomeado.

Sabemos que o cisne canta
pra dizer que está morrendo;
que eu esqueça todo canto
que o teu fim está dizendo.

Escanção

Chamam-te grande poeta,
quando te mostras no mercado;
gosto de ouvir quando cantas
e ouço se estás calado.

Mas te amo mais amado
se o teu beijo permanece;
As palavras são passado
E esse beijo nunca esquece.

Rima em rima diz, sim, algo,
pensar muito é muito bom.
Canta tu ao vário vulgo,
e te cala com o garçom.

Dichter

    Schenke komm! Noch einen Becher!

SCHENKE
    Herr, du hast genug getrunken;
    Nennen dich den wilden Zecher!

DICHTER
    Sahst du je daß ich gesunken?

SCHENKE
    Mohamed verbietet's.

DICHTER
                   Liebchen!
    Hört es niemand, will dir's sagen.

SCHENKE
    Wenn du einmal gerne redest,
    Brauch ich gar nicht viel zu fragen.

DICHTER
    Horch! wir andren Muselmanen
    Nüchtern sollen wir gebückt sein,
    Er in seinem heil'gen Eifer
    Möchte gern allein verrückt sein.

Poeta

    Escanção! Vem, mais uma taça!

ESCANÇÃO
    Senhor, bebeste demasiado,
    já te chamam de manguaça.

POETA
    Viste-me acaso afundado?

ESCANÇÃO
    Maomé proíbe.

POETA
                      Querido!
    Ninguém nos ouve, vou te falar.

ESCANÇÃO
    Quando desejas falar,
    pouco preciso perguntar.

POETA
    Ouve! Nós outros muçulmanos,
    sóbrios, devemos viver curvados,
    que ele, em santo fervor,
    seja sozinho o desvairado.

Sommernacht

DICHTER

    Niedergangen ist die Sonne,
    Doch im Westen glänzt es immer;
    Wissen möcht' ich wohl, wie lange
    Dauert noch der goldne Schimmer?

SCHENKE

    Willst du, Herr, so will ich bleiben,
    Warten außer diesen Zelten,
    Ist die Nacht des Schimmers Herrin,
    Komm' ich gleich es dir zu melden.

    Denn ich weiß du liebst das Droben,
    Das Unendliche zu schauen,
    Wenn sie sich einander loben
    Jene Feuer in dem Blauen.

    Und das hellste will nur sagen:
    Jetzo glänz' ich meiner Stelle,
    Wollte Gott euch mehr betagen,
    Glänztet ihr wie ich so helle.

    Denn vor Gott ist alles herrlich,
    Eben weil er ist der beste,
    Und so schläft nun aller Vogel
    In dem groß und kleinen Neste.

    Einer sitzt auch wohl gestängelt
    Auf den Ästen der Zypresse,
    Wo der laue Wind ihn gängelt
    Bis zu Taues luft'ger Nässe.

Noite de verão

POETA
    O sol já desapareceu,
    no Oeste brilha duradouro.
    Podes por favor dizer-me
    se ainda há brilho neste ouro?

ESCANÇÃO
    Queres, senhor, esperando
    fora da tenda vou ficar;
    quando a noite se assenhorar
    do brilho venho te avisar.

    Pois sei que para o céu,
    ao infinito amas olhar,
    quando no azul dossel
    os fogos vão se louvar.

    E onde é mais claro quer dizer:
    agora eu brilho no meu lugar,
    se Deus um longo dia quiser
    lhes dar, vejam: eu vou brilhar!

    Pois para Deus tudo é lindo,
    porque ele é que é o melhor,
    e então dorme o passarinho
    no ninho miúdo e no maior.

    Um se senta empoleirado
    no cipreste, nalgum galho,
    pela brisa é balançado
    até que molhe-se de orvalho.

Solches hast du mich gelehret,
Oder etwas auch dergleichen,
Was ich je dir abgehöret
Wird dem Herzen nicht entweichen.

Eule will ich, deinetwegen,
Kauzen hier auf der Terrasse,
Bis ich erst des Nordgestirnes
Zwillingswendung wohl erpasse.

Und da wird es Mitternacht sein,
Wo du oft zu früh ermunterst,
Und dann wird es eine Pracht sein,
Wenn das All mit mir bewunderst.

DICHTER

Zwar in diesem Duft und Garten
Tönet Bulbul ganze Nächte,
Doch du könntest lange warten
Bis die Nacht so viel vermöchte.

Denn in dieser Zeit der Flora,
Wie das Griechen-Volk sie nennet,
Die Strohwitwe, die Aurora,
Ist in Hesperus entbrennet.

Sieh dich um! sie kommt! wie schnelle!
Über Blumenfelds Gelänge! —
Hüben hell und drüben helle,
Ja, die Nacht kommt ins Gedränge.

Und auf roten leichten Sohlen
Ihn, der mit der Sonn entlaufen,
Eilt sie irrig einzuholen;
Fühlst du nicht ein Liebe-Schnaufen?

Algo assim tu me ensinaste,
ou foi algo similar;
o que ouvi do que falaste
do peito não vai escapar.

Qual coruja, por tua causa,
no terraço guardo vigia,
até que o movimento gêmeo
da Estrela Polar se anuncia.

E meia-noite será,
se mais cedo tu me inspiras,
e um esplendor será
se comigo o cosmo admiras.

POETA
    Sim, neste jardim fragrante
Bulbul canta a noite inteira,
mas vais esperar bastante
até que a noite esteja inteira.

Pois na época da Flora —
assim o heleno a chamava —
a curta viúva Aurora
no Héspero se inflamava.

Olha em volta! ela vem!
Rápida em campos de flores! —
Clara aqui, mais clara além,
A noite cede em estertores.

E com leves e rubras solas
ela tenta em vão buscar
aquele que com o sol se isola.
Não sentes o amor cheirar?

Geh nur, lieblichster der Söhne,
Tief in's Innre schließ die Türen;
Denn sie möchte deine Schöne
Als den Hesperus entführen.

Vai, meu filho mais amado,
fecha a porta da fortaleza;
pois senão serás raptado
qual Héspero por sua beleza.

MATHAL-NAMEH

LIVRO DAS PARÁBOLAS

Vom Himmel sank, in wilder Meere Schauer,
Ein Tropfe bangend, gräßlich schlug die Flut,
Doch lohnte Gott bescheidnen Glaubensmut
Und gab dem Tropfen Kraft und Dauer.
Ihn schloß die stille Muschel ein
Und nun, zu ew'gem Ruhm und Lohne,
Die Perle glänzt an unsers Kaisers Krone
Mit holdem Blick und mildem Schein.

★

Bulbuls Nachtlied, durch die Schauer,
Drang zu Allahs lichtem Throne,
Und dem Wohlgesang zu Lohne
Sperrt' er sie in goldnen Bauer.
Dieser sind des Menschen Glieder.
Zwar sie fühlet sich beschränkt;
Doch wenn sie es recht bedenket,
Singt das Seelchen immer wieder.

★

Die Perle, die der Muschel entrann,
Die schönste, hochgeboren,
Zum Juwelier, dem guten Mann,
Sprach sie: Ich bin verloren!
Durchbohrst du mich, mein schönes All,
Es ist sogleich zerrüttet,
Mit Schwestern muß ich, Fall für Fall,
Zu schlechten sein geküttet.

»Ich denke jetzt nur an Gewinn,
Du mußt es mir verzeihen:
Denn wenn ich hier nicht grausam bin,
Wie soll die Schnur sich reihen?«

★

Do céu caiu na fúria do mar selvagem
uma gota assustada e horrivelmente
bateu na onda; mas Deus foi clemente
pela fé, e deu à gota força e coragem.
A calma ostra a cingiu,
e agora, por paga e fama imortal,
a pérola brilha na coroa real
com gracioso olhar e brilho macio.

★

O pio de Bulbul, da noitada,
chegou ao trono de luz de Alá,
que pelo bem do bom cantar
prendeu-o em cela dourada.
Assim é o corpo da gente.
Ela se sente, sim, restrita;
mas, se não ficar aflita,
a alma canta novamente.

★

   A pérola que da ostra fugiu,
   a mais bela, bem-nascida,
   ao joalheiro, homem pio,
   disse: estou perdida!
   Se me furas, a graça interior
   será logo estragada,
   e com irmãs, para o pior,
   serei acorrentada.

"Só penso agora no meu ganho,
   tu terás que perdoar:
   se aqui eu não for tacanho
   como vou fazer o colar?"

★

Ich sah, mit Staunen und Vergnügen,
Eine Pfauenfeder im Koran liegen,
Willkommen an dem heil'gen Platz!
Der Erdgebilde höchster Schatz.
An dir, wie an des Himmels Sternen
Ist Gottes Größe im Kleinen zu lernen.
Daß er, der Welten überblickt,
Sein Auge hier hat aufgedrückt,
Und so den leichten Flaum geschmückt
Daß Könige kaum unternahmen
Die Pracht des Vogels nachzuahmen.
Bescheiden freue dich des Ruhms,
So bist du wert des Heiligtums.

★

Ein Kaiser hatte zwei Kassiere,
Einen zum Nehmen, einen zum Spenden;
Diesem fiel's nur so aus den Händen,
Jener wußte nicht woher zu nehmen.
Der Spendende starb, der Herrscher wußte nicht gleich,
Wem das Geberamt sei anzuvertrauen,
Und wie man kaum tät um sich schauen,
So war der Nehmer unendlich reich;
Man wußte kaum vor Gold zu leben,
Weil man Einen Tag nichts ausgegeben.
Da ward nun erst dem Kaiser klar
Was schuld an allem Unheil war.
Den Zufall wußt' er wohl zu schätzen,
Nie wieder die Stelle zu besetzen.

★

Vi, com espanto e com prazer,
pena de pavão no Corão jazer,
bem-vinda ao lugar sagrado,
desta terra o maior achado!
Em ti e nos astros do firmamento
no detalhe está Deus no ensinamento.
Pois Ele, que mundos sobreviu,
aqui seu olho imprimiu,
a leve pena então vestiu.
Em vão tentaram reis a empresa
de imitar da ave a realeza.
Modesta, alegra-te da glória
e do sagrado és meritória.

★

Um rei tinha dois tesoureiros,
um recolhia, o outro gastava;
na mão deste nada parava,
o outro tomava sem parar.
morrera o doador, ao rei faltou presteza
para indicar o sucessor;
e mal o seu olhar desviou,
tinha o coletor tanta riqueza
que o ouro até atrapalhava,
pois nada mais se gastava.
Eis que o rei se dá conta
do que a desgraça remonta.
O acaso saberá valorizar:
esta vaga ninguém vai ocupar.

★

Alle Menschen groß und klein
Spinnen sich ein Gewebe fein,
Wo sie mit ihrer Scheren Spitzen
Gar zierlich in der Mitte sitzen.
Wenn nun darein ein Besen fährt,
Sagen sie es sei unerhört,
Man habe den größten Palast zerstört.

★

Vom Himmel steigend, Jesus bracht'
Des Evangeliums ewige Schrift,
Den Jüngern las er sie Tag und Nacht:
Ein göttlich Wort, es wirkt und trifft.
Er stieg zurück, nahm's wieder mit;
Sie aber hatten's gut gefühlt
Und jeder schrieb, so Schritt vor Schritt,
Wie ers in seinem Sinn behielt
Verschieden. Es hat nichts zu bedeuten:
Sie hatten nicht gleiche Fähigkeiten;
Doch damit können sich die Christen
Bis zu dem Jüngsten Tage fristen.

★

Toda a gente, pequena ou grande,
tece um tecido galante,
onde, com tesoura afiada,
se assenta ao meio, delicada.
Se ali uma vassoura passa,
Todos gritam em devassa:
O maior palácio foi arruinado!

★

Ao vir do Céu, Jesus trazia
a letra eterna do Evangelho.
Para os Doze leu noite e dia:
verbo divino é o melhor conselho.
Subiu de novo, levando-o consigo;
mas sentiram sem antojo,
e cada qual deu seu testigo
do que guardou em seu bojo,
do seu jeito. Quer dizer, na verdade:
não tinham a mesma capacidade;
assim os cristãos, por sinal,
vão brigar até o Juízo Final.

★

Es ist gut

Bei Mondeschein im Paradeis
Fand Jehova im Schlafe tief
Adam versunken, legte leis'
Zur Seit' ein Evchen, das auch entschlief.
Da lagen nun in Erdeschranken
Gottes zwei lieblichste Gedanken. —
Gut!!! rief er sich zum Meisterlohn,
Er ging sogar nicht gern davon.

Kein Wunder daß es uns berückt,
Wenn Auge frisch in Auge blickt,
Als hätten wir's so weit gebracht
Bei dem zu sein der uns gedacht.
Und ruft er uns, wohlan! es sei!
Nur, das beding' ich, alle zwei.
Dich halten dieser Arme Schranken,
Liebster von allen Gottesgedanken.

É bom

No Paraíso, sob o luar,
dormindo Javé viu
Adão profundamente, e lá
Evinha deixou, que logo dormiu.
Jaziam, nas raias terrenas,
de Deus as ideias mais tenras.
Bom!!! gritou num alto elogio,
e tão logo não partiu.

Que nos enleve não admira
quando um olho outro olho mira;
quão longe isso nos levou,
pra estar com Ele, que nos pensou.
E se nos chama, sim! que seja!
Mas ambos: quero que assim seja.
Te acolhem estes braços meus,
a mais bela ideia de Deus.

PARSI NAMEH

LIVRO DO PARSE

Vermächtnis
altpersischen Glaubens

Welch Vermächtnis, Brüder, sollt' euch kommen
Von dem Scheidenden, dem armen Frommen?
Den ihr Jüngeren geduldig nährtet,
Seine letzten Tage pflegend ehrtet.

Wenn wir oft gesehn den König reiten,
Gold an ihm und Gold an allen Seiten,
Edelstein' auf ihn und seine Großen
Ausgesät wie dichte Hagelschloßen,

Habt ihr jemals ihn darum beneidet?
Und nicht herrlicher den Blick geweidet,
Wenn die Sonne sich auf Morgenflügeln
Darnawends unzähl'gen Gipfelhügeln

Bogenhaft hervorhob. Wer enthielte
Sich des Blicks dahin? Ich fühlte, fühlte
Tausendmal in so viel Lebenstagen
Mich mit ihr, der kommenden, getragen.

Gott auf seinem Throne zu erkennen,
Ihn den Herrn des Lebensquells zu nennen,
Jenes hohen Anblicks wert zu handeln
Und in seinem Lichte fortzuwandeln.

Aber stieg der Feuerkreis vollendet,
Stand ich als in Finsternis geblendet,
Schlug den Busen, die erfrischten Glieder
Warf ich, Stirn voran, zur Erde nieder.

Und nun sei ein heiliges Vermächtnis
Brüderlichem Wollen und Gedächtnis:

Legado da
antiga crença persa

Irmãos, qual deve ser o legado
daquele, pobre e pio, que é finado?
Pelos pupilos nutrido com paciência,
honrado ao final de sua existência?

Se vimos muito o rei a cavalgar,
ouro nele e ouro em todo lugar,
nele e em seus grandes, jóias semeadas
como numa densa granizada.

Por acaso já não o invejaram?
Ou será que então desviaram
o olhar ao sol, que em asas de aurora
em forma de arco se demora

nos picos de Damavand. Quem dali
Retirou seu olhar? Sim, eu senti,
mil vezes em tanto tempo passado,
ser por ele, o vindouro, levado

a reconhecer Deus em seu trono,
da fonte da vida o patrono,
tratar com honra esse alto olhar
e na sua luz seguir a andar.

Mas sobe o aro de fogo, completado,
fico em pé, por treva ofuscado,
bato no peito, meu corpo são
lanço, cabeça à frente, ao chão.

E assim fique a santa herança
dos irmãos à força e lembrança:

Schwerer Dienste tägliche Bewahrung,
Sonst bedarf es keiner Offenbarung.

Regt ein Neugeborner fromme Hände,
Daß man ihn sogleich zur Sonne wende!
Tauche Leib und Geist im Feuerbade,
Fühlen wird es jeden Morgens Gnade.

Dem Lebendigen übergebt die Toten,
Selbst die Tiere deckt mit Schutt und Boden
Und so weit sich eure Kraft erstrecket
Was euch unrein dünkt, es sei bedecket.

Grabet euer Feld ins zierlich Reine,
Daß die Sonne gern den Fleiß bescheine,
Wenn ihr Bäume pflanzt, so sei's in Reihen,
Denn sie läßt Geordnetes gedeihen.

Auch dem Wasser darf es in Kanälen
Nie am Laufe, nie an Reine fehlen,
Wie euch Senderud aus Bergrevieren
Rein entspringt, soll er sich rein verlieren.

Sanften Fall des Wassers nicht zu schwächen,
Sorgt, die Gräben fleißig auszustechen,
Rohr und Binse, Molch und Salamander,
Ungeschöpfe! tilgt sie miteinander.

Habt ihr Erd und Wasser so im Reinen,
Wird die Sonne gern durch Lüfte scheinen,
Wo sie, ihrer würdig aufgenommen,
Leben wirkt, dem Leben Heil und Frommen.

Ihr, von Müh zu Mühe so gepeinigt,
Seid getrost, nun ist das All gereinigt,

Todo dia cuida da oração;
se não, para que revelação?

Pias mãos tomam o recém-nascido
e contra o sol o mantêm erguido!
Banha em fogo corpo e mente,
toda manhã recebe o seu presente.

Aos vivos os mortos entrega,
mesmo os bichos mortos enterra,
e se tua força não se apura,
cobre tudo que é coisa impura.

Ara o teu campo com pureza,
pra que o sol brilhe com presteza;
as árvores planta em fileiras:
no sol vingam plantas ordeiras.

Que à água não falte pureza
nos canais, nem correnteza;
se o Zandayeh da encosta pura
brota, sua foz deve ser pura.

Pra um fluxo d'água que não se abala
cuida de cavar bem sua vala;
cana e junco, salamandra e anfíbios:
pragas! Elimina os seus resquícios.

Tendo água e terra tal pureza,
brilha no ar o sol com presteza,
onde ele, servido de modo honrado,
dá vida, e ao pio dá bênção e cuidado.

Se lide a lide estás esgotado,
te consola: tudo foi purificado.

Und nun darf der Mensch, als Priester, wagen
Gottes Gleichnis aus dem Stein zu schlagen.

Wo die Flamme brennt erkennet freudig,
Hell ist Nacht, und Glieder sind geschmeidig,
An des Herdes raschen Feuerkräften
Reift das Rohe Tier- und Pflanzensäften.

Schleppt ihr Holz herbei, so tut's mit Wonne,
Denn ihr tragt den Samen irdscher Sonne,
Pflückt ihr Pambeh, mögt ihr traulich sagen:
Diese wird als Docht das Heil'ge tragen.

Werdet ihr in jeder Lampe Brennen
Fromm den Abglanz höhern Lichts erkennen,
Soll euch nie ein Mißgeschick verwehren
Gottes Thron am Morgen zu verehren.

Da ist unsers Daseins Kaisersiegel,
Uns und Engeln reiner Gottesspiegel,
Und was nur am Lob des Höchsten stammelt
Ist in Kreis' um Kreise dort versammelt.

Will dem Ufer Senderuds entsagen,
Auf zum Darnawend die Flügel schlagen,
Wie sie tagt, ihr freudig zu begegnen
Und von dorther ewig euch zu segnen.

O homem pode, ou sacerdotes seus,
da pedra extrair a imagem de Deus.

Onde a chama é perceptível,
a noite é clara, o corpo flexível.
O fogão, com seu quente fumo,
de bicho e planta ferve um sumo.

Trazendo lenha, faz isso contente:
do Sol da Terra a madeira é semente.
Colhendo algodão, fala sem pecha:
pro fogo santo ele é boa mecha.

Sabendo que na lâmpada queima
o reflexo da luz suprema,
estás salvo de um mau destino
se honras cedo o trono divino.

Eis da nossa vida o selo real,
o espelho nosso e de anjos, divinal;
E o que vem de louvar o Eterno
se reúne num ciclo superno.

De Zayandeh quero fugir,
as asas no Damavand abrir,
na alvorada o Sol encontrar,
e de lá sempre vos abençoar.

Wenn der Mensch die Erde schätzet,
Weil die Sonne sie bescheinet,
An der Rebe sich ergetzet,
Die dem scharfen Messer weinet,
Da sie fühlt, daß ihre Säfte,
Wohlgekocht, die Welt erquickend,
Werden regsam vielen Kräften,
Aber mehreren erstickend:
Weiß er das der Glut zu danken
Die das alles läßt gedeihen;
Wird Betrunkner stammlend wanken,
Mäßiger wird sich singend freuen.

★

Quando o humano a terra estima[1],
pois o sol a ilumina,
junto à vinha se anima,
e esta chora à faca fina,
já que sente que seu sumo,
fermentado, ao mundo joga
frescas forças no consumo,
mas a muitos mais afoga:
ele é grato à energia
em que tudo se levanta;
o ébrio treme e balbucia,
o frugal se alegra e canta.

★

[1] Agradeço a Leonardo Gonçalves Fischer pela tradução deste poema.

CHULD NAMEH

LIVRO DO PARAÍSO

Berechtigte Männer

NACH DER SCHLACHT VON BEDR,
UNTERM STERNENHIMMEL
MAHOMET SPRICHT

Seine Toten mag der Feind betrauern:
Denn sie liegen ohne Wiederkehren;
Unsre Brüder sollt ihr nicht bedauern:
Denn sie wandeln über jenen Sphären.

Die Planeten haben alle sieben
Die metallnen Tore weit getan,
Und schon klopfen die verklärten Lieben
Paradieses Pforten kühnlich an.

Finden, ungehofft und überglücklich,
Herrlichkeiten, die mein Flug berührt,
Als das Wunderpferd mich augenblicklich
Durch die Himmel alle durchgeführt.

Weisheitsbaum an Baum zypresseragend
Heben Äpfel goldner Zierd empor,
Lebensbäume breite Schatten schlagend
Decken Blumensitz und Kräuterflor.

Und nun bringt ein süßer Wind von Osten
Hergeführt die Himmels-Mädchen-Schar;
Mit den Augen fängst du an zu kosten,
Schon der Anblick sättigt ganz und gar.

Forschend stehn sie was du unternahmest?
Große Plane? fährlich blutigen Strauß?
Daß du Held seist sehn sie, weil du kamest;
Welch ein Held du seist? sie forschen's aus.

Homens autorizados

DEPOIS DA BATALHA DE BEDR,
SOB CÉU ESTRELADO
MAOMÉ FALA

Vele o inimigo sua gente morta,
pois jazem sem retorno;
Meus irmãos? Não me importa!
Noutra esfera giram em torno.

Os sete planetas somados
abriam os portões do metal,
os amantes sublimados
batem na porta celestial.

Vão achar, em surpresa e júbilo,
maravilhas que meu voo tocou
quando vi todas no voo súbito
de Buraque, que ao Céu me alçou.

Árvore do saber, cipreste alteante,
ergue maçãs de áureo esplendor,
árvores da vida tão sombreantes
cobrem ervas e canteiros de flor.

Um doce vento leste vem soprando
e as moças celestes ele traz,
com os olhos já vais degustando,
só de olhar já se satisfaz.

Vão perguntando: "o que tu fizeste?
Grandes planos? Luta, sangue, dor?"
És herói, claro, para cá vieste;
porém: em que classe vão te pôr?

Und sie sehn es bald an deiner Wunden,
Die sich selbst ein Ehrendenkmal schreibt.
Glück und Hoheit alles ist verschwunden,
Nur die Wunde für den Glauben bleibt.

Führen zu Kiosken dich und Lauben,
Säulenreich von buntem Lichtgestein,
Und zum edlen Saft verklärter Trauben
Laden sie mit Nippen freundlich ein.

Jüngling! mehr als Jüngling bist willkommen!
Alle sind wie alle licht und klar;
Hast du Eine dir ans Herz genommen;
Herrin, Freundin ist sie deiner Schar.

Doch die allertrefflichste gefällt sich
Keineswegs in solchen Herrlichkeiten,
Heiter, neidlos, redlich unterhält dich
Von den mannigfalt'gen andrer Trefflichkeiten.

Eine führt dich zu der andern Schmause,
Den sich jede äußerst ausersinnt;
Viele Frauen hast und Ruh im Hause,
Wert daß man darob das Paradies gewinnt.

Und so schicke dich in diesen Frieden:
Denn du kannst ihn weiter nicht vertauschen;
Solche Mädchen werden nicht ermüden,
Solche Weine werden nicht berauschen.

—

Und so war das wenige zu melden,
Wie der sel'ge Musulman sich brüstet.
Paradies der Männer Glaubenshelden
Ist hiemit vollkommen ausgerüstet.

Isso elas veem na tua ferida,
que um monumento de honra é.
A sorte altiva está sumida,
só fica a ferida pela fé.

Do quiosque a caramanchões te levam,
mil colunas de joia incrustada,
e amigáveis a beber te enlevam
nobre suco de uva sublimada.

Jovem! Mais que jovem tens acolhida!
Leve clareza cada um tem;
o teu peito já tem a escolhida,
amiga e chefe do teu harém.

Mas a mais formosa não se detém
em nenhuma dessas opulências,
sem inveja, alegre, te entretém
com tantas outras excelências.

Uma te leva até outro banquete
melhor do que tu possas sonhar.
Tens mulher, uma casa que aquiete,
valeu a pena no Éden entrar!

Vem, mergulha fundo nesta paz:
pois depois não vais mais poder trocar;
tais moças não cansam nunca mais,
tais vinhos não vão embriagar.

—

Eis o pouco para quem quiser
sobre o muçulmano vangloriado.
Éden dos homens heróis da fé
está totalmente preparado.

Auserwählte Frauen

Frauen sollen nichts verlieren,
Reiner Treue ziemt zu hoffen;
Doch wir wissen nur von vieren
Die alldort schon eingetroffen.

Erst Suleika, Erdensonne,
Gegen Jussuph ganz Begierde,
Nun, des Paradieses Wonne,
Glänzt sie, der Entsagung Zierde.

Dann die Allgebenedeite,
Die den Heiden Heil geboren
Und getäuscht, in bitterm Leide,
Sah den Sohn am Kreuz verloren.

Mahoms Gattin auch! Sie baute
Wohlfahrt ihm und Herrlichkeiten,
Und empfahl bei Lebenszeiten
Einen Gott und eine Traute.

Kommt Fatima dann, die Holde,
Tochter, Gattin sonder Fehle,
Englisch allerreinste Seele
In dem Leib von Honiggolde.

Diese finden wir alldorten;
Und wer Frauenlob gepriesen
Der verdient an ew'gen Orten
Lustzuwandeln wohl mit diesen.

Mulheres escolhidas

As mulheres nada perderão
esperando em fiel pureza;
quatro, mais que isso não,
sei que estão na redondeza.

Uma: Zuleica, Sol da Terra,
de Yussuf o desiderato,
graça do Paraíso, encerra
na ascese o seu ornato.

Depois a mais bendita,
que o salvador deu à luz;
em dor amara, traída,
perdeu seu filho na cruz.

A esposa de Maomé!
deu-lhe glórias e prazer;
Único Deus, única mulher:
deu-lhe a chave para bem viver.

Depois Fátima, graciosa,
filha e esposa perfeita,
alma de anjo, primorosa,
de ouro e mel sua carne é feita.

Estas vemos neste local;
e quem fez louvor a elas
merece na terra imortal
passear ao lado delas.

Begünstigte Tiere

Vier Tieren auch verheißen war
In's Paradies zu kommen,
Dort leben sie das ew'ge Jahr
Mit Heiligen und Frommen.

Den Vortritt hier ein Esel hat,
Er kommt mit muntern Schritten:
Denn Jesus zur Prophetenstadt
Auf ihm ist eingeritten.

Halb schüchtern kommt ein Wolf sodann,
Dem Mahomet befohlen:
Laß dieses Schaf dem armen Mann,
Dem Reichen magst du's holen!

Nun immer wedelnd, munter, brav,
Mit seinem Herrn, dem braven,
Das Hündlein das den Siebenschlaf
So treulich mitgeschlafen.

Abuherrira's Katze hier
Knurrt um den Herrn und schmeichelt:
Denn immer ist's ein heilig Tier
Das der Prophet gestreichelt.

Animais favorecidos

No Paraíso Deus determina
que animais entrariam, quatro;
ali vivem o ano que não termina
com os santos e os beatos.

Primeiro o jumento faz jus,
com passos alegres ele vem:
ninguém menos que Jesus
carregou a Jerusalém.

Meio tímido o lobo vem,
a quem Maomé recomenda:
deixa a rês a quem nada tem,
do rico pega a tua prenda.

Abana o rabo, é alegre e ao dono
acompanha, agradecido:
o cão, que dormiu o sono
junto aos Sete adormecidos.

O gato de Hurairah ao pé
do dono ronrona e se aninha:
pois sagrado um animal é
se o Profeta o acarinha.

Höheres und Höchstes

Daß wir solche Dinge lehren
Möge man uns nicht bestrafen:
Wie das alles zu erklären
Dürft ihr euer Tiefstes fragen.

Und so werdet ihr vernehmen
Daß der Mensch, mit sich zufrieden,
Gern sein Ich gerettet sähe,
So da droben wie hienieden.

Und mein liebes Ich bedürfte
Mancherlei Bequemlichkeiten,
Freuden wie ich hier sie schlürfte
Wünscht' ich auch für ew'ge Zeiten.

So gefallen schöne Gärten,
Blum und Frucht und hübsche Kinder,
Die uns allen hier gefielen,
Auch verjüngtem Geist nicht minder.

Und so möcht ich alle Freunde,
Jung und alt, in Eins versammlen,
Gar zu gern in deutscher Sprache
Paradieses-Worte stammlen.

Doch man horcht nun Dialekten
Wie sich Mensch und Engel kosen,
Der Grammatik, der versteckten,
Deklinierend Mohn und Rosen.

Mag man ferner auch in Blicken
Sich rhetorisch gern ergehen,
Und zu himmlischem Entzücken
Ohne Klang und Ton erhöhen.

Superior e supremo

Que não nos queiram castigar
por passar o ensinamento:
para isso explicar
olhem bem pra si, pra dentro.

Vocês terão escutado
que o homem, cheio de si,
quer ter seu Eu intocado,
lá em cima como aqui.

E meu caro Eu demanda
todo tipo de conforto,
alegrias destas bandas
pra depois que estiver morto.

Jardins belos apetecem
flor, fruta, crianças pequenas;
mimos que agradam todos,
não aos mais jovens apenas.

Assim quero os meus amigos,
velho ou novo, aliciar,
em português as palavras
do Éden balbuciar.

Eis ouço que se dialeta,
que anjo e homem se afinam,
na gramática secreta
rosa e papoula declinam.

Também pode-se em olhares
retoricamente relevar,
e em lugares não seculares
sem som e tom se elevar.

Ton und Klang jedoch entwindet
Sich dem Worte selbstverständlich,
Und entschiedener empfindet
Der Verklärte sich unendlich.

Ist somit dem Fünf der Sinne
Vorgesehn im Paradiese,
Sicher ist es ich gewinne
Einen Sinn für alle diese.

Und nun dring ich aller Orten
Leichter durch die ewigen Kreise,
Die durchdrungen sind vom Worte
Gottes rein-lebend'ger Weise.

Ungehemmt mit heißem Triebe
Läßt sich da kein Ende finden,
Bis im Anschaun ewiger Liebe
Wir verschweben, wir verschwinden.

Tom e som fogem, porém,
da palavra obviamente,
e se sente muito bem
o puro infinitamente.

Um, dois, três, quatro, são cinco
sentidos no Paraíso,
estou certo que lhes finco
em todos eles algum siso.

Eis que vou a todo lugar
à alta esfera com leveza,
mil palavras a mostrar
Deus, sua vida e pureza.

Livre, com quente pulsar,
um fim não encontraremos,
na visão do eterno Amar
desmaiamos, esmaecemos.

Siebenschläfer

Sechs Begünstigte des Hofes
Fliehen vor des Kaisers Grimme,
Der als Gott sich läßt verehren,
Doch als Gott sich nicht bewähret:
Denn ihn hindert eine Fliege
Guter Bissen sich zu freuen.
Seine Diener scheuchen wedlend,
Nicht verjagen sie die Fliege.
Sie umschwärmt ihn, sticht und irret
Und verwirrt die ganze Tafel,
Kehret wieder wie des hämischen
Fliegengottes Abgesandter.

Nun! so sagen sich die Knaben,
Sollt' ein Flieglein Gott verhindern?
Sollt' ein Gott auch trinken, speisen,
Wie wir andern. Nein, der Eine
Der die Sonn' erschuf, den Mond auch,
Und der Sterne Glut uns wölbte,
Dieser ist's, wir fliehn! — Die zarten
Leicht beschuht, beputzten Knaben
Nimmt ein Schäfer auf, verbirgt sie
Und sich selbst in Felsenhöhle.
Schäfershund er will nicht weichen,
Weggescheucht, den Fuß zerschmettert,
Drängt er sich an seinen Herren,
Und gesellt sich zum Verborgnen,
Zu den Lieblingen des Schlafes.

Und der Fürst, dem sie entflohen,
Liebentrüstet, sinnt auf Strafen,
Weiset ab so Schwert als Feuer,
In die Höhle sie mit Ziegeln
Und mit Kalk sie läßt vermauern.

Os sete adormecidos

Seis preferidos da corte
fogem da ira do rei,
que qual deus se faz honrar,
mas qual deus não se mantém:
pois lhe impede uma mosquinha
de fruir uns bons bocados.
Seus servos gritam, abanam,
não espantam essa mosca.
Rodeia, ela pica e voa
e incomoda toda a mesa,
volta como um emissário
malvado do deus das moscas.

Então! falam-se os meninos,
pode a mosca tolher um rei?
Deve um deus beber, comer,
como os outros? Não, aquele
que criou o Sol e a Lua,
rodeou-nos de brilho estelar,
esse é ele, fujamos! —
Guris mal calçados, limpos,
recolhe um pastor, abriga-os
e a si mesmo na caverna.
Cão pastor não quer sair,
escorraçado, o pé moído,
comprime-se ao seu senhor,
e se irmana ao escondido,
aos preferidos neste sono.

E o príncipe de que fugiram,
furiamoroso, pensa em castigos,
proíbe assim espada e fogo,
faz murar de cal e tijolo
a caverna com eles dentro.

Aber jene schlafen immer,
Und der Engel, ihr Beschützer,
Sagt vor Gottes Thron berichtend:
So zur Rechten, so zur Linken
Hab ich immer sie gewendet,
Daß die schönen jungen Glieder
Nicht des Moders Qualm verletze.
Spalten riß ich in die Felsen
Daß die Sonne, steigend, sinkend,
Junge Wangen frisch erneute.
Und so liegen sie beseligt. —
Auch, auf heilen Vorderpfoten,
Schläft das Hündlein süßen Schlummers.

Jahre fliehen, Jahre kommen,
Wachen endlich auf die Knaben,
Und die Mauer, die vermorschte,
Altershalben ist gefallen.
Und Jamblika sagt, der Schöne,
Ausgebildete vor allen,
Als der Schäfer fürchtend zaudert:
Lauf ich hin! und hol' euch Speise,
Leben wag' ich und das Goldstück! —
Ephesus, gar manches Jahr schon,
Ehrt die Lehre des Propheten
Jesus. (Friede sei dem Guten.)

Und er lief, da war der Tore
Wart und Turn und alles anders.
Doch zum nächsten Bäckerladen.
Wandt' er sich nach Brot in Eile. —
Schelm! so rief der Bäcker, hast du,
Jüngling, einen Schatz gefunden!
Gib mir, dich verrät das Goldstück,
Mir die Hälfte zum Versöhnen!

Mas eles dormem para sempre,
e o anjo, o protetor,
diz, relata ante o trono d'Ele:
seja à destra ou à sinistra,
sempre fiz que se movessem,
tal que os belos jovens membros
não lhes fira o pó do mofo.
Rompi frestas nas falésias,
Pra que o Sol, que sobe e desce,
renovasse as jovens faces.
E assim em bênção jazem. —
E nas santas patas dianteiras
dorme o cão um sonho doce.

Anos escapam, anos vêm,
enfim acordam os meninos
e o muro, amolecido,
pela idade jaz caído.
E diz Jamblika, o belo,
mais educado de todos,
ao titubear do pastor:
Eu irei! trago comida,
levo a vida e este ouro! —
Éfeso há muito louva,
a lei do profeta Jesus.
(Bem aventurados os bons.)

E correu, lá estava a torre,
portão, vigia e tudo.
Mas na primeira padaria
voltou-se com pressa ao pão. —
Patife! Grita o padeiro,
Tu, jovem, tens um tesouro!
Me dá, trai-te esta moeda,
a metade em consolo!

Und sie hadern. — Vor den König
Kommt der Handel; auch der König
Will nun teilen wie der Bäcker.

Nun betätigt sich das Wunder,
Nach und nach aus hundert Zeichen.
An dem selbsterbauten Palast
Weiß er sich sein Recht zu sichern.
Denn ein Pfeiler durchgegraben
Führt zu scharfbenamsten Schätzen.
Gleich versammeln sich Geschlechter
Ihre Sippschaft zu beweisen.
Und als Ururvater prangend
Steht Jamblikas Jugendfülle.
Wie von Ahnherrn hört er sprechen
Hier von seinem Sohn und Enkeln.
Der Urenkel Schar umgibt ihn,
Als ein Volk von tapfern Männern,
Ihn, den jüngsten, zu verehren.
Und ein Merkmal übers andre
Dringt sich auf, Beweis vollendend;
Sich und den Gefährten hat er
Die Persönlichkeit bestätigt.

Nun zur Höhle kehrt er wieder,
Volk und König ihn geleiten. —
Nicht zum König, nicht zum Volke
Kehrt der Auserwählte wieder:
Denn die Sieben, die von lang her,
Achte waren's mit dem Hunde,
Sich von aller Welt gesondert,
Gabriels geheim Vermögen
Hat, gemäß dem Willen Gottes,
Sie dem Paradies geeignet,
Und die Höhle schien vermauert.

E contendem. — Ante o rei
vai a disputa; mesmo o rei
quer partir como o padeiro.

E aí se dá o milagre,
pouco a pouco, em cem sinais,
é deste mesmo palácio
que defende o seu direito.
Pois cavando num pilar
se alcança o dito tesouro.
Já se juntam as famílias
comprovar a sua herança.
E cintila como o avô
a juventude de Jamblika.
Vê falar de antepassados
de seu filho e de seus netos.
Os bisnetos o circundam,
qual povo de bravos homens,
a louvar-lhes o mais jovem.
E uma marca trás a outra
confirma, finda a prova;
a si e aos companheiros
confirmou a identidade.

E à caverna ele retorna,
povo e rei acompanhando. —
Nem ao rei, tampouco ao povo
regressa o Escolhido:
pois aos sete, que faz muito
eram oito com o cão
e alhearam-se do mundo,
o secreto patrimônio
de Gabriel, Deus o quis,
concedeu-lhes o paraíso,
e a gruta se viu murada.

Gute Nacht!

Nun so legt euch liebe Lieder
An den Busen meinem Volke
Und in einer Moschus-Wolke
Hüte Gabriel die Glieder
Des Ermüdeten gefällig;
Daß er frisch und wohlerhalten,
Froh, wie immer, gern gesellig,
Möge Felsenklüfte spalten,
Um des Paradieses Weiten,
Mit Heroen aller Zeiten,
Im Genusse zu durchschreiten;
Wo das Schöne, stets das Neue,
Immer wächst nach allen Seiten,
Daß die Unzahl sich erfreue.
Ja, das Hündlein gar, das treue,
Darf die Herren hinbegleiten.

Boa noite!

Vão dormir, canções queridas,
sobre o peito da minha gente,
e em almíscar envolvente
Gabriel cuide das vidas
dos exaustos, com prazer;
pra que, fresco e bem mantido,
sempre alegre a conviver,
possa o cascalho ver partido,
pra que seja bem cruzado
o Paraíso, de lado a lado,
com heróis de todo fado;
onde o belo, ou seja, o novo,
seja sempre aumentado,
alegrando assim ao povo.
Sim, o cão, sempre probo,
junto ao dono está postado.

Wer das Dichten will verstehen,
Muß in's Land der Dichtung gehen;
Wer den Dichter will verstehen,
Muß in Dichters Lande gehen.

NOTAS E ENSAIOS PARA MELHOR COMPREENSÃO DO *DIVÃ OCIDENTO-ORIENTAL*

Fosse conhecer a poesia,
Pra sua terra viajaria;
Fosse conhecer o poeta,
Nas suas terras andaria.

Introdução

"Tudo a seu tempo!" — um ditado cujo significado aprendemos a reconhecer quanto mais avançamos na idade. Segundo ele, há um tempo para calar e outro para falar, e desta vez o poeta se decidiu por este último. Se a atitude e a atividade caracterizam a idade jovem, convêm à mais tardia a reflexão e a comunicação.

Lancei ao mundo os textos dos meus primeiros anos sem prefácios, sem dar indicações do que se tratava ali, por breves que fossem; isso se deu na crença de que a nação, cedo ou tarde, pudesse fazer uso daquilo que foi publicado. Assim, vários de meus trabalhos tiveram repercussão imediata, enquanto outros, não tão compreensíveis e penetrantes, precisaram de vários anos para serem reconhecidos. Entrementes, esses trabalhos também já passaram, e assim uma segunda e uma terceira geração renovadas têm me compensado muitas vezes pelas inconveniências que tive que suportar de meus antigos contemporâneos.

Agora, porém, não quero que nada obstrua a primeira boa impressão deste livrinho. Por isso, decidi-me a elucidar, esclarecer e indicar, apenas com o objetivo de despertar uma compreensão direta nos leitores que estejam pouco ou nada familiarizados com o Oriente. Por outro lado, não precisará deste suplemento aquele que já tiver tido um contato mais próximo com a história e com a literatura dessa tão curiosa região do mundo. Este irá, antes, identificar com facilidade as fontes e regatos cuja umidade saciante fiz fluir ao meu canteiro de flores.

O autor dos presentes poemas prefere ser visto como um viajante, que merece ser elogiado se conseguir assimilar com afinco os modos específicos do estrangeiro, se conseguir se apropriar dos usos da língua, se souber compartilhar modos de pensar e aceitar costumes. Que seja perdoado caso isso só lhe seja possível até um determinado grau e caso permaneça marcadamente estrangeiro devido a um acento próprio e a uma inflexibilidade indomável de seus conterrâneos. Nesse sentido, que se garanta já o perdão para este livrinho! Os bons conhecedores perdoam com compreensão; já os entusiastas, menos incomodados por tais faltas, aceitam com imparcialidade o que lhes é apresentado.

Mas para que tudo o que traz em sua bagagem agrade mais depressa aos seus, o viajante assume o papel do comerciante que dispõe suas mercadorias de maneira conveniente, e procura torná-las agradáveis de várias maneiras. Por isso, não se deve levar a mal suas expressões apelativas, descritivas e mesmo elogiosas.

Antes de qualquer coisa, nosso poeta se permite declarar que se comprometeu, sobretudo, na ética e na estética, com a compreensibilidade; por isso, empenhou-se em usar a linguagem mais simples e a métrica mais leve e compreensível de seu dialeto, e a sugerir só muito vagamente aquilo em que o oriental encontra o seu deleite por meio de artificialidade e afetação.

Contudo, a compreensão pode ser impedida por diversas palavras estrangeiras inevitáveis, que são obscuras porque se referem a certos objetos, crenças, opiniões, usos, fábulas e costumes. Consideramos que esclarecer essas palavras é a próxima obrigação, e foram tomadas em conta as exigências advindas de perguntas e objeções de ouvintes e leitores alemães. Um índice anexo[1] indica as páginas onde há passagens obscuras, e também onde estas são explicadas. Essa explicação, contudo, se dá dentro de certo contexto, de tal forma que não surgem notas esparsas, mas sim um texto autônomo que, ainda que apenas superficialmente manipulado e frouxamente conectado, garante ao leitor uma visão geral e clara.

Que seja agradável a realização dessa nossa tarefa! Podemos esperar que seja, pois, numa época em que muito do Oriente está sendo fielmente apropriado à nossa língua, pode ser proveitoso que nós, de nossa parte, também tentemos direcionar a atenção para lá, de onde há milênios têm chegado a nós tantas coisas grandiosas, boas e belas, e de onde se espera que cheguem mais a cada dia.

Hebreus

A poesia ingênua é a primeira de toda nação, pois serve de base para todas as posteriores. Quanto mais fresco e natural for o seu surgimento, tanto mais feliz se desenvolverão as épocas posteriores.

---

1 Aqui Goethe se refere à edição original do *Divã*. Tal índice não consta da presente edição em português. [N.E.]

Já que falamos de poesia oriental, é necessário considerarmos a Bíblia como a coletânea mais antiga. Grande parte do Antigo Testamento foi escrita com um ânimo elevado e com entusiasmo, e pertence ao campo da arte poética.

Se pensarmos vivamente naquela época em que *Herder* e *Eichhorn* nos iluminaram pessoalmente sobre esse assunto, vamos nos lembrar de um elevado deleite, comparável a uma pura alvorada oriental. Aqui só podemos insinuar o que esses homens nos deram e nos deixaram, e que se nos perdoe a pressa com a qual passamos por tais tesouros.

À guisa de exemplo, consideremos o livro de Rute. Em seu nobre propósito de fornecer antepassados respeitáveis e interessantes a um rei de Israel, ele pode ser também considerado o mais amável pequeno conjunto que nos foi transmitido de modo épico e idílico.

Passemos então algum tempo nessa grande canção, constitutiva do que há de mais delicado e inimitável que chegou até nós, uma expressão de amor apaixonado e gracioso. Chegamos a lamentar o fato de os poemas, aglomerados de modo fragmentário e jogados uns sobre os outros, não proporcionarem um deleite puro e pleno — e mesmo assim nos encantamos em nos imaginarmos nas situações vividas pelos poetas. Sopra uma leve brisa desde a amável região de Canaã; seguras condições rurais, vinhas, jardins de flores e temperos, algo da limitação urbana, mas com uma corte real e suas nobrezas ao fundo. O tema principal, porém, ainda é a ardente atração de jovens corações que se procuram, se encontram, se afastam, se atraem, nas mais variadas e simples situações.

Pensamos várias vezes em destacar e organizar algo nessa amável confusão; mas é justamente o elemento enigmático e indissolúvel que nos dá umas poucas folhas de graça e particularidade. Com que frequência mentes de bom pensamento e amantes da ordem não foram instigados a encontrar ou a inserir algum contexto compreensível qualquer, passando sempre o mesmo trabalho a algum sucessor!

Assim, o livro de Rute já exerceu o seu irresistível fascínio em tantos bravos homens, de tal maneira que eles se viam entregues ao devaneio de ainda conseguirem tirar algum mínimo proveito de um estudo detalhado e parafrástico sobre o que ocorre ali, representado de maneira inestimável em seu laconismo.

E dessa forma, livro a livro, o livro de todos os livros poderia ser perscrutado, de modo que nos seria permitido adentrar nele como num segundo mundo para nos perdermos, nos ilustrarmos e nos educarmos.

Árabes

De um povo oriental, os árabes, descobrimos maravilhosos tesouros no *Muallaqat*. São cantos de louvor que saíram vitoriosos de disputas poéticas, poemas surgidos antes dos tempos de Maomé, escritos em letras douradas, pendurados nos portões da casa de Deus em Meca. Falam de uma nação nômade, rica em rebanhos, e guerreira, cheia de inquietações internas devido a disputas entre várias tribos. São representados neles: a mais firme adesão aos companheiros de clã, ambição, coragem, irreconciliável sede de vingança, atenuada por dores de amor, benevolência, sacrifício, tudo sem limites. Esses poemas nos dão uma noção suficiente da alta educação do clã dos coraixitas do qual veio o próprio Maomé, que, contudo, jogou sobre eles um escuro manto religioso, conseguindo assim tapar toda a perspectiva de progressos mais puros.

O valor desses excelentes poemas, em número de sete, fica ainda maior pela sua enorme variedade. Aqui não poderíamos prestar contas mais sumárias e dignas do que as que o sagaz Jones[2] nos deu sobre o seu caráter, como citamos aqui:

> O poema de *Imru al-Qays* é suave, alegre, brilhante, elegante, vário e vetusto. *Tárafa*: audaz, excitado, exultante e mesmo assim permeado por alguma alegria. *Zuhayr* é afiado, sério, casto, cheio de leis morais e ditados sérios. A poesia de *Labid* é leve, apaixonada, delicada, tenra, e lembra a segunda écloga de Virgílio, pois lamenta o orgulho e a soberba da amante e disso tira razões para enumerar suas virtudes e elevar a reputação da sua tribo até o Céu. A canção de *Ântara* apresenta-se orgulhosa, ameaçadora, precisa, suntuosa, mas não sem a beleza das descrições e imagens. *Amr* é inten-

---

[2] Goethe baseia-se na obra do orientalista inglês *Sir* William Jones (1746-1794), a *Poeseos asiaticae commentatorium libri sex* (JONES, 1777, apud GOETHE, 2010, p. 1432), que inclui sete dos "Poemas suspensos", provavelmente retirados da coletânea de Hammad al-Ráwiya (MUSSA, 2006, p. 9) que incluía apenas os poetas que Goethe enumera. A coletânea com o "número mítico de dez" (ibidem, p. 10) canções, organizada por al-Tibrizi, incluía também as canções de al-Asha, Nábigha e Abid al-Abras.

so, sublime, vanglorioso; *Al-Hárith*, por sua vez, é cheio de sabedoria, discernimento e dignidade. As duas últimas também se apresentam como debates poético-políticos que foram realizados frente a um conselho de árabes para aplacar o ódio destrutivo entre dois clãs.

Enquanto com essas poucas linhas certamente estimulamos nossos leitores a lerem ou relerem esses poemas, acrescentamos aqui outro, da época de Maomé, que está totalmente imbuído do espírito daqueles. Pode-se descrever o caráter deste como sombrio ou mesmo soturno, ardente, vingativo e saturado de vingança.[3]

1.

Sob a falésia da trilha
Abatido jaz ele,
Em cujo sangue
Não goteja orvalho.

2.

Grande fardo me deixou,
E partiu;
Deveras este fardo
Carregarei.

3.

"Herda minha vingança
O filho da irmã,
O disputável,
O inconciliável.

4.

Mudo exsuda veneno,
Quieto qual víbora,
Qual cobra expele veneno
Contra o qual não há mágica."

---

3 Poema de autoria de Taabbata Scharran, reunido em outra coletânea pré-islâmica, a *Hamâssa*, compilada no século IX. A fonte para esta tradução (provavelmente da pena de Goethe) é, além da largamente consultada *Bibliothéque Orientale*, a versão latina contida na dissertação de G. W. Freytag *Carmen Arabicum: perpetvo commentario et versione iambica Germanica illustravit*, publicada em 1814. Este e outros poemas desta seção do *Divã* estão acompanhados do original alemão em nota de rodapé.

5.
Violenta mensagem recaiu-nos
De grande forte desgraça;
Mesmo o mais forte seria
Estraçalhado.

6.
A fortuna me pilhou,
Ferindo o amistoso,
Cujo convidado
Nunca foi ferido.

7.
Sob o sol quente quedava
Em dia frio;
Queimava Sirius,
Era sombra e frescor.

8.
Seco de ancas,
Sem reclamar,
Úmido de mãos,
Ousado e violento.

9.
De ideia fixa
Perseguiu seu fim
Até jazer;
Jaz aí também a ideia fixa.

10.
Sob nuvens de chuva,
Partilha presentes;
Atacando,
Um irado leão.

11.
Estado frente ao povo,
Cabelo negro, longa túnica;
Corre ao inimigo,
Um magro lobo.

12.
Dois gostos distribuía,
Mel e vermute;
Pratos de tais gostos
A todos sabiam.

13.

Terrível cavalgava só,
Sem mais companhia
Que a espada de Iêmen,
Ornada de entalhes.

14.

Meio dia tomamos, novatos,
A hostil caminhada,
Marchando pela noite,
Fluentes nuvens insones.

15.

Cada um uma espada,
Espada em bainha;
Desembainhada,
Um raio brilhante.

16.

Sorviam o espírito do sono,
Mas quando cabecearam
Caímos neles,
E se foram.

17.

Vingança tivemos plena;
Fugiram de duas tribos
Bem poucos,
Mínimos.

18.

E assim o hudailita,
A destruí-lo, quebrou a lança.
Pois este com sua lança
Destruiu os hudailitas.

19.

Num bruto pouso
Deitaram-no,
Na pedra brusca onde até camelos
Partiam os cascos.

20.

Quando a manhã o saudou,
No sítio escuro, assassinado,
Foi roubado,
Furtado o butim.

21.
Mas agora foram mortos por mim
Os hudailitas com fundas feridas.
Não me abala a desgraça,
Ela mesma se abala.

22.
A sede da lança foi saciada
Com fresco gole,
Não lhe foi negado
Repetir o gole.

23.
Agora vinho está permitido,
Pois era negado,
Com muitos trabalhos
Ganhei-me a permissão.

24.
A espada e lança
E ao cavalo estendo
O privilégio,
Que é agora bem comum.

25.
Alcança-me a taça, então,
Ó Sawad ben Amre!
Pois meu corpo, pelo amor do meu tio,
É uma grande ferida.

26.
E o cálice da morte
Alcançamos aos hudailitas,
Cujo efeito é lamento,
Cegueira e humilhação.

27.
Lá riam as hienas
Na morte dos hudailitas.
E podias ver lobos
De semblante reluzente.

28.
Abutres nobres acudiram voando,
Pulando de corpo em corpo,

E devido à rica refeição disposta
Ao alto não puderam se alçar.[4]

Pouco é necessário para se compreender esse poema. A grandeza do caráter, a seriedade, a legítima crueldade da ação são aqui de fato o tutano da poesia. As duas primeiras estrofes dão a clara exposição, na terceira e na quarta o morto fala e lança ao seu parente o fardo de vingá-lo. A quinta e a sexta conectam-se às primeiras segundo o sentido, e estão liricamente deslocadas; da sétima até a décima terceira louva-se o caído, de modo que se sente a grandeza da sua perda. Da décima quarta até a décima sétima

---

4   "Unter dem Felsen am Wege/ Erschlagen liegt er,/ In dessen Blut/ Kein Tau herabträuft./ 2. Große Last legt' er mir auf/ Und schied;/ Fürwahr diese Last/ Will ich tragen./ 3. »Erbe meiner Rache/ Ist der Schwestersohn,/ Der Streitbare,/ Der Unversöhnliche./ 4. Stumm schwitzt er Gift aus,/ Wie die Otter schweigt,/ Wie die Schlange Gift haucht/ Gegen die kein Zauber gilt.«/ 5. Gewaltsame Botschaft kam über uns/ Großen mächtigen Unglücks;/ Den Stärksten hätte sie/ Überwältigt./ 6. Mich hat das Schicksal geplündert,/ Den Freundlichen verletzend,/ Dessen Gastfreund/ Nie beschädigt ward./ 7. Sonnenhitze war er/ Am kalten Tag,/ Und brannte der Sirius/ War er Schatten und Kühlung./ 8. Trocken von Hüften,/ Nicht kümmerlich,/ Feucht von Händen,/ Kühn und gewaltsam./ 9. Mit festem Sinn/ Verfolgt' er sein Ziel/ Bis er ruhte;/ Da ruht' auch der feste Sinn./ 10. Wolkenregen war er,/ Geschenke verteilend;/ Wenn er anfiel,/ Ein grimmiger Löwe./ 11. Staatlich vor dem Volke,/ Schwarzen Haares, langen Kleides,/ Auf den Feind rennend/ Ein magrer Wolf./ 12. Zwei Geschmäcke teilt' er aus,/ Honig und Wermut,/ Speise solcher Geschmäcke/ Kostete jeder./ 13. Schreckend ritt er allein,/ Niemand begleitet' ihn/ Als das Schwert von Jemen/ Mit Scharten geschmückt./ 14. Mittags begannen wir Jünglinge/ Den feindseligen Zug,/ Zogen die Nacht hindurch,/ Wie schwebende Wolken ohne Ruh./ 15. Jeder war ein Schwert/ Schwert umgürtet,/ Aus der Scheide gerissen/ Ein glänzender Blitz./ 16. Sie schlürften die Geister des Schlafes,/ Aber wie sie mit den Köpfen nickten/ Schlugen wir sie/ Und sie waren dahin./ 17. Rache nahmen wir völlige;/ Es entrannen von zwei Stämmen/ Gar wenige,/ Die wenigsten./ 18. Und hat der Hudseilite/ Ihn zu verderben, die Lanze gebrochen,/ Weil er mit seiner Lanze/ Die Hudseiliten zerbrach./ 19. Auf rauhen Ruhplatz/ Legten sie ihn,/ An schroffen Fels wo selbst Kamele/ Die Klauen zerbrachen./ 20. Als der Morgen ihn da begrüßt,/ Am düstern Ort, den Gemordeten,/ War er beraubt,/ Die Beute entwendet./ 21. Nun aber sind gemordet von mir/ Die Hudseiliten mit tiefen Wunden./ Mürbe macht mich nicht das Unglück,/ Es selbst wird mürbe./ 22. Des Speeres Durst ward gelöscht/ Mit erstem Trinken,/ Versagt war ihm nicht/ Wiederholtes Trinken./ 23. Nun ist der Wein wieder erlaubt/ Der erst versagt war,/ Mit vieler Arbeit/ Gewann ich mir die Erlaubnis./ 24. Auf Schwert und Spieß/ Und aufs Pferd erstreckt ich/ Die Vergünstigung,/ Das ist nun alles Gemeingut./ 25. Reiche den Becher dann/ O! Sawad Ben Amre:/ Denn mein Körper um des Oheims willen/ Ist eine große Wunde./ 26. Und den Todes-Kelch/ Reichten wir den Hudseiliten,/ Dessen Wirkung ist Jammer,/ Blindheit und Erniedrigung./ 27. Da lachten die Hyänen/ Beim Tode der Hudseiliten./ Und du sahest Wölfe/ Denen glänzte das Angesicht./ 28. Die edelsten Geier flogen daher,/ Sie schritten von Leiche zu Leiche,/ Und von dem reichlich bereiteten Mahle/ Nicht in die Höhe konnten sie steigen."

delineia-se a expedição contra os inimigos; a décima oitava reconduz para trás, a décima nona e a vigésima poderiam estar imediatamente depois das duas primeiras. A vigésima primeira e a vigésima segunda poderiam encontrar lugar após a décima sétima; em seguida, vem o prazer da vitória e o gozo da refeição, já o fecho é composto pela terrível alegria de ver os inimigos caídos serem presas de hienas e abutres.

Algo extremamente curioso nesse poema é o fato de a prosa pura da narrativa se tornar poética por meio da transposição de cada evento individual. Por isso, e por faltar a ele quase toda decoração exterior, sua seriedade é maior ainda, e quem o ler profundamente deverá vislumbrar como o ocorrido, do início ao fim, constrói-se pouco a pouco frente à imaginação.

Transição

Se agora nos voltarmos a um povo pacífico e civilizado, os persas, devemos (afinal, a poesia deles ensejou este trabalho) retroceder ao tempo mais recuado, para que assim a época mais recente se torne compreensível. O historiador considera curioso o fato de que, apesar de essa terra ter sido tantas vezes conquistada, subjugada e até aniquilada por inimigos, ainda assim certo cerne da nação preservou-se em seu caráter, de modo que num piscar de olhos logo ressurgia uma conhecida e antiga manifestação popular.

Nesse sentido, que seja agradável ouvir sobre os mais antigos persas e avançar com passo rápido e também seguro e livre até os dias de hoje.

Antigos persas

A contemplação da Natureza fundamentava a antiga veneração persa dos deuses. Quando rezavam ao criador, eles se voltavam para o Sol, que nascia como a aparição mais maravilhosa. Ali acreditavam visualizar o trono de Deus, cercado de anjos. A glória desse culto que elevava o coração podia ser presenciada diariamente por todos, mesmo o mais humilde. De sua choupana saía o pobre, o guerreiro de sua tenda, e a mais religiosa de todas as funções estava cumprida. Ao recém-nascido dava-se o batismo de fogo em tais raios, e por todo o dia, por toda a vida o persa via-se acompanhado da estrela-mãe em todas as suas ações. Lua e estrelas clareavam a noite, igualmente inalcançáveis, pertencentes ao infinito. Por outro lado, o fogo colocava-se a seu lado, iluminando, aquecendo segundo sua vontade. Fazer preces na presença desse representante, curvar-se frente ao que é sentido infinitamente torna-se a agradável obrigação de devoto. Nada é mais puro do que um alegre nascer do Sol, e de modo igualmente puro deve-se acender e conservar as fogueiras, para que sejam e permaneçam sagradas e similares ao Sol.

Zoroastro parece ter sido o primeiro a converter a nobre e pura religião natural em um culto complexo. A oração mental que inclui e exclui todas as religiões e perpassa todo o estilo de vida de poucas pessoas selecionadas por Deus desenvolve-se na maioria das pessoas apenas como sensação ardente e abençoada do momento. Depois que ela desaparece, a pessoa retraída em si mesma, insatisfeita e desocupada, retorna ao tédio infinito.

Preencher esse tédio com cerimônias, dedicações e expiações, com idas e vindas, curvações e prostrações, é obrigação e prerrogativa dos sacerdotes que repartiram sua atividade, ao passar dos séculos, em infinitas pequenezas. Quem puder ter uma rápida ideia desde a veneração infantil e devota a um Sol nascente até a loucura dos zoroastristas que ainda hoje se encontram na Índia perceberá, na primeira, uma nação jovem e que se alça do sono em direção à incipiente luz do dia e, na última, porém, um povo obscurecido que costuma matar o tédio cotidiano por meio do tédio devoto.

É importante observar, contudo, que os antigos persas não honravam apenas o fogo: a sua religião estava totalmente fundamentada na veneração de todos os elementos, pois anunciavam a presença e o poder de Deus. Daí vem o sagrado pudor contra poluir a água, o ar e a terra. Tal reverência, sobretudo com relação àquilo de natural que circunda o ser humano, conduz a todas as virtudes do cidadão: atenção, limpeza e dedicação são estimuladas e cultivadas. Sobre isso se fundou a cultura nacional, pois da mesma forma que não sujavam nenhum rio, igualmente os canais foram construídos e mantidos limpos segundo uma cuidadosa economia de água, sendo que do seu curso fluía a fertilidade da terra de tal modo que o Império de então tinha mais de dez vezes o tamanho do atual. Tudo aquilo sobre o que o Sol sorria era trabalhado com a maior dedicação, mas cultivava-se sobretudo a vinha, a mais verdadeira cria do Sol.

A curiosa forma de sepultar seus mortos deriva justamente do princípio extremo de não sujar os elementos puros. Mesmo o cuidado com a cidade se dá a partir desses fundamentos: a limpeza das ruas era uma função da religião, e ainda hoje, quando os zoroastristas são exilados, expulsos, desprezados e encontram morada apenas nos subúrbios e, no melhor dos casos, em bairros de má fama, um morto dessa confissão tem direito a uma soma em dinheiro para que uma ou outra rua da capital possa ser totalmente limpa. Com uma veneração prática tão viva de Deus como essa é que foi possível existir esse povo inacreditável, do qual a história é testemunha.

Uma religião tão delicada, fundada sobre a onipresença de Deus em suas obras do mundo sensorial, exerce uma influência muito própria sobre os costumes. Contemplemos seus principais mandamentos e proibições: não mentir, não contrair dívidas, não ser ingrato! A fertilidade dessas lições será desenvolvida por toda pessoa ética e por todo asceta com facilidade. Pois na verdade a primeira proibição contém as duas outras e todas as demais, que de fato só surgem da inverdade e da infidelidade; e é por isso que podemos nos referir ao diabo no Oriente como o eterno mentiroso.

Uma vez que essa religião conduz à tranquilidade, ela poderia também facilmente conduzir à fraqueza, assim como as longas e largas vestimentas parecem insinuar também algo de feminino. Mas o efeito contrário também era grande em seus costumes e regras. Eles portavam armas, mesmo na paz e na vida em sociedade, e treinavam o uso delas de todas as formas possíveis. A montaria mais hábil e firme era tradição entre eles e também seus jogos, como aquele com a bola e o taco, jogado em grandes pistas, mantinham-nos robustos, fortes, ágeis; e um alistamento inclemente transformava a todos em heróis ao primeiro aceno do rei.

Retornemos à veneração de Deus. No começo, o culto público era restrito a poucas fogueiras, e por isso era mais nobre; depois, cada vez mais cresceu um sacerdócio muito honrado, de modo que as fogueiras aumentaram. O fato de esse poder religioso intimamente conectado por vezes recusar o poder mundano se explica pela natureza dessa condição insuportável pela eternidade. Para não falar que o falso Esmérdis[5], que se apos-

---

5 Esmérdis (morto em 521 a.C.) é o nome adotado por um impostor que usurpou de Cambises II o trono da Pérsia. Cambises havia ordenado matar seu irmão Esmérdis com medo de uma disputa pelo trono.

saria do reino, fora um mago alçado e mantido por algum tempo pelos seus compatriotas. Desse modo, percebemos como os magos muitas vezes aterrorizam os regentes.

Espalhados pela invasão de Alexandre, não favorecidos entre seus sucessores partos, recolhidos e reunidos pelos sassânidas, eles mantiveram-se sempre fiéis aos seus fundamentos, e contrariaram o regente, que os repeliu. Assim, impediram de todas as formas a ligação de Cosroes[6] com a bela Xirin, uma cristã.

Finalmente foram expulsos para sempre pelos árabes e exilados para a Índia. Aqueles que restaram ou seus parentes espirituais na Pérsia são até hoje desprezados e xingados, ora tolerados, ora perseguidos segundo a vontade do governante. Ainda assim, essa religião preservou-se aqui e ali na sua mais antiga pureza, mesmo em cantos miseráveis, de modo que o poeta procurou expressar isso no "Testamento da antiga crença persa".

Não há dúvida de que através dos tempos devemos muito a essa religião e de que nela residia a possibilidade de uma cultura mais elevada que viria a se espalhar na parte ocidental do mundo oriental. Contudo, é muito difícil dar uma ideia de como e para onde essa cultura teria se disseminado. Muitas cidades estavam espalhadas em muitas regiões como pontos vitais. Para mim, contudo, o mais admirável é a fatal proximidade com a idolatria indiana não ter conseguido agir sobre eles. É ainda muito notável o fato de as cidades de Bactro e Bamiyan terem sido tão próximas uma da outra: enquanto nesta era possível ver os mais loucos ídolos preparados e idolatrados, naquela foram preservados os templos do puro fogo, erguidos grandes mosteiros dessa confissão e reunida uma grande quantidade de mobedes. A maravilha que deve ter sido a construção de tais instituições é testemunhada pelos homens extraordinários que saíram de lá. A família dos Barmecidas surgiu dali, onde brilharam por tanto tempo como influentes servos do Estado até que, finalmente, assim como uma casa semelhante a esse tipo em nossos tempos[7], decaiu e foi exilada.

---

6   Imperador persa, reinou de 592 a 628 d.C.

7   Estudiosos no *Divã* não sabem ao certo a que casa Goethe se refere: se à família russa Dolgoruki (Düntzer), à casa italiana Este (K. Mommsen), à família alemã Dalberg (Wertheim) ou mesmo a outra casa real da mesma época (Weitz).

O Regimento

Se o filósofo constrói para si um direito natural, popular e de Estado a partir de princípios, da mesma forma o amigo da história pesquisa de que modo tais relações e ligações humanas vieram a surgir, desde sempre. Nesse sentido, descobrimos que no Oriente mais antigo toda monarquia podia ser derivada pelo direito de declarar a guerra. Esse direito, como todos os demais, repousa inicialmente na vontade, na paixão do povo. Um membro da tribo é ofendido e imediatamente a massa se mobiliza, sem ser chamada, para vingá-lo. Contudo, como a massa até sabe agir e se mobilizar, mas não se conduzir, ela transfere por meio de eleição os costumes, os hábitos e o comando na luta a uma única pessoa, seja para uma batalha, seja para várias. Ela delega ao homem capaz o perigoso posto para toda a vida, e com certeza também para seus descendentes. E assim o indivíduo consegue, por meio da habilidade de conduzir a guerra, o direito de declarar a guerra.

Disso vem, ainda, o poder de chamar, exigir e obrigar à batalha todo cidadão que possa ser visto como aguerrido e pronto para a luta. Desde sempre esse recrutamento teve de ser implacável se quisesse se afirmar de maneira justa e eficaz. Quando Dario I se armava contra vizinhos suspeitos, o povo incontável obedecia ao seu aceno. Um ancião conduz três filhos, pede para livrar o mais jovem da batalha, e o rei envia-lhe o menino esquartejado de volta. Aqui, portanto, está expresso o direito sobre a vida e a morte. Na própria batalha, porém, não sobra dúvida alguma: pois não é frequente que todo um destacamento do exército seja sacrificado em vão, de modo arbitrário e inábil, sem que ninguém exija satisfações do comandante?

Contudo, em nações belicosas persiste o mesmo estado durante os curtos períodos de paz. Em torno do rei sempre há guerra, e ninguém na corte tem a vida segura. Assim também os impostos demandados pela guerra são aumentados. Por isso, Dario Codomano[8] determinou cuidadosamente taxas regulares em vez de presentes voluntários. Segundo esse princípio, com essa lei a monarquia persa galgou ao máximo poder e bem-

---

8 Dario III (380-330 a.C.), o último rei da dinastia Aquemênida, vencido por Alexandre Magno.

-aventurança, de sorte que veio, por fim, a sucumbir frente à ambição de uma pequena e fragmentada nação vizinha.

História

Os persas, depois que príncipes extraordinários reuniram suas forças de guerra e ampliaram a elasticidade da massa ao máximo, mostraram-se perigosos mesmo a povos distantes, e mais ainda aos povos vizinhos.

Todos foram vencidos, e apenas os gregos, desunidos entre si, uniram-se contra o inimigo numeroso e que investiu repetidas vezes, e mostraram sacrifício exemplar, a primeira e última virtude na qual todas as demais são contidas. Com isso se ganhou tempo: à medida que a potência persa decaía internamente, Filipe da Macedônia pôde fundar uma unidade para, assim, reunir os demais gregos em torno de si e prepará-los para vencer os invasores externos à custa da perda de sua liberdade interna. Seu filho cobriu os persas e conquistou o império.

Os persas fizeram-se não apenas temíveis, mas também extremamente odiados pelos gregos, pois combatiam simultaneamente o Estado e o culto religioso. Entregues a uma religião na qual as estrelas celestes, o fogo e os elementos eram louvados como seres divinos ao ar livre, eles consideravam altamente repreensível que se fechassem os deuses em casas, que se rezasse para eles sob um telhado. Assim, queimaram e destruíram os templos, criando monumentos que lhes angariaram ódio eterno, pois a sabedoria dos gregos determinou que essas ruínas nunca mais deveriam ser erguidas de seus escombros, mas deixadas claramente expostas para estimular a vingança futura. As intenções de vingar seu culto religioso ofendido foram trazidas pelos gregos para solo persa; muita crueldade se explica a partir disso, e também se usa do mesmo expediente para relevar o incêndio de Persépolis.

As práticas religiosas dos magos, que, claramente distantes de sua simplicidade, também necessitavam de templos e mosteiros, foram igualmente destruídas. Dentre os magos banidos e espalhados, uma grande quantidade sempre se reuniu às escondidas e, em épocas melhores, preservou as intenções e o culto religioso. Sua paciência foi testada várias vezes, pois, quando a curta monarquia decaiu e o império se dividiu com a morte de Alexandre, os partos apoderaram-se da região de que estamos nos ocupando agora. A língua, os costumes e a religião dos gregos tornaram-se familiares para eles. E assim passaram-se quinhentos anos sobre as cinzas dos antigos templos e altares nos quais o fogo sagrado sempre se manteve cintilante, de modo que os sassânidas, no início do século III da nossa contagem, ao se reconverterem à antiga religião e restaurarem o antigo culto, encontraram uma quantidade de magos e mobedes que tinham preservado a si e às suas convicções em segredo na fronteira da Índia, e para além dela. A antiga língua persa foi restabelecida, a grega suprimida e lançaram-se novamente fundamentos para uma nacionalidade própria. Aqui encontramos, num espaço de tempo de quatrocentos anos, a pré-história mitológica dos eventos persas preservada minimamente por meio de ecos poéticos e prosaicos. O crepúsculo reluzente dela ainda nos deleita, e uma variedade de personalidades e eventos desperta grande interesse.

Quanto ao que sabemos, porém, da pintura e da escultura dessa época, tratava-se meramente de pompa e glória, grandeza e magnitude e figuras informes; e como poderia ter sido diferente, se tiveram que herdar sua arte do Ocidente, que ali já se encontrava degradada de maneira tão profunda? O próprio poeta possui um sinete de Shapur I, um ônix, provavelmente cortado por um artista ocidental da época, talvez um prisioneiro de guerra. E se o escultor do sinete tivesse sido mais hábil que o escultor de selos do vencido Valentiniano?[9] Sobre a aparência das moedas da época, infelizmente sabemos muito pouco. Mesmo o conteúdo poético e fantástico daqueles monumentos remanescentes reduziu-se pouco a pouco à prosa histórica por meio do esforço de especialistas. Neste exemplo percebemos também, claramente, que um povo pode estar num alto nível moral e religioso, cercar-se de pompa e circunstância, e mesmo assim ser contado entre os bárbaros no que diz respeito às artes.

Da mesma forma, se quisermos apreciar de maneira correta a poesia oriental e especialmente a poesia persa do período seguinte, e não superestimá-la para nosso próprio desgosto e embaraço posteriores, devemos considerar de forma adequada onde, afinal de contas, a verdadeira e digna arte poética poderia ser encontrada naqueles dias.

---

9 Goethe cita erroneamente o imperador romano Valentiniano I (321-372 d.C.), mas refere-se ao imperador Valeriano I (200-260 d.C.).

Do Ocidente muito pouco parece ter se espalhado para o Oriente, pois o olhar preferiu se manter sobre a Índia; e como os veneradores do fogo e dos elementos não poderiam considerar aceitável aquela religião louca e monstruosa e o homem comum não poderia aceitar uma filosofia abstrusa, tomaram dessa região apenas aquilo que é sempre bem-vindo a todos os seres humanos: escritos que falam de sabedoria do mundo. Ao valorizarem ao máximo as fábulas de Bidpai[10], contudo, destruíram com isso uma poesia futura na sua fundação. Adquiriram também, da mesma fonte, o jogo de xadrez, que em relação com essa sabedoria do mundo é totalmente apropriado para dar cabo de toda sensibilidade poética. Se levarmos tudo isso em conta, admiraremos e exaltaremos o que é natural dos poetas persas tardios, os quais sempre que condições favoráveis permitiram, lutaram contra tais adversidades, evitando-as ou até mesmo superando-as.

A proximidade de Bizâncio, as guerras com os imperadores ocidentais e as relações mútuas surgidas daí produziram finalmente uma mistura na qual a religião cristã se infiltrou entre os antigos persas, não sem resistências dos mobedes e mantenedores locais da religião. As várias irritações, ou melhor, a grande desgraça que recaiu sobre o grande príncipe Cosroes Parvez teve sua origem simplesmente no fato de a amável e charmosa Xirin ter se mantido fiel à fé católica.

Tudo isso, mesmo se considerado apenas superficialmente, obriga-nos a admitir que os objetivos e modos de agir dos sassânidas merecem todos os elogios. Eles apenas não foram poderosos o suficiente para, cercados de inimigos por todos os lados, sobreviverem numa das mais turbulentas épocas. Depois de forte resistência, foram subjugados pelos árabes, que Maomé havia unificado e elevado à potência mais temível de todas.

Maomé

Como em nossas considerações partimos ou retornamos ao ponto inicial da poesia, é apropriado para nossos objetivos que falemos primeiramente

---

10 Bidpai (ou em francês *Pilpay*) é o nome de um lendário autor indiano a quem se atribuem antigos contos indianos coligidos na obra chamada *Panchatantra*. Essas narrativas normalmente envolvem animais, com uma "moral da história", semelhante às fábulas de Esopo ou aos contos coligidos pelos irmãos Grimm.

desse homem extraordinário que afirmou ser profeta e não poeta, e que por isso seu Corão deveria ser visto como a lei divina e não apenas como livro humano, para instrução ou deleite. Se quiséssemos abordar com maior precisão a diferença entre poeta e profeta, diríamos: ambos são tomados e inflamados por um deus, mas o poeta esbanja seu dom em deleite, para produzir o deleite, para conquistar glória e, de todo modo, uma vida tranquila com aquilo que produz. Todos os demais fins ele esquece; almeja ser amplo, mostrar-se ilimitado em suas convicções e em sua criação artística. O profeta, por outro lado, enxerga apenas um único fim. Para alcançá-lo, lança mão dos meios mais elementares. Ele deseja propagar alguma doutrina e reunir os povos por meio dela e em torno dela, como à volta de um estandarte. Para isso, é necessário apenas que o mundo creia; assim, ele deve ser e permanecer monótono, pois, admitamos, ninguém crê naquilo que é diverso.

Todo o conteúdo do Corão, para dizer muito com poucas palavras, encontra-se no início da segunda surata, e enuncia o seguinte:

> Eis o livro que é indubitavelmente a orientação dos tementes a Deus; Que creem no incognoscível, observam a oração e gastam daquilo com os que agraciamos; Que creem no que te foi revelado (ó Mohammad), no que foi revelado antes de ti e estão persuadidos da outra vida. Estes possuem a orientação do seu Senhor e estes serão os bem-aventurados. Quanto aos incrédulos, tento se lhes dá que os admoestes ou não os admoestes; não crerão. Deus selou os seus corações e os seus ouvidos; seus olhos estão velados e sofrerão um severo castigo. (ALCORÃO, 2:2-7)[11]

E assim o Corão se repete surata após surata. Crença e descrença se dividem em superior e inferior; Céu e Inferno são apresentados para os convertidos e negacionistas. Uma definição mais precisa do mandamento e da proibição, histórias fabulosas de religião judaica e cristã, amplificações de todo tipo, tautologias e repetições ilimitadas formam o corpo desse livro sagrado que se opõe a nós quanto mais nos dirigimos a ele, depois nos atrai novamente, põe-nos em admiração e no final nos compele à reverência.

---

11 Citações do Corão em português retiradas de: *O Alcorão Sagrado*. Versão digital do Centro Cultural Beneficente Árabe Islâmico de Foz do Iguaçu. Disponível em: <http://www.ligaislamica.org.br/alcorao_sagrado.pdf>.

Diremos aqui com as palavras de um excelente homem aquilo que há de mais importante que todo pesquisador da história deve reter[12]:

> O objetivo principal do Corão parece ter sido unificar — no reconhecimento e no louvor do único, eterno e invisível Deus, por cuja onipotência todas as coisas foram criadas e aquelas que ainda não foram podem ser criadas, do mais alto soberano, juiz e senhor de todos os senhores, sob a determinação de certas leis e dos signos exteriores de certas cerimônias de uso em parte antigo, em parte novo, e que foram inculcadas por meio da concepção de recompensas e castigos tanto temporais quanto eternos — os confessores das três diferentes religiões então dominantes na populosa Arábia, que na sua maioria viviam no dia a dia misturadas umas às outras e erravam sem pastores e guias, enquanto a maior parte dos idólatras e os restantes, ou judeus ou cristãos, eram de uma fé altamente errônea e herege; e trazê-los todos à obediência de Maomé, o profeta e enviado de Deus que, depois das repetidas lembranças, promessas e ameaças dos tempos antigos, deveria finalmente plantar e afirmar a religião verdadeira de Deus por meio da violência das armas, de modo a ser reconhecido tanto pelos altos sacerdotes, bispos ou papas nas coisas santas quanto pelos maiores príncipes nas mundanas.

Mantendo em vista esse modo de ver, não poderemos nos aborrecer com o muçulmano se ele chamar o tempo antes de Maomé de tempo da ignorância e se estiver totalmente convencido de que é com o Islã que inicia a iluminação e a sabedoria. Conforme seu conteúdo e seu objetivo, o estilo do Corão é rígido, temível e em alguns trechos verdadeiramente sublime. Assim, uma pedra move a outra, e assim ninguém pode se espantar da grande eficácia desse livro. Essa é a razão pela qual ele foi declarado também pelos verdadeiros louvadores como algo não criado pela mão do homem e eterno como Deus. Não obstante isso, havia boas cabeças que reconheceram uma forma melhor de poetar e de escrever a partir da época anterior, e afirmavam que, se não tivesse agradado a Deus revelar de uma vez só a Sua vontade e uma educação decididamente legal por meio de Maomé, os árabes teriam galgado pouco a pouco por si mesmos um tal degrau e um ainda mais alto, e teriam desenvolvido conceitos mais puros em uma língua pura.

---

12 Jacob Golius (1596-1667), orientalista e matemático holandês, reeditou a obra *Grammatica Arabica* (1656) de Thomas Erpenius (1584-1624). O trecho citado por Goethe é do posfácio de Golius à *Grammatica*.

Outros, temerários, afirmam que Maomé estragou sua língua e sua literatura de tal modo que estas nunca se recuperariam. Contudo, o mais temerário de todos — um brilhante poeta — foi audaz o suficiente para assegurar: tudo o que Maomé disse ele também queria ter dito e de maneira melhor, e já estava juntando alguns sectários em torno de si. Por isso, deram a ele o apelido zombeteiro de *Motannabi*, que é o nome pelo qual o conhecemos e que significa "alguém que gosta muito de brincar de profeta".

Agora, se a crítica muçulmana encontra muito o que refletir no Corão, por não se encontrarem atualmente mais alguns trechos que haviam sido inseridos nele anteriormente, ou mesmo outros contraditórios e que se anulavam, e coisas similares que são falhas inevitáveis em todas as tradições escritas: mesmo assim esse livro manteve sua efetividade por tempos imorredouros por ter sido redigido de maneira totalmente prática e conforme às necessidades de uma nação que fundamenta sua reputação em antigas tradições e mantém-se fiel a ritos tradicionais.

Em sua recusa da poesia, Maomé mostra-se também bastante coerente ao proibir todas as fábulas. Esses jogos de imaginação leviana — que oscilam incessantemente do real ao impossível e apresentam o improvável como verdade indubitável — eram muito adequados à sensibilidade oriental, a uma tranquilidade macia e a uma preguiça confortável. Essas imagens fugazes, flutuando sobre um solo caprichoso, multiplicaram-se até o infinito na época dos sassânidas, como nos exemplificam as *Mil e uma noites*, alinhadas como estão por um fio tênue. Sua característica essencial é a de não terem nenhum objetivo moral e, por isso, conduzirem e carregarem as pessoas não de volta para si mesmas, mas sim para fora de si e para a liberdade incondicionada. Foi justamente o oposto que Maomé quis causar. Contemplemos como ele soube converter as tradições do Antigo Testamento e os eventos de famílias patriarcais — que sem dúvida também se baseavam na crença incondicional em Deus, numa obediência indisputável e, portanto, igualmente em um Islã — em lendas nas quais soube expressar e aprimorar ainda mais, com minúcia inteligente, a crença em Deus, a confiança e a obediência. Apesar de ele mesmo ter se preocupado em permitir algo de fabuloso, foi sempre a serviço de seus objetivos. Ele é admirável se contemplarmos e avaliarmos, nesse sentido, os acontecimentos pelos quais passaram Noé, Abraão e José.

Califas

Para retornarmos ao nosso círculo mais íntimo, repetimos que os sassânidas governaram por quatrocentos anos, no final talvez sem a força e o brilho de outrora. Se tivessem se mantido ainda por algum tempo, é certo que o poder dos árabes não teria crescido, de sorte que nenhum dos reinos antigos estava mais em condições de resistir a eles. Já sob Omar, logo após Maomé, essa dinastia que havia cultivado a antiga religião persa e espalhado um grau incomum de cultura viria a sucumbir.

Os árabes atacaram imediatamente todos os livros que, no seu ponto de vista, eram apenas escritos supérfluos ou nocivos; destruíram todos os monumentos da literatura, de modo que com dificuldade os menores fragmentos chegaram até nós. A língua árabe, introduzida logo em seguida, impediu que se restabelecesse aquilo que podia se chamar de elemento nacional. Mesmo assim, a cultura dos conquistados superou pouco a pouco a crueza do conquistador, e os vitoriosos maometanos aprenderam a gostar do prazer pelo luxo, dos belos costumes e dos restos poéticos dos conquistados. Por isso, a época mais brilhante ainda é aquela na qual os Barmecidas tiveram influência sobre Bagdá. Estes, originários de Balkh, não tanto monges mas patronos e protetores de grandes mosteiros e instituições de ensino, preservaram entre si o fogo sagrado da arte da poesia e da retórica e firmaram-se, por meio de sua prudência e grandeza de caráter, numa alta posição na esfera política. Portanto, diz-se proverbialmente que a era dos Barmecidas foi uma era de vida e ação tão intensas que podemos apenas ter a esperança de que, tão logo tenha passado, volte talvez a brotar depois de alguns anos em outros lugares sob condições semelhantes.

Mas o califado também teve curta duração: o enorme império se manteve por parcos quatrocentos anos. Os governadores mais distantes tornavam-se pouco a pouco mais independentes por terem transformado o califa, no melhor caso, num poder espiritual e num concessor de títulos e honrarias eclesiásticas.

Comentário para prosseguimento

Ninguém nega a ação física do clima sobre a formação da pessoa humana e de características corporais[13], mas nem sempre se pensa que a forma de governo pode criar um estado moral e climático no qual as características e diferentes modos de ser se desenvolvem. Não falamos da multidão, e sim de figuras importantes e de destaque.

Na república formam-se índoles grandiosas, felizes, de atividade pacífica e pura; se ela ascende para a aristocracia, surgem homens honrados, consequentes, hábeis, admiráveis em ordenar e obedecer. Se um estado entra na anarquia, imediatamente surgem pessoas ousadas, ladinas e que desprezam os costumes, agindo repentinamente de maneira violenta até o espanto, banindo toda e qualquer moderação. O despotismo, por outro lado, cria grandes índoles; visão calma e inteligente, atividade rígida, firmeza, decisão: todas características necessárias para servir aos déspotas, e que se desenvolvem em espíritos capazes e proporcionam a eles as primeiras posições do Estado, onde se educam como governantes. Estes cresceram sob Alexandre Magno, e depois de sua precoce morte seus generais tornaram-se imediatamente reis. Com os califas acumulou-se um enorme império, que tiveram que comandar por meio de governantes cujo poder e independência floresceram na mesma medida em que retiravam a força do monarca supremo. Um homem excelente que conseguiu fundar e merecer um império próprio é aquele sobre o qual falaremos em seguida, para conhecermos o fundamento da nova arte poética persa e seus significativos princípios de vida.

Mahmud de Gázni

Mahmud, cujo pai havia fundado um poderoso império nas montanhas na fronteira com a Índia enquanto os califas afundavam para a destruição

---

13 Goethe aqui se refere à chamada teoria climática, ainda em vigor na sua época, que sugere que as condições naturais em que vive um povo determinam suas características morais, físicas, psicológicas e linguísticas. Segundo essa teoria, povos que vivem em regiões muito quentes tenderiam a ser preguiçosos e lascivos, enquanto os que vivem em regiões de frio mais rigoroso seriam mais dados a tarefas intelectuais e teriam mais energia.

na planície do Eufrates, prosseguiu com as atividades de seu predecessor e se fez famoso à maneira de Alexandre e Frederico. Ele levou os califas a se tornarem uma espécie de poder espiritual que tinha algum reconhecimento, certamente para proveito próprio; mas então ampliou o império em torno de si, avançou em direção à Índia com grande força e sorte singular. Como o maometano mais ávido, afirmou-se incansável e firmemente na expansão de sua fé e na destruição da idolatria. A crença no Deus único sempre eleva o espírito quando remete as pessoas à unidade da sua própria interioridade. Mais próximo está o profeta nacional que exige apenas adesão e formalidades e que comanda a expansão de uma religião que, como qualquer outra, abre ao espírito sectário e partidário um espaço para infinitas interpretações e más interpretações, não obstante permanecendo sempre a mesma.

Tal veneração simplória de Deus tinha que se opor de maneira acirrada à idolatria indiana, evocar reação e luta, e até mesmo guerras de destruição, ao passo que a avidez pela destruição e pela conversão permitia sentir-se elevada por meio da conquista de infinitos tesouros. Imagens enormes e grotescas, cujos corpos ocos estavam repletos de ouro e joias, foram reduzidas a pedaços e enviadas, em quatro partes, a vários recantos de locais maometanos para reparos. Ainda hoje os monstros indianos são odiados por qualquer sentimento puro. Como os maometanos, aqueles que não usam imagens, devem tê-los achado abomináveis!

Não seria totalmente deslocado aqui comentar que o valor original de uma religião pode ser avaliado a partir de suas consequências apenas depois de passados alguns séculos. A religião judaica sempre vai difundir certa teimosia estagnada, mas também uma inteligência livre e a atividade viva; a maometana não permite que seus fiéis saiam de uma limitação abafada quando, sem demandar grandes obrigações, concede-lhes, dentro dessas mesmas obrigações, tudo aquilo que é desejável e, simultaneamente, por meio de uma perspectiva para o futuro, instiga e preserva a coragem e o patriotismo religioso.

A doutrina indiana não tinha muito uso fora de sua casa, pois seus muitos milhares de deuses — nenhum deles subalterno, todos igual e incondicionalmente poderosos — apenas confundem ainda mais as vicissitudes da vida, estimulam o absurdo de toda paixão e favorecem a loucura dos vícios como o mais alto grau da santidade e da felicidade.

Mesmo um politeísmo elevadamente puro — como o dos gregos e dos romanos — acabou num caminho errado, perdendo tanto seus fiéis quanto a si mesmo. Por outro lado, a religião cristã merece o mais alto louvor, pois sua origem pura e nobre se confirma pelo fato de, mesmo depois das maiores aberrações às quais conduziu as pessoas sem esclarecimento, sempre ressurgir com sua primeira e amável característica como uma missão, como uma comunidade familiar ou como uma irmandade para saciar as necessidades éticas do ser humano.

Se aprovarmos o zelo iconoclasta de Mahmud, concederemos a ele os tesouros que ganhou na mesma época, e o valorizaremos sobretudo como fundador da poesia e da alta cultura persas. Ele, saído de um clã persa, não se deixou levar pela limitação dos árabes, e chegava mesmo a sentir que o mais belo solo e fundamento para a religião encontrava-se nessa nacionalidade. Esta reside na poesia, que nos transmite as mais antigas histórias em imagens fabulosas, manifesta-se com clareza cada vez maior e, sem saltos, conduz o passado ao presente.

Com essas observações, chegamos ao século X da nossa contagem. Lancemos um olhar sobre a alta cultura que sempre se infiltrou no Oriente, independente da religião. Aqui foram coletados, quase contra a vontade dos selvagens e fracos governantes, os restos das contribuições gregas e romanas e de muitos cristãos inventivos cujas peculiaridades foram rejeitadas pela igreja, pois esta, assim como o Islã, também tinha que trabalhar sobre a base da crença única.

Mas duas grandes ramificações do conhecimento e da ação humana obtiveram uma atividade mais livre!

A medicina deveria curar as aflições do microcosmo, e a astronomia deveria traduzir aquelas coisas com as quais o firmamento quer lisonjear ou ameaçar nosso futuro. A primeira deveria honrar a Natureza e a última a matemática, e dessa forma ambas eram altamente recomendadas e bem cuidadas.

A administração de negócios sob regentes despóticos permaneceu sempre uma empresa perigosa, mesmo sob grande atenção e precisão, e um membro da chancelaria tinha que ter tanta coragem para se mover dentro do divã[14] quanto um herói para a batalha. Tanto um quanto outro não estavam certos se voltariam a ver seus lares.

---

14   Aqui, "divã" na acepção de "conselho do regente".

Negociantes e viajantes sempre fizeram crescer os tesouros e os conhecimentos. O interior do país, do Eufrates até o Indo, representava um mundo próprio de objetos. Uma massa de povos litigantes entre si, governantes expulsos e expulsantes, criavam uma surpreendente alternância entre vitória e servidão, e faziam com que homens inventivos escrevessem as mais tristes observações sobre a onírica inconstância das coisas terrenas.

Devemos ter em mente tudo isso e muito mais, na amplitude da infinita fragmentação e do instantâneo restabelecimento, para que sejamos justos com os poetas a seguir, sobretudo com os persas. Pois qualquer um admitirá que as condições descritas não podem de maneira alguma servir como elementos dos quais o poeta poderia se nutrir, crescer e prosperar. Por isso, permitimo-nos abordar desde já a nobre contribuição dos poetas persas da primeira era como problemática. Mesmo essa época não pode ser considerada como a mais elevada. Devemos tolerar muitas coisas enquanto os lemos, e perdoar-lhes outras depois de termos lido.

Reis poetas

Muitos poetas se reuniram na corte de Mahmud: fala-se de quatrocentos que ali praticavam a sua arte. E como tudo no Oriente deve se subjugar e submeter a mandamentos superiores, da mesma forma o príncipe designou-lhes um príncipe dos poetas que deveria testá-los, avaliá-los e estimulá-los ao trabalho, de acordo com o talento de cada um. Esse cargo era tido como um dos mais primorosos da corte: ele era ministro de todos os negócios científicos, históricos e poéticos; por meio dele eram partilhados todos os favores aos súditos, e quando ele acompanhava a corte, isso era feito em companhia tão grande e com um cortejo tão majestoso que se poderia muito bem pensar que fosse um vizir.

Tradições

Se alguém tiver que refletir sobre dar notícia a futuras gerações a respeito de eventos que lhe dizem respeito diretamente, essa pessoa terá que se sentir confortável com o presente e possuir uma sensibilidade para o alto valor dessa época. Assim, ela primeiramente fixa na memória aquilo que ouviu dos patriarcas e o transmite recoberto de fábulas, pois a tradição oral sempre cresce de maneira fantasiosa. Se, porém, a escrita já tiver sido inventada, então a alegria de escrever toma um povo após o outro, e desse modo surgem crônicas que preservam o ritmo poético por muito tempo depois que a poesia já tiver desaparecido da imaginação e do sentimento. A última época nos fornece detalhados memoriais e autobiografias sob várias formas.

No Oriente também encontramos documentos bastante antigos sobre uma importante cultura do mundo. Se nossos livros sagrados foram codificados por escrito em certo momento posterior, suas tradições originárias são muito antigas e não podem ser contempladas com gratidão suficiente. O quanto não deve ter surgido em alguma ocasião também no Oriente Médio, que é como podemos chamar a Pérsia e suas cercanias, e se preservado apesar de toda devastação e fragmentação! Pois se para uma cultura superior se desenvolver em grandes extensões de terra é bom que elas não estejam submetidas a um único senhor, mas divididas entre vários, essa mesma condição serve à preservação, pois o que se perder numa região vai perdurar em outra, o que for expulso deste canto vai poder fugir para outro.

Dessa maneira, a despeito de toda destruição e devastação, devem ter sido preservadas muitas cópias de eras passadas que, de tempos em tempos, foram em parte copiadas, em parte renovadas. Assim descobrimos que sob Izdegerdes [III, 624-651], o último sassânida, foi compilada uma história do império, coligida provavelmente a partir de antigas crônicas, semelhante àquela que Aasvero no livro de Ester já mandava ler em noites insones. Preservaram-se cópias dessa obra, intitulada *Bastan-nameh*: quatrocentos anos depois, sob Mansur I [†915] da casa samânida, fez-se uma reelaboração que permaneceu inacabada, e a dinastia foi engolida pelos gaznévidas. Contudo, Mahmud — o segundo soberano de seu clã — foi tomado do mesmo impulso, e dividiu sete partes do *Bastan-nameh* entre sete poetas da corte. Ansari [1006-1088] foi quem conseguiu dar maior satisfação a seu senhor, sendo nomeado rei dos poetas e encarregado de terminar de elaborar a obra como um todo. Ele, porém, suficientemente confortável e sagaz, soube atrasar essa empresa e deve ter encontrado outra pessoa a quem confiar esse encargo às escondidas.

Ferdusi[15] (morto em 1030)[16]

A importante época da arte poética persa que ora alcançamos nos permite contemplar os grandes acontecimentos mundiais que se desenvolvem quando certas afinidades, conceitos e intenções, disseminados aqui e ali de maneira esparsa e sem coesão, movem-se e crescem silenciosamente até que, cedo ou tarde, dá-se uma cooperação geral. Nesse sentido, é bastante curioso que, na mesma época em que um poderoso príncipe ansiava pelo restabelecimento de uma literatura popular e tribal, um filho de jardineiro de Tus tenha também se apropriado de um exemplar do *Bastan-nameh* e dedicado fervorosamente seu belo talento nato a tais estudos.

Com o objetivo de queixar-se a respeito do governante local devido a maus-tratos, ele se dirige à corte, esforça-se em vão por longo tempo para chegar a Ansari e alcançar seu objetivo por meio da intervenção deste. Por fim, um dístico rimado feliz e cheio de conteúdo, dito assim de chofre, faz com que o rei dos poetas o conheça e, tomando confiança do seu talento, recomende-o e lhe confira o encargo de trabalhar nessa grande obra. Ferdusi inicia o *Shah-nameh* sob condições favoráveis. No início chega a ser bastante bem recompensado, mas depois de trinta anos de trabalho, o presente do rei não corresponde de maneira alguma às suas expectativas. Amargurado, ele abandona a corte e em seguida morre, justo no momento em que o rei se lembra dele novamente de maneira favorável. Mahmud vive por quase um ano a mais que ele, quando o velho Essedi, mestre de Ferdusi, termina de escrever o *Shah-nameh*.

Esta obra é um importante e sério fundamento nacional místico e histórico no qual estão preservadas as origens, as vidas e as obras de antigos

---

15 Ferdusi (940-1020) viveu em Tus, no Coração, na época em que a dinastia gaznévida dominava a região. Como Goethe delineia em seu texto, Ferdusi (que em persa quer dizer "aquele que veio do Paraíso") compôs o monumental épico *Shah-nameh* ou *Livro dos reis*, um poema com mais de 60 mil dísticos que recupera a história da Pérsia desde suas míticas fundações até logo antes do domínio árabe sobre a região. O *Shah-nameh* ainda não tem tradução para o português, e foi vertido para o alemão por Friedrich Rückert.

16 As datas de nascimento indicadas por Goethe correspondem ao que se conhecia na época sobre os poetas persas. Atualmente algumas informações são mais precisas, enquanto outras simplesmente não são confirmadas. [N.E.]

heróis. Ela trata tanto do passado remoto quanto do mais próximo, e por isso no fim das contas é o conteúdo verdadeiramente histórico que se destaca, ao passo que as fábulas mais antigas transmitem de maneira encoberta muitas verdades arcanas da tradição.

Ferdusi parece ter se qualificado de maneira soberba para uma obra desse porte, pois se manteve apaixonadamente fiel a tudo que era antigo e verdadeiramente nacional, e no que se refere à língua também procurou alcançar a antiga pureza e destemor, ao banir palavras árabes e dedicar atenção especial ao antigo dialeto pálavi.

Anvari[17] (morto em 1152)

Estudou em Tus, uma cidade famosa por suas importantes instituições de ensino e até mesmo suspeita de ter uma cultura alta demais. Quando, sentado em frente aos portões da escola, avista um grande homem passar a cavalo com seu pomposo séquito e ouve, maravilhado, que se trata de um poeta da corte, ele se decide naquele momento a alcançar a mesma altura. Um poema escrito durante toda a noite, com o qual obteve a graça do príncipe, chegou até nós.

Neste e em muitos outros poemas que chegaram até nós, olha-nos um espírito alegre, dotado de infinito tato e uma afiada e feliz perspicácia, comandando uma quantidade imensurável de material. Ele vive no presente, e da mesma forma que passa diretamente de aluno para homem da corte, torna-se um livre encomiasta e descobre que não há artesanato melhor do que deleitar seus convivas por meio de elogios. Príncipes, vizires, mulheres nobres e belas, poetas e músicos ele orna com seu louvor, e sabe aplicar a cada um algo atraente retirado do amplo repertório do mundo.

Por isso, não podemos considerar justo que após tantos séculos ainda se considere que ele foi culpado pelas condições nas quais viveu e utilizou seu talento. O que sobraria de um poeta se não existissem grandes pessoas poderosas, inteligentes, ativas, belas e habilidosas com virtudes acima das

---

17 Poeta e astrônomo persa, Anvari (1126-1189) tem sua obra coligida num *Divã*, do qual a elegia "Lágrimas do Coração" (traduzida ao inglês pelo orientalista E. H. Palmer como "The Tears of Khorasan") é a mais famosa.

quais ele mesmo conseguisse se elevar? Como a vinha no olmo e a hera no muro, nessas pessoas ele se enreda para satisfazer o olho e a mente. Devemos censurar um joalheiro que passa sua vida a utilizar as pedras preciosas de ambas as Índias para adornar pessoas excelentes? Devemos exigir-lhe que adote o ofício, claramente muito prático, de pavimentador de estradas?

Mas enquanto nosso poeta estava de bem com a Terra, o Céu o arruinaria. O povo foi exaltado por uma previsão importante: certo dia uma enorme tempestade devastaria a Terra. Ela, contudo, não sobreveio, e nem mesmo o xá conseguiu salvar seu preferido contra a fúria geral da corte e da cidade. Ele, então, fugiu. Na remota província, o caráter resoluto de um amigável governante foi tudo o que conseguiu protegê-lo.

Contudo, a honra da astrologia pode ser salva se assumirmos que a conjunção de tantos planetas em *um único* signo apontaria para o futuro de Genghis Khan, que gerou mais devastações na Pérsia do que qualquer tempestade de vento poderia ter causado.

Nezami[18] (morto em 1180)

Um espírito delicado e altamente dotado que, tendo Ferdusi esgotado todas as tradições de histórias de heróis, escolheu como matéria de seus poemas as mais amáveis trocas do amor mais íntimo. Majnun e Laila, Cosroes e Xirin, pares de amor, ele os apresenta: destinados um ao outro por meio de intuição, habilidade, natureza, hábito, inclinação e paixão; decididamente movidos um em direção ao outro; depois, porém, separados por capricho, obstinação, acaso, necessidade e dever, para depois se reunirem de modo singular e, no final, de uma forma ou de outra, serem novamente arrancados e separados um do outro.

Esses temas e esse modo de tratamento estimulam um anseio ideal. Não encontramos satisfação em lugar algum. A graça é abundante, e a multiplicidade, infinita.

---

18 Nezami, Nisami ou Nizami (1141-1209) de Ganja, no atual Azerbaijão, autor de várias histórias de amor romântico (como de Majnun e Laila e de Cosroe e Xirin), é tido como o mais importante representante do épico romântico na literatura persa. Dentre suas obras mais famosas destaca-se o poema *Haft Paykar* (*As sete belezas*), cuja história serviu de inspiração para as peças *Turandot* colocadas em cena por Carlo Gozzi e Friedrich Schiller.

Em seus outros poemas dedicados a fins diretamente moralistas pulsa a mesma clareza amável. Toda a ambiguidade que o ser humano encontra ele sempre traz de volta para o domínio das coisas práticas, achando numa forma ética de ação a melhor solução para todos os enigmas.

No mais, consoante a sua tranquila atividade, levou uma vida sossegada sob os seljúcidas [império turco-persa, 1037-1194], e foi enterrado em sua cidade natal, Ganja.

Jalal al-Din Rumi[19] (morto em 1262)

Acompanhou seu pai, que deixou a cidade de Balkh por desavenças com o sultão, e iniciou longa jornada. A caminho de Meca, encontraram Attar[20], que presenteou o jovem com um livro de segredos divinos, instigando-o aos estudos sagrados.

Aqui devemos comentar o seguinte: o verdadeiro poeta sente-se chamado a recolher em si a majestade do mundo, e por isso sempre será mais inclinado para o elogio do que para a acusação. Disso decorre que ele tenta encontrar o objeto mais digno e, após esgotar toda sua busca, dedicar seu talento de preferência ao louvor e à glorificação de Deus. Essa necessidade, contudo, é mais afeita ao oriental, pois este sempre tende à exuberância e crê experimentar essa exuberância na maior plenitude ao contemplar a divindade, de modo que não devemos culpá-lo por excessos em qualquer de suas realizações.

O chamado rosário maometano [a *misbaha*], por meio do qual o nome de Alá é glorificado com 99 características, é uma dessas litanias de louvor e adoração. Características afirmativas e negativas designam o mais incompreensível dos seres; o crente maravilha-se, entrega-se e acalma-se. E enquanto o poeta secular associa as perfeições que tem em mente com

---

19 Mawlānā Jalāl-ad-Dīn Muhammad Rūmī (1207-1273) nasceu em Balkh, na região do Coração, foi poeta, jurista e místico sufi com uma obra que canta sobretudo o amor e a unidade entre todos os seres humanos. Deixou vasta obra, com *rubaiyat* (quadrinhas), gazéis, o poema longo *Masnavi*, o *Diwan-i-Shams-e-Tabrizi* (*Divã de Shams de Tabriz*, escrito por Rumi após a morte do místico errante Shams) e o conjunto de sermões *Fihi ma fihi*, coligido por seus discípulos após sua morte. No Brasil temos traduções de Marco Lucchesi, José Jorge de Carvalho e André L. S. Vargas.

20 Fariduddin Attar de Nishapur (1145-1221), um poeta muçulmano persa, da ordem sufi

pessoas ideais, o poeta devoto a Deus toma refúgio no ser impessoal que permeia tudo desde a eternidade.

Assim, Attar fugiu da corte para a contemplação, e Jalal al-Din, um jovem puro e que também se afastara da capital e do príncipe, foi incitado de maneira ainda mais intensa aos estudos mais profundos.

Depois de completadas as peregrinações pela Ásia Menor com seu pai, eles se assentam em Iconium [atual Cônia, Turquia]. Ensinam, são perseguidos, expulsos, depois reinstalados, e por fim sepultados ali mesmo, junto com um de seus mais fiéis colegas de estudo. Nesse ínterim, Genghis Khan tinha conquistado a Pérsia sem tocar a tranquila morada deles.

De acordo com a apresentação acima, ninguém deve culpar esse grande poeta se ele se direcionar a coisas abstrusas. Suas obras parecem ter algo de colorido; ele trata de historinhas, contos, parábolas, lendas, anedotas, exemplos e problemas para, assim, tornar acessível uma doutrina misteriosa da qual nem ele mesmo sabe prestar contas de maneira muito clara. A instrução e a edificação são o seu objetivo, mas no geral ele pelo menos tenta, por meio da doutrina da unidade, resolver todos os anseios ainda que não possa resolvê-los, e indicar que é no ser divino que tudo submerge e transfigura-se no final.

Saadi[21] (morto em 1291 com 102 anos)

Nascido em Xiraz, estudou em Bagdá, e por infortúnio no amor foi destinado já jovem à vida nômade de dervixe. Quinze vezes peregrinou a Meca, e em suas caminhadas alcançou a Índia e a Ásia Menor, chegando ao Ocidente como prisioneiro dos cruzados. Sobreviveu a fabulosas aventuras e adquiriu grande conhecimento sobre países e pessoas. Depois de trinta anos, recolheu-se, revisou suas obras e as fez conhecidas. Viveu e trabalhou dentro de uma ampla gama de experiências, e sua obra é rica em anedotas enfeitadas com ditados e versos. Instruir leitores e ouvintes é seu decidido propósito.

---

21 Saadi (1184-1291) foi um dos maiores poetas persas. De sua obra chegaram até nós sobretudo o *Gulistan* (*O jardim das rosas*, traduzido no Brasil por Aurélio Buarque de Hollanda) e o *Bustan* (*O jardim florido*).

Viveu seu centésimo segundo ano muito recluso em Xiraz, e foi enterrado lá mesmo. Os descendentes de Genghis Khan fizeram do Irã um reino próprio no qual as pessoas puderam viver em paz.

Hafez[22] (morto em 1389)

Quem ainda se lembra de como, na metade do século XVIII, entre os protestantes da Alemanha não se encontravam apenas clérigos, mas também leigos que haviam se apropriado das Escrituras Sagradas a tal ponto que, como enciclopédias vivas, eram capazes de dizer onde cada provérbio se encontrava e em que contexto, sabiam também os principais trechos de cor, e os tinham sempre prontos para qualquer aplicação deles; este terá de admitir que em tais homens formou-se uma grande erudição, pois a memória sempre ocupada de temas nobres preservava, para o deleite e para o julgamento, material sempre pronto a ser apreciado e aplicado. Chamavam-nos conhecedores da Bíblia [*bibelfest*], e tal apelido emprestava uma honra excepcional e uma inequívoca recomendação.

O que surgiu entre nós cristãos a partir de disposição natural e de boa vontade era obrigação para os maometanos. Se tal irmão de fé alcançava o grande mérito de fazer ele mesmo cópias do Corão ou de mandar fazê-las, não era mérito menor aprender o mesmo livro de cor, de modo a poder, a cada ocasião, recitar as passagens apropriadas e assim promover edificação e resolver disputas. Dava-se a tais pessoas o título honorífico de *Hafez*, e este é o nome distintivo que ficou para designar o nosso poeta.

Mesmo logo após a sua gênese, o Corão tornou-se objeto das mais infindas interpretações, deu ensejo às mais sofisticadas sutilezas e, enquanto estimulava os sentidos de todos, surgiam infinitas opiniões divergentes, combinações desvairadas, e as mais irracionais relações de todo tipo foram tentadas, de tal modo que o homem realmente inteligente e

---

22 Khwāja Šamsu d-Dīn Muḥammad Hāfez-e Šīrāzī (*c.* 1315-*c.* 1390), ou simplesmente Hafez, é o poeta lírico e místico persa com quem Goethe se relaciona mais intensamente para escrever o *Divã ocidento-oriental*. Seu pseudônimo significa "aquele que sabe o Corão de cor". A obra de Hafez é imensa, mas sua recepção em língua portuguesa ainda não é muito profunda. Aurélio Buarque de Hollanda publicou um volume com traduções em prosa de poemas feitas a partir do francês, em Hafez (1944).

sensível tinha que enveredar todos os esforços para voltar novamente à base do bom e puro texto. Por isso, na história do Islã também admiramos a exegese, a aplicação e o uso.

O mais belo talento poético foi educado e treinado para tal habilidade; a ele pertencia todo o Corão, e nenhum edifício religioso fundado nesse livro era mistério para ele. Ele mesmo dizia:

> Foi por meio do Corão
> Que fiz tudo o que consegui.[23]

Como dervixe, sufi e xeique, ele ensinou em sua cidade natal Xiraz, de onde não saiu e onde era muito admirado e estimado pela família Muzzafar e suas conexões. Ocupou-se de trabalhos teológicos e gramaticais, e reuniu grande quantidade de discípulos ao seu redor.

Seus poemas encontram-se em posição diametralmente oposta a tais estudos sérios e a uma carreira real de professor, oposição passível de ser resolvida se dissermos que o poeta não deve pensar e viver tudo aquilo que fala — pelo menos aquele que, posteriormente, envolve-se em situações complicadas nas quais sempre se vale de uma máscara retórica e apresenta aquilo que seus contemporâneos querem ouvir. Parece-nos ser esse o caso de Hafez. Pois da mesma forma que um contador de contos não acredita nos acontecimentos mágicos que narra, mas procura apenas animá-los da melhor maneira possível para o deleite de seus ouvintes, tanto menos o poeta lírico precisa praticar tudo aquilo com o que procura deleitar e lisonjear leitores e cantores, dos mais altos aos mais baixos. Nosso poeta também não parece ter dado muito valor às suas canções mais fluidas, pois seus discípulos as coletaram apenas depois de sua morte.

Diremos pouco a respeito desses poemas, pois devemos fruí-los e entrar em sintonia com eles. Deles flui uma vivacidade temperada, mas sempre crescente, modestamente feliz e inteligente, que contempla de longe os mistérios da divindade mas também rejeita tanto a prática religiosa quanto o prazer sensual. Assim, em geral esse tipo de poesia, seja lá o que ela pareça estar promovendo e ensinando, deve manter acima de tudo uma mobilidade cética.

---

23 *"Durch den Koran hab' ich alles/ Was mir je gelang gemacht."*

Jami[24] (morto em 1494, aos 82 anos de idade)

Jami reúne todos os frutos dos esforços anteriores e soma toda a cultura religiosa, filosófica, científica e prosaico-poética. Tem a grande vantagem de ter nascido 23 anos após a morte de Hafez e ter encontrado na juventude um campo totalmente livre à sua frente. A maior clareza e a prudência são sua propriedade. Assim, ele tenta e realiza tudo, e transparece simultaneamente sensualidade e espiritualidade; a majestade do mundo real e do poético está diante dele, e ele se move entre os dois. A mística não conseguiu cativá-lo. Contudo, como ele não teria conseguido preencher a esfera do interesse nacional sem ela, prestou contas históricas a respeito de todas as tolices por meio das quais, gradualmente, o ser humano preso na sua forma terrena tenta se aproximar e se unificar diretamente com a divindade. Mas nesse processo vêm à luz no final apenas formas antinaturais, perversas e monstruosas. Pois que outra coisa faz o místico que não se arrastar ao longo dos problemas, ou empurrá-los para o lado, se isso lhe for possível?

Visão geral

Levando em conta a sequência ordenada de modo muito respeitável dos sete primeiros imperadores romanos, costuma-se acreditar que essa história teria sido inventada de maneira inteligente e intencional, questão que deixamos aqui em aberto. Por outro lado, comentemos que os sete poetas — considerados pelos persas como os primeiros e que apareceram um após o outro dentro de um intervalo de quinhentos anos — têm uma relação ética e poética entre si que também poderia nos parecer inventada se as obras deles que chegaram até nós não nos dessem testemunho de sua existência real.

Se contemplarmos melhor essa constelação sétupla, da maneira que nos for possível a partir desta distância, descobriremos que todos possuíam um talento frutífero em renovação constante por meio do qual se viram

---

24 Nascido em 1414 e morto em 1492, o poeta e místico Jami é tido como o último dos poetas persas clássicos. Autor de versos "românticos" nos quais imortalizou os mais famosos pares amorosos da literatura persa: Majnun e Leila, e Yussuf e Zuleica.

acima da multidão de homens excelentes, acima da miríade de talentos medianos e cotidianos. Conseguiram isso tudo, porém, ao chegarem numa época e numa situação especiais nas quais puderam fazer uma generosa colheita e também amenizar por algum tempo o impacto de sucessores igualmente talentosos, até que novamente transcorresse um intervalo de tempo no qual a Natureza revelaria novos tesouros ao poeta.

Com isso em mente, retomemos uma a uma as pessoas apresentadas acima e comentemos que:

Ferdusi antecipou, preservando fabulosa ou historicamente, todos os acontecimentos passados de Estado e do império, de modo que aos seus sucessores restaram apenas referências e comentários, sem nenhum material para um novo tratado ou apresentação.

Anvari manteve-se no presente. Brilhante e portentosa como a Natureza se lhe apresentava, contemplou a corte do seu xá também como cheia de alegrias e dádivas. Conectar ambos os mundos e suas vantagens com as mais belas palavras era seu dever e prazer. Ninguém jamais se igualou a ele nesse aspecto.

Nezami apanhou, com uma força amigável, tudo o que estava disponível na sua vizinhança a respeito de lendas de amor e de meios milagres. Mesmo no Corão já havia a alusão de como seria possível tratar, elaborar e tornar aprazíveis arcanas tradições lacônicas para fins próprios, desenvolvendo-as em maior detalhe.

Jalal al-Din Rumi encontra-se desconfortável sobre o solo problemático da realidade, e procura resolver o enigma dos fenômenos internos e externos espiritual e espirituosamente, e por isso suas obras são novos enigmas, requisitando novas soluções e comentários. Por fim, sentiu-se impelido a fugir para a doutrina da unidade, na qual tanto se ganha quanto se perde, e no fim o que resta é o zero, tão confortante quanto desconfortante. De que modo, então, deve qualquer forma de comunicação se realizar, de maneira poética ou prosaica? Felizmente:

Saadi, o excelente, viajou para o grande mundo, foi soterrado por infindos detalhes empíricos dos quais soube tirar algum proveito. Sentiu a necessidade de se compor, convenceu-se do dever de ensinar, e é dessa forma que se tornou frutífero e benéfico para nós, ocidentais.

Hafez, um grande e alegre talento que se satisfaz em rejeitar tudo aquilo a que as pessoas anseiam, em colocar de lado tudo aquilo que eles não querem suportar, e ao mesmo tempo em se mostrar como o alegre irmão de seus iguais. Ele só recebeu verdadeira apreciação dentro de seu círculo nacional e temporal. Contudo, transforma-se num companheiro para a vida toda tão logo o compreendemos. Assim, mais inconsciente do que consciente, hoje em dia pastores de camelos e mulas seguem cantando suas canções, de modo algum devido ao sentido — que ele mesmo, obstinado, manteve fragmentado —, mas sim ao ânimo que se espalha, sempre puro e prazeroso. Quem poderia sucedê-lo, se tudo o mais já havia sido antecipado por seus antecessores? Ninguém além de:

Jami, maduro com relação a tudo o que aconteceu antes dele e ao que acontecia em torno de si. Como enfeixou, imitou, renovou e expandiu tudo isso, como unificou com toda a clareza dentro de si as virtudes e os erros de seus predecessores, não restou a seus sucessores nada além do que serem como ele, contanto que não piorassem sua poesia. E assim também foi por mais três séculos. Sobre isso, diremos apenas que, se mais cedo ou mais tarde a arte do drama tivesse conseguido eclodir e um poeta desse calibre conseguido se destacar, toda a história da literatura teria tomado um curso diferente.

Se ousamos descrever com essas poucas palavras quinhentos anos da arte poética e retórica persa, foi na esperança, para falarmos com nosso antigo mestre Quintiliano, de que elas sejam recebidas por amigos do mesmo modo pelo qual se aceitam números arredondados: não pela precisão, mas pela conveniência para se apresentar uma ideia geral de maneira aproximada.

Considerações gerais

A fertilidade e a variedade dos poetas persas surgem a partir de uma amplitude indivisível no mundo exterior e na sua infinita riqueza. Uma vida pública sempre movimentada, na qual todos os objetos têm o mesmo valor, movia-se à frente da nossa imaginação. É por isso que suas comparações são frequentemente tão impressionantes e estranhas para nós. Sem pensar demais, elas conectam as imagens mais nobres com as mais baixas, uma prática com a qual não nos acostumamos facilmente.

Digamos com franqueza: um verdadeiro *bon vivant* que respira de maneira livre no mundo prático não tem senso estético nem gosto: basta-lhe a realidade em suas atividades, prazeres e contemplações, e é da mesma forma na poesia. E se o oriental, no fito de criar um efeito estranho, rimar o que não rima, assim como o alemão que se deparar com tais coisas não deve olhá-las de soslaio.

A confusão que surge na imaginação por meio de tais produções é comparável àquela que temos quando caminhamos dentro de um bazar oriental, ou dentro de uma feira europeia. Nem sempre as mercadorias mais valiosas estão bem separadas das menos valiosas, elas se misturam aos nossos olhos, e com frequência também vemos os barris, caixas e sacos nos quais foram transportadas. Como numa feira de frutas e legumes, não vemos apenas ervas, raízes e frutos, mas também aqui e ali toda sorte de rejeitos, cascas e tocos.

Além disso, ao poeta oriental não custa nada elevar-nos da Terra até o Céu e de lá nos lançar para baixo, e vice-versa. Da carcaça de um cão que apodrece, Nizami consegue fazer uma observação ética que nos maravilha e edifica.

> Senhor Jesus, que percorreu o mundo,
> Passou certa vez por um mercado,
> Um cão morto estava no caminho,
> Arrastado até a porta de uma casa,
> Um grupo estava em torno da carcaça
> Como urubus se juntam em torno de carcaças.
> Um falou: "Meu cérebro vai
> Se soltar totalmente pelo fedor."
> Outro disse: "Para que isso tudo,
> O refugo do túmulo não traz coisa boa."
> Assim cantou cada um sua ideia,
> Para desdenhar do corpo do cão.
> Quando chegou a vez de Jesus,
> Disse, sem desdém, terno,
> Disse de modo bondoso:
> "Os dentes são brancos como pérolas."
> Essa palavra fez os presentes,
> Como conchas ferventes, arderem.[25]

---

25 "*Herr Jesus, der die Welt durchwandert,/ Ging einst an einem Markt vorbei,/ Ein toter Hund lag auf dem Wege,/ Geschleppet vor des Hauses Tor,/ Ein Haufe stand ums Aas umher/ Wie Geier sich um Äser sammeln./Der eine sprach: Mir wird das Hirn/ Von dem Gestank ganz ausgelöscht./ Der andre sprach: Was braucht es viel,/ Der Gräber Auswurf bringt nur Unglück./ So sang ein jeder seine Weise,/ Des toten Hundes Leib zu schmähen./ Als nun an Jesus kam die Reih,/ Sprach, ohne Schmäh'n, er guten Sinns,/*

Todos se sentem afetados quando um profeta tão amável quanto espirituoso exige cuidados e compaixão, no seu modo tão próprio. Como sabe conduzir poderosamente a multidão inquieta de novo para si mesma, para envergonhar-se de rejeitar e amaldiçoar, e para contemplar méritos pouco considerados com reconhecimento, até mesmo com inveja! Todos os que estavam ao redor pensam agora apenas em sua própria dentição. Em todo lugar, sobretudo também no Oriente, belos dentes são apreciados como uma dádiva de Deus. Uma criatura que apodrece torna-se um objeto de admiração e da meditação mais pia por meio daquilo que permanece perfeito no que ainda resta dela.

Essa excelente comparação, não tão clara e penetrante para nós, finaliza a parábola. Por causa disso, dedicamo-nos a explicá-la em detalhe.

Nas regiões sem depósitos de calcário utilizam-se conchas para a preparação de um material de construção muito necessário e, acomodadas dentro de palha seca, são queimadas pela chama acesa. O espectador não pode evitar sentir que esses seres, que vivem e se nutrem no mar, pouco tempo antes ainda desfrutavam da alegria comum da vida, sendo que agora, não apenas queimados mas passados em brasa, mantêm sua forma plena mesmo tendo a vida dentro deles já sido retirada. Consideremos agora que a noite caia e esses restos orgânicos realmente pareçam estar em brasa ao olho do espectador, de modo que não é possível termos frente a nós imagem mais gloriosa do tormento secreto e profundo de uma alma. Se alguém quiser visualizar isso com perfeição, que leve conchas de ostras para que um químico as submeta ao calor fosforescente. Ele vai concordar conosco que uma sensação quente e fervente, como aquela que invade um ser humano quando uma crítica justa o atinge na arrogância da confortável autoimagem, não pode ser expressa de maneira mais terrível.

Tais comparações seriam encontradas às centenas. Elas pressupõem a contemplação mais imediata da Natureza e da realidade, e simultaneamente despertam uma compreensão altamente ética que emerge de um sentimento puro e culto.

Nessa amplitude imensurável, o que é mais valioso é a atenção desses poetas ao detalhe, o amável olhar afiado que procura extrair de um objeto

---

Er sprach aus gütiger Natur:/ Die Zähne sind wie Perlen weiß./ Dies Wort macht' den Umstehenden,/ Durchglühten Muscheln ähnlich, heiß."

importante aquilo que lhe é mais característico. Eles têm naturezas-mortas poéticas que podem ser colocadas lado a lado com as dos melhores artistas holandeses, chegando mesmo a superá-las num sentido ético. Justamente devido a essa inclinação e habilidade eles não conseguem prescindir de certos objetos favoritos: nenhum poeta persa se cansa de representar a lamparina como cegante, a vela como luminosa. É justamente daí que se origina também a monotonia que tanto se critica neles. Contudo, contemplados mais de perto, para eles os objetos naturais tornam-se substitutos da mitologia: rosa e rouxinol tomam o lugar de Apolo e Dafne. Se considerarmos o que lhes faltava, ou seja, que não tinham nem teatro nem arte pictórica, mas levarmos em conta que seu talento poético não era menor do que nenhum talento de outrora, então nos sentiremos obrigados, como amigos do seu mundo tão distinto, a admirá-los cada vez mais.

Considerações mais gerais

A característica maior da poesia oriental é o que nós alemães chamamos de espírito [*Geist*], ou seja, a predominância de um guia superior. Essa característica unifica todas as demais sem que nenhuma delas se destaque, requerendo alguma prerrogativa particular. O espírito pertence sobretudo à idade avançada ou a uma época mundial que está envelhecendo. Vamos encontrar visão geral de eventos mundiais, ironia e uso livre dos talentos em todos os poetas do Oriente. Resultado e premissas nos são apresentados simultaneamente, e por isso também percebemos o grande valor que tem uma palavra pronunciada de improviso. Tais poetas têm todos os objetos frente a si, e relacionam facilmente as coisas mais distantes, e com isso também se aproximam daquilo que chamamos de astúcia [*Witz*]; contudo, a astúcia não está tão no alto, pois ela é egoísta e complacente enquanto o espírito permanece livre, e por isso pode e deve ser chamada sempre de genial.

Mas não é apenas o poeta que desfruta de tais méritos. Toda a nação é espirituosa, como fica evidente a partir de incontáveis anedotas. Uma palavra espirituosa dispara a fúria de um príncipe, que por sua vez é mitigada por outra. Afinidade e paixão vivem e operam no mesmo elemento; dessa forma, Bahramgur e Dilaram inventam a rima, Jamil e Botainá permanecem apaixonadamente ligados até a idade avançada. Toda a história da arte poética persa vibra com tais exemplos.

Se tivermos em mente que Anushirvan[26], um dos últimos sassânidas, não poupou despesas e fez vir da Índia as fábulas de Bidpai e o jogo de xadrez, então teremos um retrato perfeito dessa época. De acordo com o que nos foi transmitido, aqueles poetas sobrepujam um ao outro no que tange à sabedoria do mundo e a uma visão mais livre das coisas terrenas. Por isso, quatro séculos depois, mesmo na primeira e melhor época da poesia persa, não era possível encontrar nenhuma ingenuidade pura. A grande amplitude da circunspecção que era exigida do poeta, o grande conhecimento, as relações na corte e na guerra — tudo isso demandava muita ponderação.

Novas, novíssimas

Seguindo os modos de Jami e de seu tempo, os poetas que se seguiram misturaram cada vez mais poesia e prosa, de modo que apenas um estilo era usado para todas as formas de escrita. História, poesia, filosofia, estilo diplomático e cartas: tudo era feito da mesma maneira, e isso persistiu por três séculos. Felizmente, estamos em condições de apresentar um exemplo do mais novo que existe.

Quando o embaixador persa Mirza Abul Hassan Khan se encontrava em São Petersburgo, pediram-lhe algumas linhas com sua caligrafia. Ele foi simpático o bastante e escreveu uma página cuja tradução inserimos aqui.

> Viajei por todo o mundo, convivi por muito tempo com muitas pessoas, cada canto tinha algum uso para mim, cada talo uma espiga, e mesmo assim não vi nenhum lugar comparável a esta cidade nem às suas belas huris. Que a bênção de Deus repouse sempre sobre ela!
>
> ★
>
> Como falou bem aquele mercador que caiu entre ladrões que apontavam suas flechas contra ele! Um rei que oprime o comércio fecha as portas da salvação na face de seu exército. Que homem judicioso quer visitar um país com tal reputação de injustiça? Se queres auferir um bom nome, então trata com atenção os mercadores e enviados. Os grandes tratam bem os viajantes, de modo a auferirem uma boa reputação para si. O país que não abriga os estrangeiros logo colapsa. Sê

---

26   Cosroes I (501-579) foi o vigésimo e mais famoso rei da dinastia sassânida na Pérsia, tendo reinado do ano 531 até o fim da sua vida.

amigo dos estrangeiros e viajantes, pois eles devem ser considerados um meio de se adquirir boa reputação; sê hospitaleiro, estima os passantes, protege-te de ser injusto contra eles. Quem seguir esse conselho do embaixador certamente tirará grande proveito dele.

★

Conta-se que Omar Ibn Abd al-Aziz, um rei poderoso, certa noite no seu quarto, cheio de humildade e submissão, dirigiu-se ao trono do criador e disse: "Ó Senhor! Confiaste grandes coisas à mão do teu fraco servo; pelo amor dos puros e dos santos deste reino, concede-me justiça e equidade, protege-me da maldade das pessoas. Temo que o coração dos meus inocentes possa ser afetado, e a maldição dos oprimidos almeje o meu pescoço. Um rei deve sempre pensar no domínio e na presença do ser mais alto, na permanente transitoriedade das coisas terrenas, deve pensar que a coroa passa de uma cabeça digna para uma indigna, e não se deixe tentar pelo orgulho. Pois um rei que se torna altivo e despreza amigos e vizinhos não pode durar muito tempo em seu trono; não deve jamais permitir-se inflamar pela reputação de alguns dias. O mundo é como um fogo que é aceso no caminho: quem pegar desse fogo apenas o necessário para iluminar o seu caminho não sofrerá nenhum mal; mas quem pega demais, se queimará."

Quando perguntaram a Platão sobre como ele vivera neste mundo, respondeu: "Cheguei com dores, minha vida foi um constante espanto, e a contragosto vou embora, e não aprendi nada, a não ser que nada sei." Fica longe de todo aquele que tenta realizar algo e é ignorante, de um pio que não é educado; pode-se comparar ambos a um burro que puxa o moinho sem saber o porquê. O sabre é belo de se olhar, mas seus efeitos são desagradáveis. Um homem que pensa bem se conecta com amigos, mas o mau se aliena do seu vizinho. Um rei disse a um homem chamado Behlul: "Dá-me um conselho!" Este respondeu: "Não inveja nem o avaro, nem o juiz injusto, nem o rico que não sabe cuidar da casa, nem o generoso que gasta seu dinheiro inutilmente, nem o erudito a quem falta o julgamento." No mundo não se adquire nem um nome bom nem um ruim; pode-se apenas escolher entre um dos dois, e como todos devem morrer, bom ou mal, feliz daquele que preferiu a reputação do virtuoso.

A pedido de um amigo, no ano de 1231 da Hégira no dia de Demazsul Sani, segundo a contagem cristã em ... de maio de 1816, Mirza Abul Hassan Khan de Xiraz escreveu estas linhas durante sua estada na capital São Petersbugo, como emissário extraordinário de Sua Majestade da Pérsia Fath-'Ali Shah Qajar.[27]

---

27 Qajar (1772-1834) foi o segundo xá do império Qajar da Pérsia e governou de 1797 até sua morte.

Ele espera que se perdoe com bondade a um ignorante que tentou escrever algumas palavras.

A partir do que lemos acima fica claro que há três séculos se preservou certa poesia na prosa, e o estilo comercial e epistolar permanece, em situações públicas e privadas, sempre o mesmo. Assim, aprendemos que em tempos recentes ainda se encontravam poetas na corte persa que coletavam e escreviam em belas rimas a crônica do dia e tudo o que o imperador realizava e o que acontecia, e as repassavam a um arquivista especialmente designado. Assim, parece que no Oriente imutável não houve nenhuma grande mudança desde o tempo de Aasvero — que mandava lerem para si tais crônicas em noites insones.

Comentamos incidentalmente que tal leitura se dá com certa declamação, realizada com ênfase, ascensão e queda do tom, e que guarda muita semelhança com a forma pela qual as tragédias francesas são declamadas. Podemos imaginar isso melhor assim: os dísticos persas formam um contraste semelhante ao composto pelas duas metades de um alexandrino.

E essa persistência deve ser a razão pela qual os persas ainda amam, estimam e veneram seus poemas há oitocentos anos. Nós mesmos testemunhamos um oriental contemplar e manusear um manuscrito do *Masnavi*[28] com tanta reverência quanto teria com o Corão.

Dúvidas

A arte poética persa, porém, bem como tudo o que se assemelha a ela, nunca será recebida pelo ocidental em toda pureza e com toda facilidade, um fato que devemos ter claro em nossas mentes se não quisermos ser repentinamente perturbados em nosso deleite.

Não é a religião que nos afasta dessa arte poética. A unidade de Deus, a entrega à Sua vontade, a mediação por um profeta, tudo isso combina mais ou menos com nossa crença e com nossas concepções. Nossos livros

---

28 Obra mais conhecida do sufismo, o *Masnavi-i Ma'navi* ("Dísticos rimados de significado espiritual profundo") foi escrito por Rumi ao longo de sua vida. Totaliza mais de 25 mil versos, contendo a essência da filosofia sufi.

sagrados também são fundamentais para eles, ainda que apenas na forma de lendas.

Já fomos introduzidos há muito tempo aos contos, fábulas, parábolas, anedotas, piadas e ditos engraçados dessa região. A sua mística também deveria nos ser atraente. Conforme uma seriedade profunda e rigorosa, ela deveria pelo menos ser comparada com a nossa, que mais recentemente tem expressado, se olharmos com cuidado, apenas um anelo sem caráter e talento. O seguinte verso mostra o quanto ela parodia a si mesma:

A eterna sede só quer me aprovar
Depois da sede.[29]

Despotismo

O que jamais vai entrar no entendimento dos ocidentais é a submissão espiritual e corporal ao mestre e regente que deriva de tempos ancestrais, quando os reis tomavam o lugar de Deus. No Antigo Testamento, lemos sem grande estranhamento quando marido e mulher prostravam-se diante de sacerdotes e heróis e os veneravam, pois foram acostumados a fazer o mesmo diante de Elohim. O que antes acontecia devido a um sentimento natural de devoção transformou-se posteriormente num complicado rito da corte. O *Ku-tu*, uma prostração tripla repetida três vezes, deriva dessa tradição. Quantos emissários ocidentais enviados a cortes orientais falharam nessa cerimônia! E a poesia persa em geral não pode ser bem aceita entre nós se não nos esclarecermos totalmente a respeito desses assuntos.

Que ocidental vai conseguir tolerar que o oriental não apenas bata sua cabeça nove vezes na terra, mas que chegue a jogá-la fora em qualquer lugar para servir a algum fim ou objetivo?

O jogo de polo a cavalo, no qual bolas e marretas são os protagonistas, renova-se repetidamente frente ao olhar do governante e do povo, e chega a ter até mesmo participação pessoal de ambos os lados. Contudo, se o poeta

---

29 "Mir will ewiger Durst nur frommen/ Nach dem Durste." Verso do romance *Ahnung und Gegenwart*, de Joseph von Eichendorff.

coloca sua cabeça como bola à disposição da marreta do xá, de modo que o príncipe tome consciência dele e com a marreta da sua mercê lhe despache para a felicidade futura, então não podemos nem queremos segui-lo, seja com nossa imaginação, seja com nossos sentimentos. Pois é assim que soa:

> Quanto tempo sem mão e pé
> Vais ser ainda bola do destino?
> E saltes por cem caminhos,
> Não podes fugir da marreta.
> Coloca tua cabeça no caminho do xá,
> E talvez ele se aperceba de ti.[30]

Mais ainda:

> O espelho da felicidade
> É somente aquele rosto
> Que foi esfregado no pó
> Do casco deste cavalo.[31]

Não apenas frente ao sultão, mas também frente à amada deve-se humilhar com profundeza e frequência:

> Minha face ficou no caminho,
> Ele não mudou seu passo.
> No pó do caminho,
> Minha tenda da esperança!
> O pó dos teus pés
> Prefiro à água.[32]

---

30 *"Wie lang wirst ohne Hand und Fuß/ Du noch des Schicksals Ballen sein!/ Und überspringst Du hundert Bahnen,/ Dem Schlägel kannst du nicht entfliehn./ Leg' auf des Schahes Bahn den Kopf,/ Vielleicht, daß er dich doch erblickt."* Poema de Jami, traduzido para o alemão por Joseph von Hammer no seu *Geschichte der schönen Redekünste Persiens*, p. 325.

31 *"Nur dasjenige Gesicht/ Ist des Glückes Spiegelwand,/ Das gerieben ward am Staub/ Von dem Hufe dieses Pferdes."* Gazel "Dal 12:9" de Hafez, *Diwan*, v. 1, p. 224.

32 *"Mein Gesicht lag auf dem Weg,/ Keinen Schritt hat er vorbeigetan./ Beim Staube deines Wegs/ Mein Hoffnungszelt!/ Bei deiner Füße Staub,/ Dem Wasser vorzuziehn."* Gazel "Dal 17:1" de Hafez, *Diwan*, v. 1, p. 232.

★

Aquele que meu crânio
Esmaga com os pés como pó,
Quero fazer-lhe um imperador
Quando ele retornar a mim.[33]

Nota-se claramente que um símile quer dizer tanto quanto o outro; primeiro é aplicado em ocasião nobre, e por fim é usado com mais frequência e da pior maneira. Assim diz Hafez de maneira burlesca:

Minha cabeça estará no pó
Do caminho do taberneiro.[34]

Um estudo aprofundado talvez confirmasse a suposição de que os poetas anteriores lidavam com muito mais modéstia com tais expressões e que apenas os posteriores, lidando sobre o mesmo solo e na mesma língua, preferiram tais abusos, não de forma séria e sim parodística — até que enfim os tropos se desviassem de seus objetos de tal modo que não é mais possível nem imaginar nem sentir relação alguma.

E assim fechamos com as amáveis linhas de Anvari, que, gracioso e decoroso, venera um valoroso poeta do seu tempo:

Para o judicioso, os poemas de Shedsjai são pratos de um banquete,
Centenas de pássaros, como eu, voam ávidos para lá.
Vai, meu poema, e beija a terra nos pés do meu senhor, e diz-lhe:
Tu, virtude do tempo, tu és a época da virtude.[35]

Objeção

---

33 "Denjenigen, der meine Scheitel/ Wie Staub zertritt mit Füßen,/ Will ich zum Kaiser machen,/ Wenn er zu mir zurückkommt." Gazel "Dal 126:9" de Hafez, *Diwan*, v.1, p. 395.

34 "Mein Kopf im Staub des Weges/ Des Wirtes sein wird." Gazel "Dal 50:3" de Hafez, *Diwan*, v. 1, p. 278.

35 "Dem Vernünft'gen sind Lockspeise Schedschaai's Gedichte,/ Hundert Vögel wie ich fliegen begierig darauf./ Geh mein Gedicht und küß' vor dem Herrn die Erde, und sag ihm:/ Du, die Tugend der Zeit, Tugendepoche bist du." Traduzido por Von Hammer no *Geschichte der schönen Redekünste Persiens*, p. 91.

Para ganharmos alguma clareza a respeito da relação dos déspotas com os seus e sobre o quanto ela ainda é humana, e também talvez para nos tranquilizarmos quanto ao procedimento servil dos poetas, introduzimos aqui uma ou outra passagem que oferece testemunho da maneira segundo a qual conhecedores da história e do mundo julgaram essa matéria. Um judicioso inglês expressou-se assim:

> A violência ilimitada, que na Europa é atenuada pelos costumes e pelo conhecimento de uma era civilizada e se transforma num governo moderado, nas nações asiáticas mantém sempre a mesma característica e segue praticamente o mesmo curso. Pois as pequenas diferenças que caracterizam o valor de estado e a honra da pessoa dependem por inteiro do humor do déspota e do seu poder, e com frequência mais deste do que daquele. Mas nenhum país pode ser feliz se estiver exposto continuamente à guerra, como parece ter sido o caso de todos os reinos orientais mais fracos desde a Antiguidade. Disso segue-se que a maior felicidade que o povo pode desfrutar sob um governo ilimitado deriva da violência e da reputação do seu monarca, assim como as benesses com que alegra minimamente seus súditos fundam-se no orgulho que nutrem por estarem sob tal príncipe.
>
> Por isso, não podemos atribuir motivos baixos e venais às bajulações que demonstram aos príncipes. Insensíveis quanto ao valor da liberdade, ignorantes de todas as demais formas de governo, orgulham-se da situação na qual se encontram, carentes de segurança e de prazer, e não estão apenas contentes, mas orgulhosos de se humilharem frente a um grande homem quando encontram na grandeza da sua força refúgio e proteção contra um mal maior e opressivo.[36]

Assim também um resenhista alemão oferece a seguinte afirmação inteligente e cheia de sabedoria:

> O autor, na verdade um admirador do grande impulso dos poetas panegíricos dessa época, também critica, com razão, o desperdício de força das nobres mentes dedicadas aos exuberantes panegíricos e à humilhação da nobreza de caráter que costuma ser a consequência disso. Porém, também se deve notar que no edifício da arte de um povo verdadeiramente poético, construído com múltiplos adornos de grande perfeição, a poesia panegírica é tão essencial quanto a de tipo satírica, com a qual entra em conflito. A solução desse conflito encontra-se ou na poesia moral — a juíza tranquila

---

36 John Malcolm, *History of Persia*, v. 1, p. 313.

das virtudes e erros humanos, a guia para o fim da calma interior — ou na épica, que com audácia imparcial coloca a mais nobre excelência humana ao lado do modo de vida já não mais reprovado, mas aceito como a maior normalidade, e resolve ambos os conflitos unificando-os em uma pura imagem da existência. Se a poesia épica corresponde à natureza humana e é um sinal de sua origem sublime ao compreender com entusiasmo a nobreza das ações humanas e de toda grande perfeição, permitindo como que uma renovação da vida interior, então o louvor do poder e da violência revelados nos príncipes é um maravilhoso fenômeno na área da poesia que apenas decaiu entre nós — e com toda razão — porque aqueles que se dedicavam a isso em geral não eram poetas, mas meros bajuladores. Quem, porém, que ouve Calderón louvar seu rei poderia pensar que o louvor é comprável, aqui onde o mais sagaz momento da fantasia o leva junto consigo? Ou quem quereria colocar seu coração contra os hinos de vitória de Píndaro? A natureza despótica dos governantes da Pérsia encontrou sua contraparte justamente na época do culto comum da violência pela maioria dos que cantavam louvores aos príncipes; mesmo assim, por meio da ideia de um poder transfigurado que surgiu em mentes nobres, valiosos poemas nasceram para a admiração da posteridade. E como os poetas hoje ainda são dignos dessa admiração, também o são esses príncipes nos quais encontramos um verdadeiro reconhecimento da dignidade do ser humano e entusiasmo pela arte que celebra sua memória. Anvari, Hanqari, Zahir Farjabi e Achsikati são os poetas dessa época que praticavam o panegírico e cujas obras o Oriente ainda hoje lê com deleite, preservando seus nobres nomes de qualquer mácula. Uma prova do quanto o ímpeto do poeta panegírico está próximo da mais alta exigência que se pode colocar a um ser humano é a repentina transição de um desses poetas panegíricos, Sanajis, à poesia religiosa: de alguém que louvava seu príncipe, ele transformou-se em um cantor cheio de entusiasmo apenas por Deus e pela perfeição eterna depois de ter aprendido a encontrar, no mundo além desta existência, o conceito de sublime que anteriormente tinha se contentado em procurar na vida.[37]

Adendo

As considerações desses dois homens sérios e contemplativos nos farão atenuar nosso julgamento a respeito dos poetas e encomiastas persas à medida que ao mesmo tempo nossas afirmações anteriores se confirmarem: em épocas perigosas, o governo todo depende de o príncipe conseguir não apenas proteger seus súditos, mas também liderá-los pessoalmente contra o inimigo. Sobre

---

37 Matthäus von Collin, *Jahrbücher der Literatur* 1, Viena 1818, p. 15.

essa verdade — que se confirma até os dias de hoje — há exemplos antiquíssimos. Um deles é a lei fundamental do império que Deus entregou ao povo israelita (com aceitação unânime deste) no momento em que era necessário um rei de uma vez por todas. Citamos abaixo na íntegra essa constituição, que possivelmente nos pareceria atualmente um tanto esquisita:

> E falou Samuel todas as palavras do Senhor ao povo, que lhe pedia um rei.

> E disse: Este será o costume do rei que houver de reinar sobre vós; ele tomará os vossos filhos, e os empregará nos seus carros, e como seus cavaleiros, para que corram adiante dos seus carros. E os porá por chefes de mil, e de cinquenta; e para que lavrem a sua lavoura, e façam a sua sega, e fabriquem as suas armas de guerra e os petrechos de seus carros. E tomará as vossas filhas para perfumistas, cozinheiras e padeiras. E tomará o melhor das vossas terras, e das vossas vinhas, e dos vossos olivais, e os dará aos seus servos. E as vossas sementes, e as vossas vinhas dizimará, para dar aos seus oficiais, e aos seus servos. Também os vossos servos, e as vossas servas, e os vossos melhores moços, e os vossos jumentos tomará, e os empregará no seu trabalho. Dizimará o vosso rebanho, e vós lhe servireis de servos. [1 Samuel 8:10-17][38]

Quando Samuel tentou chamar seu povo à razão quanto às partes dúbias de tal acordo e dissuadi-los, eles gritaram em uníssono:

> Porém o povo não quis ouvir a voz de Samuel; e disseram: Não, mas haverá sobre nós um rei. E nós também seremos como todas as outras nações; e o nosso rei nos julgará, e sairá adiante de nós, e fará as nossas guerras. [1 Samuel 8:19,20]

Nesse sentido, o persa diz:

> Sábio e com espada, ele abraça e protege a terra;
> O que abraça e protege está na mão de Deus.[39]

De fato, ao julgar as diferentes formas de governo, não se presta atenção suficiente no fato de existir em todas, seja lá como se chame, liberdade

---

[38] Citações bíblicas retiradas da Versão Almeida Corrigida, consultada em: <www.bibliaonline.com.br>.

[39] "Mit Rat und Schwert umfaßt und schützet er das Land;/ Umfassende und Schirmer stehn in Gottes Hand." Joseph von Hammer, *Redekünste Persiens*, p. 245.

e servidão igualmente polarizadas. Se o poder está de um lado, então a massa é subjugada; se o poder está com a massa, então o indivíduo está em desvantagem. Isso passa por vários estágios até que talvez se possa encontrar equilíbrio em algum lugar, ainda que por pouco tempo. Para o pesquisador da história isso não é nenhum segredo. Contudo, em momentos agitados da vida não é possível ver com clareza. Por isso, nunca se ouve falar de liberdade quando uma parte quer subjugar a outra e não tem outra intenção além de passar o poder, a influência e as posses de uma mão para outra. A liberdade é a palavra-chave fraca de conspiradores secretos, o alto grito de guerra de revolucionários públicos, até mesmo a palavra da salvação do próprio despotismo quando conduz a massa subjugada contra o inimigo e promete a ela a liberdade eterna da opressão estrangeira.

Compensação

Contudo, não queremos nos entregar a uma ponderação tão capciosa e generalizadora, e sim retornar ao Oriente e observar como a natureza humana, que permanece sempre indomável, contrapõe-se à opressão mais extrema. E ali encontraremos em todo lugar que o senso de liberdade e de autonomia dos indivíduos proporciona um equilíbrio contra a onipotência do dominador. Eles são escravos, mas não submissos, pois se permitem liberdades sem igual. Vejamos um exemplo de tempos antigos, juntando-nos ao banquete noturno na tenda de Alexandre; ali o encontramos com os seus em diálogos vívidos, apaixonados e mesmo inflamados.

Clito, irmão de leite de Alexandre, companheiro de brincadeiras e de guerra, perdeu dois irmãos no campo de batalha, salvou a vida do rei, consagrou-se como importante general e fiel governador de províncias importantes. Não consegue aceitar a divindade a que o monarca se arvora. Viu-o crescer, e o conheceu em necessidade de serviços e de ajuda. Talvez nutra uma raiva biliosa, talvez considere seus méritos muito valorosos.

As conversas à volta da mesa de Alexandre devem ter sido sempre de grande importância. Todos os convidados eram homens cultos e hábeis, todos nascidos na Grécia no esplendor da arte da retórica. Era costumeiro que, de maneira sóbria, colocassem, selecionassem ou tomassem ao acaso problemas importantes e os jogassem uns contra os outros, muito conscientemente num modo sofista e retórico. Contudo, quando algum deles defendia um lado pelo qual tinha afinidade, e quando a ebriedade e a paixão se retroalimentavam, no final tudo descambava para cenas violentas. Seguindo esse caminho, suspeitamos que o incêndio de Persépolis não tenha sido instigado apenas por gula crua e absurda, mas, antes, inflamado por uma tal conversa à mesa na qual um lado afirmava que os persas deveriam ser poupados, já que estavam derrotados, enquanto o outro, trazendo aos convivas novamente o implacável avanço dos asiáticos na destruição de templos gregos, convertia em cinzas os antigos memoriais imperiais ao incendiar a loucura e transformá-la em fúria inebriada. Nossa suposição é reforçada pelo fato de as mulheres, sempre as mais veementes e irreconciliáveis inimigas dos inimigos, terem participado disso.

Se ainda houver alguma dúvida a respeito disso, nós, por outro lado, ficamos ainda mais certos do que teria disparado a cisão mortal no banquete que mencionamos primeiramente — a história preservou esse episódio para nós. Foi a sempre repetida contenda entre os velhos e os jovens. Os velhos, ao lado dos quais Clito argumentava, podiam clamar para si uma série consistente de conquistas que fizeram com incansável força e sabedoria em fidelidade ao rei, à pátria e ao objetivo pré-determinado. Os jovens, por outro lado, até aceitavam que tudo isso havia acontecido, que muito havia sido feito e que estavam de fato na fronteira com a Índia; contudo, argumentavam que ainda restava muito a fazer, ofereciam-se para igualar esses feitos e, prometendo um futuro brilhante, sabiam obscurecer o brilho de feitos realizados. Naturalmente o rei tomou este lado, já que para ele não se podia mais falar de coisas passadas. Clito, por outro lado, explodiu sua fúria secreta e repetiu, na presença do rei, maus ditos que já haviam chegado aos ouvidos do príncipe quando lhe falavam pelas costas. Alexandre conteve-se de maneira impressionante, mas infelizmente por tempo demais. Clito rebaixou-se sem limites falando discursos repugnantes, até que o rei levantou-se de um salto e foi contido por aqueles próximos a ele, que arrastaram Clito para longe. Este, porém, retornou alucinado com novas ofensas, e Alexandre o abateu, tomando a lança de um guarda.

O que aconteceu depois não faz parte destas reflexões. Queremos apenas comentar que a mais amarga queixa do rei desesperado contém a consideração de que, a partir de então, ele viveria sozinho como um animal na floresta, pois ninguém em sua presença ousaria se expressar com liberdade. Essa fala, atribuída ao rei ou ao historiador, confirma o que suspeitamos anteriormente.

Ainda no século passado [XVIII] era possível contradizer impunemente o imperador da Pérsia em banquetes, mas no final o convidado abusado era arrastado pelos pés até próximo do rei, na esperança de que este lhe pudesse talvez perdoar. Se não perdoasse, para fora com ele, seria espancado.

Historiadores credenciados transmitiram-nos anedotas a respeito das maneiras infinitamente obstinadas e insubordinadas pelas quais os favoritos do rei conspiravam contra ele. O monarca é inexorável como o destino, mas o desafiavam. Naturezas violentas recaem em uma espécie de loucura, das quais podemos retirar os mais peculiares exemplos.

Personalidades moderadas, firmes e coerentes se submetem, porém, ao poderio supremo do qual tudo flui, da bênção ao sofrimento, de modo a poderem viver e trabalhar à sua maneira. O poeta, acima de todos, tem razões para dedicar-se às mais nobres pessoas que valorizam seu talento. Na corte, ao lidar com grandes homens, abre-se a ele uma visão geral do mundo da qual necessita para chegar à riqueza de todos os assuntos. Esta não é apenas uma desculpa, mas uma justificativa para a bajulação, como sói ao panegirista que realiza melhor seu artesanato quando se enriquece com a plenitude da matéria de modo a adornar príncipes e vizires, moças e moços, profetas e santos, e ao fim e ao cabo, sobrecarregado de humanidade, a própria divindade.

Louvamos também nosso poeta ocidental quando acumula um mundo de beleza e suntuosidade para glorificar a imagem de sua amada.

Inserção

A ponderação do poeta refere-se na verdade à forma, e o assunto o mundo lhe fornece com grande generosidade; o conteúdo flui da plenitude do seu coração; inconscientes, ambos se encontram, e por fim não se sabe mais a quem pertence a riqueza.

Mas a forma, apesar de se encontrar sobretudo no gênio, quer ser reconhecida e contemplada, e aqui é necessário ponderar que forma, assunto e conteúdo se influenciam, submetem e interpenetram uns aos outros.

★

O poeta se considera numa posição alta demais para tomar partido. Serenidade e consciência são os belos dons pelos quais ele é grato ao criador: consciência para não se apavorar diante do horror, e serenidade para saber apresentar tudo de maneira satisfatória.

Elementos fundamentais da poesia oriental

Na língua árabe encontram-se poucas palavras com radicais que não se refiram a camelo, cavalo e ovelha, seja diretamente, seja por meio de composições e transformações. Essa expressão primeva da natureza e da vida não podemos chamar meramente de metafórica ou trópica. Tudo o que o ser humano fala de forma livre e natural refere-se à vida; e o árabe está ligado ao camelo e ao cavalo de maneira tão íntima quanto o corpo à alma. Nada pode acontecer a ele que não atinja também essas criaturas e conecte suas vidas e seus trabalhos com as dele. Se, além dos animais acima, pensarmos em outros animais domésticos e selvagens que o beduíno nômade encontrava com frequência, constataremos todos eles em todas as relações da vida. Adiantemo-nos e contemplemos tudo o que resta de visível: montanha e deserto, rochedos e planícies, árvores, arbustos, flores, rio e mar e o estrelado firmamento. Assim, descobre-se que para o oriental tudo se refere a tudo, de tal modo que se costuma conectar objetos muito distantes. Sem hesitar, ele deriva ideias contraditórias por meio das mais sutis mudanças em letras ou sílabas. Aqui podemos ver que a língua é produtiva em si e por si. É retórica à medida que vai ao encontro do pensamento, e é poética à medida que apela à imaginação.

Quem partisse dos necessários tropos primevos para descrever os mais livres e audaciosos até chegar finalmente aos mais ousados, arbitrários e mesmo inábeis, convencionais e de mau gosto — este teria conseguido desenhar uma bela visão geral sobre os principais pontos da arte poética oriental. Contudo, poderia confirmar com facilidade que simplesmente não seria possível falar nessa literatura a respeito daquilo que chamamos de gosto, ou seja, a separação entre próprio e impróprio. Suas virtudes não podem ser separadas de suas falhas, ambas se referem uma à outra, surgem uma da outra, e devemos aceitá-las sem críticas ou acusações. Nada é mais insuportável do que o modo pelo qual Reiske e Michaelis[40] primeiro elevaram tais poetas aos céus para depois voltarem a tratá-los como simplórios colegiais.

Assim mesmo, é forçoso mencionar que os poetas mais antigos — que primeiramente viveram na fonte natural das impressões e construíram sua língua com poesia — devem ter tido grandes vantagens; aqueles que nasceram numa época já bastante cultivada e em situações complicadas, apresentam de fato o mesmo ímpeto, mas perdem pouco a pouco o rastro do que é certo e louvável. Pois quando recorrem a tropos cada vez mais distantes, o resultado é pura tolice. No máximo, o que resta não é nada além do conceito mais geral sob o qual os objetos podem possivelmente ser resumidos — o conceito que destrói toda contemplação e com isso a própria poesia.

Transição de tropos para símiles

Uma vez que tudo o que foi dito acima é válido também para os símiles, parentes próximos do tropo, devemos corroborar nossa afirmação com alguns exemplos.

Em campo aberto, vê-se o caçador que desperta e compara o Sol nascente a um *falcão*:

Vida e feitos passam no meu peito,
Novamente estou em pé, aprumado:
O falcão dourado, asas abertas,
Sobrevoa seu ninho azulado.[41]

Ou, de maneira ainda mais grandiosa, a um *leão*:

A aurora se tornou claridade,
Peito e mente, duma vez, contentes,

---

40 Johann Jakob Reiske (1716-1774), tido como precursor da filologia do árabe, era estudioso da Antiguidade grega e bizantina. Johann David Michaelis (1717-1791) foi teólogo e orientalista, autor de famosa gramática do árabe e pivô de acirradas discussões teológico-literárias com Johann Gottfried von Herder (1744-1803).

41 "*Tat und Leben mir die Brust durchdringen,/ Wieder auf den Füßen steh ich fest:/ Denn der goldne Falke, breiter Schwingen,/ Überschwebet sein azurnes Nest.*" Gazel "Dal 197" de Hafez, *Diwan*, v. 1, p. 443.

Dês que a noite, gazela acanhada,
Fugiu da ameaça do leão da manhã.[42]

Como Marco Polo, que viu tudo isso e muito mais, não deve ter se maravilhado com tais símiles!
Vemos o poeta jogar incessantemente com cachos de cabelo.

Há mais de cinquenta anzóis
Em cada cacho dos teus cabelos[43]

Esse é um poema dirigido da maneira mais amável a uma linda cabeça cheia de cabelos cacheados; a imaginação não se opõe a pensar nos cabelos como ganchos. Se, porém, o poeta disser que está enganchado nos cabelos de alguém, isso não nos agradará muito. E se, além disso, é dito sobre o sultão:

Nas fitas dos teus cachos
Está preso o pescoço do inimigo,[44]

a imaginação ou produz uma imagem repugnante, ou nenhuma.

Que sejamos assassinados por cílios pode até ser tolerado, mas ser empalado por cílios não é algo que podemos apreciar. Se, além disso, cílios forem comparados a vassouras que varrem as estrelas do céu, aí se torna colorido demais para nós. A testa da bela é a pedra de afiar do coração; o coração do amante é uma geleira deslizante, levada embora e arredondada por córregos de lágrimas: tal arrojo, mais curioso que sensível, tira de nós apenas um sorriso amigável.

Altamente genial, porém, pode-se dizer quando o poeta trata os inimigos do xá como equipamentos da tenda.

---

42 "Morgendämmerung wandte sich in's Helle,/ Herz und Geist auf einmal wurden froh,/ Als die Nacht, die schüchterne Gazelle,/ Vor dem Dräun des Morgenlöwens floh." Heinrich Friedrich von Diez, *Denkwürdigkeiten von Asien*, v. 2, p. 727.

43 "Es stecken mehr als funfzig Angeln/ In jeder Locke deiner Haare." Gazel "Dal 135" de Hafez, *Diwan*, v. 1, p. 107.

44 "In deiner Locken Bunden liegt/ Des Feindes Hals verstrickt." Gazel "Lam 9: 27" de Hafez, *Diwan*, v. 2, p. 146.

Sejam sempre partidos como lascas, rasgados como farrapos!
Marretados como pregos e fincados como estacas!⁴⁵

Aqui é possível ver o poeta no quartel-general, visualizando a repetida montagem e desmontagem do acampamento.

Com esses poucos exemplos, que poderiam ser aumentados até o infinito, resta claro que não é possível traçar nenhum limite entre o que o nosso gosto consideraria digno de louvor e o que consideraria reprovável, pois as virtudes deles são na realidade os frutos de suas falhas. Se quisermos ter parte nessas produções dos espíritos mais elevados, então temos que nos orientalizar, o Oriente não vai vir até nós. E, apesar de traduções serem muito bem-vindas para nos estimular e introduzir, torna-se evidente a partir do exposto acima que nessa literatura a língua enquanto língua é que desempenha o papel principal. Quem não quereria conhecer esses tesouros a partir de sua fonte?

Se considerarmos que a técnica poética exerce necessariamente influência marcante sobre todo modo de poetar, descobriremos aqui também que os versos rimados dois a dois dos orientais exigem um paralelismo que distrai a mente em vez de concentrá-la, pois a rima alude a objetos totalmente estranhos. Com isso, seus poemas ganham a aparência de improvisação sobre rimas finais pré-determinadas, na qual apenas os mais excelentes talentos conseguem criar algo realmente novo. Pode-se ver o quão rígido foi o julgamento da nação no fato de em quinhentos anos apenas sete poetas terem sido reconhecidos como os maiores.

Alerta

Podemos nos reportar a tudo o que já falamos até aqui como testemunho da melhor boa vontade com relação à arte poética oriental. Por isso, creio que podemos mesmo ousar ir ao encontro de homens que gozam de conhecimento realmente mais próximo e direto dessas regiões, com o alerta de não negar o objetivo de afastar todo dano possível a uma coisa tão boa.

---

45 *"Seien sie stets wie Späne gespalten, wie Lappen zerrissen!/ Wie die Nägel geklopft! und wie die Pfähle gesteckt!"* Anvari, "Ao sultão Melekshah"; Von Hammer, *Redekünste Persiens*, p. 90.

Todos têm seu julgamento facilitado pela comparação, mas também podemos nos complicar: pois se uma alegoria claudica ao ser levada ao extremo, então um julgamento comparativo será sempre inapropriado, quanto mais cuidadosamente o observarmos. Não queremos nos perder muito longe, mas, no caso presente, dizer apenas o seguinte: quando o excelente Jones[46] compara os poetas orientais com os latinos e os gregos, ele tem os seus motivos, e a relação com a Inglaterra e com os velhos críticos de lá o obriga a isso. Ele mesmo, formado na rígida escola clássica, decerto percebia o preconceito excludente que não valorizava nada além do que herdamos de Roma e de Atenas. Ele conhecia, valorizava, amava seu Oriente, e desejava introduzir, contrabandear as produções de lá para a velha Inglaterra, algo que não era possível ser feito senão sob a égide da Antiguidade. Tudo isso é hoje totalmente desnecessário e até mesmo danoso. Sabemos estimar a poesia dos orientais, reconhecemos suas grandes virtudes. Mas eles devem ser comparados entre si mesmos. Devemos honrá-los dentro do seu próprio círculo, e esquecer que certa vez houve gregos e romanos.

Ninguém deve ser culpado por se lembrar de Horácio ao ler Hafez. Sobre isso, um especialista prestou-nos um esclarecimento admirável, de modo que essa conexão foi resumida e determinada de uma vez por todas. Ele diz:

> A similaridade entre Hafez e Horácio, no que tange às suas visões da vida, é marcante e pode ser esclarecida apenas pela similaridade das épocas nas quais ambos os poetas viveram, nas quais — com a destruição de toda a segurança da existência burguesa — o ser humano limitou-se a um desfrute passageiro da vida, como se a desfrutasse justamente na sua passagem.[47]

O que pedimos insistentemente é que não se compare Ferdusi com Homero, pois aquele deve perder em qualquer aspecto, seja no conteúdo, na forma ou no tratamento. Quem quiser se convencer disso, confronte a terrível monotonia das sete aventuras de Isfandiar com o 23º canto da *Ilía-*

---

46 *Sir* William Jones (1746-1794), orientalista britânico, autor da obra *Poeseos asiaticae commentatorium libri sex*, avidamente consultada por Goethe.

47 Collin, op. cit., p. 22.

da, onde os prêmios mais variados são ganhos pelos mais diferentes heróis das maneiras mais diversas durante as exéquias de Pátroclo. Nós alemães não causamos o maior prejuízo ao nosso maravilhoso *Nibelungo* por meio de uma comparação dessas? Atraentes como são essas comparações quando nos integramos bem ao seu círculo e aceitamos tudo com confiança e gratidão, elas se mostram tão mais estranhas quando as medimos segundo balizas que jamais deveríamos ter usado.

O mesmo vale também dentro da obra de um único autor que escreveu muitas coisas diversas e por muito tempo. Deixemos para a massa comum e ignara que louve, escolha e descarte ao fazer comparações. Contudo, os mestres da nação devem começar num patamar no qual uma ampla e clara visão geral promova um julgamento puro e impoluto.

Comparação

Já que acabamos de rejeitar quaisquer comparações como forma de julgar escritores, talvez pareça estranho que imediatamente depois disso falemos de um caso no qual a consideramos válida. Esperamos, contudo, que nos permitam essa exceção, pois a ideia não pertence a nós, mas a um terceiro.

Um homem que percorreu a amplitude, os altos e baixos do Oriente, acha que nenhum outro escritor alemão se aproximou tanto dos poetas e dos outros autores orientais quanto Jean Paul Richter. Essa afirmação parecia ser importante demais para que não déssemos a ela a devida atenção. Podemos comunicar esses comentários de maneira mais simples se pudermos nos referir ao que explanamos anteriormente.

Para começarmos com a personalidade do autor, as obras do citado amigo dão testemunho de uma mente compreensiva, visão ampla, sensível, educada, culta e acima de tudo isso benevolente e pia. Um espírito tão bem dotado olha para o mundo, conforme o modo verdadeiramente oriental, com alegria e ousadia, cria as relações mais estranhas, conecta o insuportável, mas de tal forma que um secreto fio ético se infiltra e conduz o todo a certa unidade.

Acabamos de apontar e descrever os elementos naturais a partir dos quais os poetas mais antigos e excelentes do Oriente compuseram suas obras. A partir disso, tenhamos muito claro o seguinte: se eles estiveram ativos numa região mais fresca e simplória; por outro lado nosso amigo viveu e trabalhou numa região culta, supercultivada, culta demais e intricada, e justamente por causa disso foi obrigado a dominar os mais estranhos elementos. Para ilustrar rapidamente a contradição entre o ambiente de um beduíno e o de nosso autor, vamos retirar as afirmações mais importantes a partir de algumas páginas:

> Tratado de barreira, folhas extras, cardinais, recesso lateral, bilhar, canecos de cerveja, bancos imperiais, cadeiras de sessão, comissário principal, entusiasmo, fila para o cetro, retratos de busto, gaiola de esquilo, especulador da bolsa, porcalhão, incógnito, colóquios, saco canônico de bilhar, cópia de gesso, promoção, garoto da barraca, documento de naturalização, programa de pentecostes, maçônico, pantomima manual, amputado, supranumerário, loja de bijuteria, caminhada do sabá, etc.[48]

Se todas essas expressões podem ser conhecidas por um leitor culto alemão ou aprendidas por meio de um léxico de conversação, da mesma forma com que o mundo exterior é conhecido pelo oriental por meio de caravanas de comércio e peregrinação — então podemos ousar considerar que uma mentalidade similar é justa em empregar os mesmos procedimentos literários dentro de um contexto totalmente diverso.

Se admitirmos que nosso tão estimado e frutífero escritor, vivendo em dias mais tardios, deva aludir da maneira mais variada a um estado de coisas infinitamente enclausurado e fragmentado pela arte, ciência, técnica, política, negociações e danos em guerra e paz, de modo a poder ser inventivo em sua própria época — então podemos acreditar ter confirmado suficientemente a orientalidade que se atribui a ele.

Gostaríamos de destacar, contudo, uma diferença entre o procedimento poético e prosaico. Para o poeta — para quem metro, paralelismo, contagem silábica e rima parecem ser os maiores obstáculos —, tudo pode ser aproveitado para sua grande vantagem quando ele consegue resolver com felicidade os nós enigmáticos que lhe são colocados ou que ele mesmo se coloca. Perdoamos a mais ousada metáfora devido a uma rima inesperada, e nos deleitamos com a ponderação do poeta, que ele reafirma mesmo em uma situação tão restritiva.

---

48 Jean Paul Richter, *Hesperus oder 45 Hundposttage* [Héspero ou 45 dias postais de cão] (aqui, cita-se o décimo dia), 1795.

O prosador, por outro lado, tem os cotovelos bastante livres e é responsável por toda ousadia que se permitir; tudo o que puder ferir o bom gosto entra na sua conta. Mas, segundo mostramos laboriosamente antes, como nessa forma de escrever e compor é impossível divisar o próprio do impróprio, tudo depende do indivíduo que empreende tal aventura. Se este é um homem como Jean Paul, um talento de valor, uma pessoa honrada, então o leitor se reconcilia imediatamente; tudo é permitido e bem-vindo. Sentimo-nos confortáveis na companhia desse homem tão amigável, seus sentimentos transparecem. Ele estimula nossa imaginação, bajula nossos pontos fracos e fortalece nossos pontos fortes.

Exercitamos nossa própria astúcia ao tentarmos resolver os enigmas postos de maneira tão curiosa e nos deleitamos, dentro e detrás de um mundo colorido e intricado — como detrás de outro tipo de charada —, em encontrar entretenimento, estímulo, emoção e até ensinamento.

É mais ou menos isso o que queríamos apresentar para justificar minha comparação: concordância e diferença foi o que quisemos expressar, tão breve quanto possível. Tal texto poderia nos seduzir a realizar um comentário enorme e sem limites.

Preservação

Quem considerar palavras e expressões como testemunhos sagrados e não quiser usá-las como usaria trocados ou dinheiro de papel — apenas para trocas rápidas e instantâneas — mas aplicá-las em câmbio e intercâmbio intelectual como portadoras de valor verdadeiro: este não poderá ser reprimido por chamar a atenção para o quanto expressões tradicionais, sobre as quais ninguém mais pensa muito, de fato exercem uma influência nociva, obscurecem pontos de vista, deformam nossos conceitos e colocam disciplinas inteiras na direção errada.

Certamente se pode considerar que a prática estabelecida para esse tipo seja utilizar o título de *Bela arte retórica*[49] como rubrica genérica sob a qual se pretende compreender poesia e prosa, justapondo uma à outra, segundo seus diferentes subtipos.

---

49 Em alemão *Schöne Redekünste*, parte do título da obra *Geschichte der schönen redekünste Persiens*, de Von Hammer, à qual Goethe faz feroz oposição.

Poesia, considerada de maneira pura e verdadeira, não é nem discurso nem arte. Não é discurso porque para sua realização necessita de ritmo, canto, movimento corporal e mímica; não é arte porque tudo repousa sobre o natural que, de fato, pode ser regulado mas não perturbado artisticamente. E ela também é sempre a expressão verdadeira de um espírito inspirado e elevado, sem fim e objetivo.

A arte retórica, contudo, no sentido estrito, é discurso e arte. Ela baseia-se num discurso claro e fortemente apaixonado, e é arte em todos os sentidos. Persegue seus objetivos, e do começo ao fim é dissimulação. Ao ser classificada sob a rubrica que reprovamos, a poesia é degradada, pois, quando é alinhada (ou mesmo subordinada) à arte da retórica, diverge do nome e da dignidade desta última.

Essa nomeação e essa categorização certamente foram aprovadas e conquistaram terreno, pois livros muito valorizados as carregam escritas na testa, e dificilmente se quebraria esse hábito. Porém, tal procedimento surge do fato de a opinião do artista não ser solicitada quando se classificam as artes. O crítico literário recebe as obras poéticas primeiramente impressas; elas estão à sua frente como livros que ele tem de ordenar e classificar.

Gêneros poéticos

Alegoria, balada, cantata, conto, drama, elegia, epigrama, epístola, epopeia, fábula, heroicas, idílio, poema didático, ode, paródia, romance, romanço, sátira.

Se tentarmos classificar metodicamente os gêneros poéticos apresentados acima em ordem alfabética e muitos outros similares, esbarraremos em dificuldades grandes e difíceis de superar. Contemplando as rubricas acima com maior exatidão, descobrimos que seus nomes são retirados ora de critérios externos, ora do conteúdo — mas poucas a partir de uma forma essencial. Percebe-se rapidamente que algumas podem ser coordenadas, enquanto outras podem ser subordinadas entre si. Para o deleite e o prazer, cada uma poderia existir e ter um efeito, mas para os fins didáticos ou históricos de uma ordenação mais racional, é válido o esforço de procurar por tal ordenação. Assim, apresentamos o seguinte para apreciação.

Formas naturais da poesia

Existem apenas três verdadeiras formas naturais da poesia: a claramente narrativa, a entusiasticamente inspirada e a que trata de ações pessoais: *épica, lírica* e *drama*. Esses três modos de poetar podem agir juntos ou em separado. No menor poema encontram-se com frequência os três juntos, e é justamente por essa união no espaço mais comprimido que elas produzem as imagens mais maravilhosas, como as que percebemos nas baladas mais admiráveis de todos os povos. Na mais antiga tragédia grega também vemos as três formas unidas, e apenas depois de passado certo tempo é que elas vêm a se separar. Enquanto o coro encena o papel principal, a lírica está no topo; quando o coro torna-se mais um espectador, as outras vêm à frente, e, finalmente, quando a ação reduz-se à vida doméstica e pessoal, o coro torna-se desconfortável e desajeitado. Na tragédia francesa a exposição é épica, o meio é dramático e o quinto ato, que transcorre de maneira apaixonada e entusiástica, pode ser chamado de lírico.

O poema heroico homérico é puramente épico. O rapsodo sempre predomina, e tudo o que acontece é narrado por ele. Ninguém pode abrir a boca sem que ele lhe tenha concedido a palavra, ninguém cujo discurso ou resposta ele não tenha anunciado antes. Diálogos interrompidos, o mais belo adorno do drama, não são permitidos.

Se ouvirmos o improvisador moderno no mercado público tratando de um assunto histórico, ele vai primeiramente narrar para fins de clareza; depois, para despertar interesse, vai falar como participante da ação; por fim, vai explodir em entusiasmo e capturar a mente de todos. Esses elementos podem ser entrelaçados de maneira tão maravilhosa e os gêneros poéticos serem infinitamente variados, e por isso é também tão difícil encontrar uma ordem segundo a qual se possa arranjá-los lado a lado ou em sequência. Mas poderemos ainda de alguma forma tirar benefícios ao colocar os três elementos principais em círculo, um de frente para o outro, e ao procurar modelos nos quais um único elemento prevaleça. Aí poderíamos coletar exemplos que tendem a um ou a outro lado, até que finalmente surja a unificação dos três, e com isso todo o círculo se fecha em si mesmo.

Seguindo esse caminho, chegamos a uma visão muito bonita não apenas dos gêneros poéticos, mas também do caráter das nações e do seu gosto em uma sequência temporal. E apesar de esse método ser possivelmente mais apropriado para a instrução, diversão e avaliação próprias, em vez de ser usado para a instrução de outras pessoas, talvez seja possível criar um esquema no qual as formas estejam dispostas em uma ordem compreensível, sendo que na parte externa estariam as ocasionais e, na interna, as essenciais. Contudo, esse experimento sempre será tão difícil quanto a busca nas ciências naturais pela relação entre características externas de minerais e plantas e suas partes interiores, para assim formar uma imagem mental da ordem natural.

Adendo

É muito estranho que a poesia persa não possua o drama. Se um poeta dramático tivesse conseguido surgir, toda a sua literatura teria ganho outra face. A nação persa está inclinada à paz, ela adora que lhe contem histórias, e daí a grande quantidade de contos de fadas e os ilimitados poemas. No mais, a vida oriental em si não é muito comunicativa. O despotismo não estimula o diálogo, e descobrimos que críticas contra a vontade e a ordem do imperador encontram-se apenas em citações do Corão e em trechos famosos de poetas — o que pressupõe simultaneamente uma mentalidade inteligente e uma educação ampla, profunda e consequente. Notamos que o oriental suporta as formas da conversação menos do que qualquer outro povo, e isso se vê na admiração que eles têm pelas fábulas de Bidpai, pela repetição, imitação e continuação delas. A conferência dos pássaros de Farid ud-Din Attar[50] oferece os mais belos exemplos disso.

Bibliomancia

A pessoa presa todos os dias em obscuridade e que anseia por um futuro mais esperançoso procura ansiosamente por coincidências para arrancar dali algum tipo de previsão profética. O indeciso só encontra a paz na decisão de submeter-se à leitura da fortuna. Uma dessas atividades é a

---

50 Farid ud-Din Attar (1145-1221) é o pseudônimo de Abū Ḥamīd bin Abū Bakr Ibrāhīm, poeta persa que viveu durante o período de reinado da dinastia seljúcida em Nishapur, no Coração (atual Irã).

tradicional consulta oracular feita em algum livro importante, entre cujas páginas se colocava uma agulha e, abrindo a página marcada, lia-se o trecho com fé. Na juventude, estive intimamente ligado a pessoas que, desse mesmo modo, procuravam com confidencialidade conselhos na Bíblia, na *Caixinha de tesouros*[51] e em obras edificantes similares, e encontravam muitas vezes consolo em momentos de grande necessidade e até mesmo fortalecimento para toda a vida.

No Oriente vemos esse mesmo costume em exercício; ele é chamado *fal*, e Hafez foi agraciado com essa honra logo após sua morte. Pois como os ortodoxos não queriam sepultá-lo com cerimônia, as pessoas perguntaram por seus poemas, e como a passagem inscrita em sua lápide demonstra — que os peregrinos ainda venerariam esse dia —, conclui-se que ele também deveria ser sepultado com todas as honras. O poeta ocidental também alude a esse costume, e deseja que seu livrinho possa receber tal honraria.

Troca de flores e signos

Para não pensarmos bem demais da chamada linguagem das flores ou esperarmos algo delicado a partir dela, temos que procurar conselho com especialistas. Não se atribuiu apenas significado às flores individuais para que elas veiculassem uma mensagem secreta num buquê, e não são apenas as flores que formam letras e palavras nessa conversa muda, mas tudo o que é visível e transportável também é utilizado da mesma maneira.

Contudo, só poderemos imaginar a forma como isso acontece — ou seja, como produzir uma comunicação, uma mudança de sentimento ou de ideia — se tivermos em mente as principais características da poesia oriental: o olhar amplo sobre todos os objetos do mundo, a leveza para rimar, e também certo prazer e tendência da nação oriental para criar enigmas que, ao mesmo tempo, nutrem uma habilidade em resolvê-los. Essa habilidade é evidente em todo aquele que tem talento para lidar com charadas, logogramas e similares.

---

51 *Schatzkästlein des rheinischen Hausfreundes*, livro devocional de Johann Peter Hebel.

Aqui devemos observar: se um ou uma amante enviar algum objeto à amada ou ao amado, o destinatário deve primeiramente descobrir a palavra e procurar algo que rime com ela, e por fim selecionar aquela dentre as muitas rimas possíveis que seja apropriada para a situação corrente. Salta aos nossos olhos que isso exige uma capacidade apaixonada de profetização. Um exemplo pode esclarecer o assunto, e portanto apresentamos o curto romance abaixo com tal correspondência:

> Os vigias estão amarrados
> Por doces atos de amor;
> Como estamos acordados,
> Disso não damos rumor;
> Pois, querida, o que traz a sina
> Deve a outros ajudar,
> Vamos pois a suja lamparina
> Da noite de amor limpar.
> E quem conseguir como nós
> Destapar bem o ouvido,
> E souber amar como nós,
> Vai rimar com bom sentido.
> Eu te mandei, tu me mandaste,
> Entendeu-se de imediato.

Amaranta	Vi, me quebranta.
Losango	Quem está olhando?
Pelo do	Guerreiro-tigre.
Pelo da gazela	Em que parcela?
Tufo de cabelos	Vais entendê-los.
Giz	Fugis.
Palha	Queimo, não falha.
Uva	Me seduza.
Corais	Me agradas mais.
Amêndoa	Bem me soa.
Nabo	Quer-me amuado.
Cenouras	Tu só me agouras.
Cebolas	Por que me amolas?
Brancas uvas	Que insinuas?
Uva, azul	Crer — em tu?
Grameira	Está de brincadeira?

Cravo	Murchar eu devo?
Narciso	Deves ter siso.
Violeta	Um pouco, aguenta.
Cereja	Quer me dar inveja.
Pena de corvo	Te quero de novo.
Do papagaio	Livre eu saio.
Castanha	Onde é nossa choupana?
Chumbo	Estou no rumo.
Rosa-tom	Alegria, tem não.
Seda	Me obseda.
Feijão	Te deixo são.
Manjerona	Não é da minha conta.
Azul	Não é pra ti.
Vinha	Adivinha.
Amoras	Defende — apavoras.
Figos	Fecha o bico?
Ouro	Te sou duradouro.
Couro	Pena-escrevedouro.
Papel	Assim sou teu.
Margarida	Escreve à toda brida.
Goiveiro-do-jardim	Mando trazer, sim!
Um fio	Eu te confio.
Um ramo	Não faça esparramo!
Buquê	Estou em meu ser.
Cipós	Me achas, oh!
Murta	Quer que te nutra.
Jasmim	Leva a mim.
Cidreira	*** na cama inteira.
Cipreste	Esquece, esquece!
Feijão em flor	Um falso ardor.
Cal	És tão jovial!
Carvão	Que o *** te carregue, então.

E se Jamil com Botainá
Não tivesse se entendido,
Como seria fresco e jovial
Seu nome ainda conhecido?[52]

---

52 *"Die Wächter sind gebändiget/ Durch süße Liebestaten;/ Doch wie wir uns verständiget/ Das wollen*

★

Os curiosos modos de comunicação mostrados acima podem ser facilmente levados a cabo por duas pessoas vivazes e atraídas uma pela outra. Tão logo o espírito tome essa direção, ele faz milagres. Como prova, seleciono uma história dentre muitas.

Dois amantes fazem uma viagem de prazeres por muitas milhas, passam um belo dia em companhia um do outro; na viagem de volta, conversam e fazem charadas entre si. Logo cada amante não apenas resolve rapidamente cada charada tão logo saia da boca do outro, mas, ao fim e ao cabo, chega a adivinhar e dizer a palavra que o outro está pensando, e quer transformar tudo num jogo de palavras por meio da mais direta adivinhação.

Se hoje em dia falarmos e confirmarmos algo assim, não se deve temer o ridículo, já que tais fenômenos psíquicos não chegam nem perto do que o magnetismo orgânico já revelou.

---

wir verraten;/ Denn, Liebchen, was uns Glück gebracht/ Das muß auch andern nutzen,/ So wollen wir der Liebesnacht/ Die düstern Lampen putzen./ Und wer sodann mit uns erreicht/ Das Ohr recht abzufeimen,/ Und liebt wie wir, dem wird es leicht/ Den rechten Sinn zu reimen./ Ich schickte dir, du schicktest mir,/ Es war sogleich verstanden.

Amarante/ Ich sah und brannte./ Raute/ Wer schaute?/ Haar vom Tiger/ Ein kühner Krieger./ Haar der Gazelle/ An welcher Stelle?/ Büschel von Haaren/ Du sollst's erfahren./ Kreide/ Meide./ Stroh/ Ich brenne lichterloh./ Trauben/ Will's erlauben./ Korallen/ Kannst mir gefallen./ Mandelkern/ Sehr gern./ Rüben/ Willst mich betrüben./ Karotten/ Willst meiner spotten./ Zwiebeln/ Was willst du grübeln?/ Trauben, die weißen/ Was soll das heißen?/ Trauben, die blauen/ Soll ich vertrauen?/ Quecken/ Du willst mich necken./ Nelken/ Soll ich verwelken?/ Narzissen/ Du mußt es wissen./ Veilchen/ Wart ein Weilchen./ Kirschen/ Willst mich zerknirschen./ Feder vom Raben/ Ich muß dich haben./ Vom Papageien/ Mußt mich befreien./ Maronen/ Wo wollen wir wohnen?/ Blei/ Glück Ich bin dabei./ Rosenfarb/ Die Freude starb./ Seide/ Ich leide./ Bohnen/ Will dich schonen./ Majoran/ Geht mich nichts an./ Blau/ Nimm's nicht genau./ Traube/ Ich glaube./ Beeren/ Will's verwehren./ Feigen/ Kannst du schweigen?/ Gold/ Ich bin dir hold./ Leder/ Gebrauch die Feder./ Papier/ So bin ich dir./ Maßlieben/ Schreib nach Belieben./ Nachtviolen/ Ich laß es holen./ Ein Faden/ Bist eingeladen./ Ein Zweig/ Mach keinen Streich./ Strauß/ Ich bin zu Haus./ Winden/ Wirst mich finden./ Myrten/ Will dich bewirten./ Jasmin/ Nimm mich hin./ Melissen/ *** auf einem Kissen./ Zypressen/ Will's vergessen./ Bohnenblüte/ Du falsch Gemüte./ Kalk/ Bist ein Schalk./ Kohlen/ Mag der *** dich holen.

Und hätte mit Boteinah so/ Nicht Dschemil sich verstanden,/ Wie wäre denn so frisch und froh/ Ihr Name noch vorhanden?"

Cifra

Há outro meio de se comunicar, porém, que é inteligente e cordial! Se no exemplo anterior o ouvido e o tino estavam em jogo, aqui se trata de um senso estético que ama com delicadeza e que se coloca lado a lado com a mais alta poesia.

No Oriente, todos sabiam o Corão de cor, e por isso a mais leve alusão a suratas e versos permitiam um rápido entendimento entre os iniciados. Vivenciamos o mesmo na Alemanha, quando cinquenta anos atrás a educação foi direcionada a tornar todas as crianças versadas na Bíblia. Não se aprendia de cor apenas provérbios importantes, mas era possível alcançar também um conhecimento suficiente de todo o restante. Claro que havia muitas pessoas com grande capacidade de aplicar citações bíblicas a tudo o que acontecesse e a utilizar a Escritura Sagrada em conversações. É inegável que a partir disso surgiram as mais sagazes e graciosas respostas, e hoje em dia ainda aparecem aqui e ali nas conversas certas frases padrão de aplicação eterna.

De modo análogo, lançamos mão de palavras clássicas por meio das quais indicamos e expressamos um sentimento ou um evento como algo que retorna eternamente.

Cinquenta anos atrás, quando ainda era jovem e admirava seus poetas nativos, este poeta avivou sua memória por meio dos escritos deles e provou como os aceitava ao expressar suas próprias ideias por meio das palavras cultas e seletas deles, admitindo assim que eles sabiam desenvolver meus sentimentos mais íntimos de maneira muito melhor que eu.

Contudo, para chegarmos ao assunto de fato, lembremo-nos de uma forma muito conhecida, mas ainda assim sempre misteriosa, de se utilizar códigos: quando duas pessoas se decidem por um livro e usam indicações de página e linha nas suas cartas, conscientes de que o receptor conseguirá facilmente decodificar a mensagem.

A canção que classificamos com a categoria de *cifra* aponta para um acordo semelhante. Dois amantes utilizam alguns poemas de Hafez como ferramentas para o intercâmbio de seus sentimentos; indicam página e linha para expressar seu estado emocional corrente, e assim surgem canções compostas que expressam os mais belos sentimentos;

maravilhosos trechos esparsos do inestimável poeta são conectados com paixão e sentimento, a afinidade e a seleção conferem vida interna ao todo, e aqueles que estão distantes encontram uma devoção consoladora ao enfeitar seu lamento com pérolas das palavras dele.

Abrir meu coração
A ti eu anseio;
Ouço sobre ti,
A isso anseio;
Como olha triste
O mundo a mim!

Só na minha mente
Mora o meu amigo,
E mais ninguém,
Nem o inimigo.
Como a aurora
Virou meu intento!

De hoje em diante,
Apenas ao serviço
Do amor dele
Devoto minha vida.
Penso nele, me
Sangra o coração.

Forças não tenho,
Só pra amá-lo,
Quieto, diligente.
Que virá disso?
Quero abraçá-lo,
Mas não posso.[53]

---

53 "Dir zu eröffnen/ Mein Herz verlangt mich;/ Hört' ich von deinem,/ Darnach verlangt mich;/ Wie blickt so traurig/ Die Welt mich an./ In meinem Sinne/ Wohnet mein Freund nur,/ Und sonsten keiner/ Und keine Feindspur./ Wie Sonnenaufgang/ Ward mir ein Vorsatz!/ Mein Leben will ich/ Nur zum Geschäfte/ Von seiner Liebe/ Von heut an machen./ Ich denke seiner,/ Mir blutet 's Herz./ Kraft hab ich keine/ Als ihn zu lieben,/ So recht im Stillen./ Was soll das werden!/ Will ihn umarmen/ Und kann es nicht."

Divã futuro

Em certa época, circularam na Alemanha muitos impressos na forma de *manuscritos para amigos*. Quem achar isso estranho pense que, ao fim e ao cabo, todo livro é escrito para simpatizantes, amigos, admiradores do autor. Eu gostaria de classificar meu *Divã* nessa mesma categoria, e sua edição atual só pode ser vista como incompleta. Em anos mais jovens, eu o teria guardado por mais tempo, mas agora acho mais vantajoso coligir suas partes eu mesmo do que deixá-lo, como Hafez, para a posteridade. Pois é justamente o fato de este livrinho existir do modo pelo qual o apresento agora que me faz querer trabalhar mais e mais para conferir-lhe a merecida completude. Quero indicar aqui o que seria isso livro por livro, na sequência.

Livro do cantor. Nesse livro, na forma como está, encontram-se impressões vivas e entusiasmadas a respeito do efeito que muitos objetos e fenômenos exercem sobre a sensibilidade e a mente, e são feitas alusões a relações mais detalhadas do poeta com o Oriente. Se continuar assim, o belo jardim será enfeitado o mais graciosamente possível. Mas sua composição será expandida de maneira muito mais agradável se o poeta não tentar apenas falar de si mesmo e em sua defesa, mas também dedicar sua gratidão honrosa a amigos e mecenas, de modo a lembrar-se dos vivos com palavras amigáveis, e a rememorar com honrarias aqueles que já se foram.

Aqui se deve ter em mente que a agilidade e o momento orientais, naquela poesia tão rica e extremamente laudatória, talvez não cheguem a apelar à sensibilidade do leitor ocidental. Por outro lado, nós nos movemos de modo ousado e livre, sem recorrer a hipérboles. Pois realmente apenas uma poesia pura e de sentimento verdadeiro consegue expressar, ao fim e ao cabo, os méritos mais autênticos de homens excelentes cuja perfeição só se percebe realmente quando eles já se foram, quando suas peculiaridades já não nos incomodam mais e quando as consequências de suas ações saltam aos olhos todo dia e toda hora. Há pouco tempo, o poeta teve a felicidade de ter parte dessa culpa, à sua maneira, em uma maravilhosa festividade na presença da mais alta majestade.[54]

---

54 A procissão de máscaras de 1818 para a imperadora Maria Feodorovna em Weimar.

Livro de Hafez. Se todos aqueles que fazem uso do árabe e de línguas aparentadas já nasceram e foram criados como poetas, então se pode pensar que numa tal nação surgem mentes excelentes em quantidade enorme. Contudo, quando tal povo admite apenas sete poetas ao posto mais alto no intervalo de quinhentos anos, então somos obrigados a aceitar essa afirmação com respeito, mas também devemos nos permitir investigar as razões para tal preferência.

Realizar essa tarefa, conquanto seja possível, deve ser reservado também ao *Divã* futuro. Pois, para falarmos apenas de Hafez, a admiração e o apreço por ele apenas crescem à medida que o conhecemos melhor. A natureza mais feliz, grande cultura, habilidade livre e o puro convencimento de que só se pode agradar às pessoas quando se lhes canta aquilo que gostam de ouvir de maneira simples e confortável, tornando possível, aqui e ali, imiscuir oportunamente algo pesado, difícil ou não tão bem-vindo. Se especialistas conseguirem perceber minimamente a imagem de Hafez no seguinte poema, então o ocidental vai ficar feliz por ter realizado essa tentativa.

A Hafez

O que querem sabes já,
E entendeste tudo certo,
Pois o anelo, do povo ao xá,
Nos mantém num forte aperto.

Faz bem, faz mal, no mais tardar,
Quem teria contrariado?
Se o pescoço de um quebrar,
O outro mantém-se ousado.

Perdoa, Mestre, sabes bem
Que eu me meço a todo instante,
Se o olho já não se contém
Atrás do cipreste andante.

Seu pé se esgueira qual raiz,
E flerta com o solo;
Seu salve some em nuvem gris,
Qual mimo do Este, seu Éolo.

Forçados somos, em viés,
Onde os cachos se entrançam,
Brunos, plenos, grossos anéis
Que então no vento balançam.

A testa clara já se abriu
E já aplaca o teu peito,
Vera e alegre canção se ouviu
Pra pôr tua alma no leito.

E se teus lábios, por sua vez,
Encantam a tudo em volta,
Encerram a ti no xadrez
Enquanto livre te soltam.

O alento não quer mais voltar
De alma em alma pulando,
Na sorte cheiros vão soprar,
Fugaz nuvem vai passando.

Mas se o fogo violento advém
Então alcanças a taça.
O moço corre, o moço vem,
Uma, duas vezes passa.

Seu olho em luz, peito a tremer,
Anseia por teu ensino;
Se o vinho te faz ascender,
Vai te ouvir com muito tino.

A interna ordem salutar
Do mundo se foi mostrando,
Penugem cresce, peito a inflar:
Varão está se tornando.

E se segredo algum restar
Do coração ou do mundo,
Ao pensador basta acenar,
Que se desvela o profundo.

E que de nós não vá escapar
Do trono o real refúgio,
Se deres bom aviso ao xá
E ao vizir deres refúgio.

E tudo que hoje te instruiu
Cantas hoje e em outro dia:
Na crua e amena vida agiu
Tua amizade como um guia.[55]

O *Livro do amor* cresceria muito se seis casais amorosos aparecessem de maneira mais decidida nas suas alegrias e tristezas, e também se alguns outros emergissem mais ou menos claramente de um passado obscuro. Wamik e Asra, por exemplo, dos quais não se encontra notícia nenhuma além dos nomes, podem ser introduzidos da seguinte forma:

Sim, o amor é um grande negócio!
O belo lucro vai para qual sócio?
Não tens poder, não tens riqueza,
Mas tens do herói a mesma grandeza.

---

55 "An Hafis/ Was alle wollen, weißt du schon/ Und hast es wohl verstanden:/ Denn Sehnsucht hält, von Staub zu Thron,/ Uns all in strengen Banden./ Es tut so weh, so wohl hernach,/ Wer sträubte sich dagegen?/ Und wenn den Hals der eine brach,/ Der andre bleibt verwegen./ Verzeihe Meister, wie du weißt/ Daß ich mich oft vermesse,/ Wenn sie das Auge nach sich reißt/ Die wandelnde Zypresse./ Wie Wurzelfasern schleicht ihr Fuß/ Und buhlet mit dem Boden;/ Wie leicht Gewölk verschmilzt ihr Gruß,/ Wie Ost-Gekos ihr Oden./ Das alles drängt uns ahndevoll,/ Wo Lock' an Locke kräuselt,/ In brauner Fülle ringelnd schwoll,/ Sodann im Winde säuselt./ Nun öffnet sich die Stirne klar/ Dein Herz damit zu glätten,/ Vernimmst ein Lied so froh und wahr/ Den Geist darin zu betten./ Und wenn die Lippen sich dabei/ Aufs niedlichste bewegen,/ Sie machen dich auf einmal frei/ In Fesseln dich zu legen./ Der Atem will nicht mehr zurück,/ Die Seel' zur Seele fliehend,/ Gerüche winden sich durchs Glück/ Unsichtbar wolkig ziehend./ Doch wenn es allgewaltig brennt/ Dann greifst du nach der Schale:/ Der Schenke läuft, der Schenke kömmt/ Zum erst und zweiten Male./ Sein Auge blitzt, sein Herz erbebt,/ Er hofft auf deine Lehren,/ Dich, wenn der Wein den Geist erhebt,/ Im höchsten Sinn zu hören./ Ihm öffnet sich der Welten Raum/ Im Innern Heil und Orden,/ Es schwillt die Brust, es bräunt der Flaum,/ Er ist ein Jüngling worden./ Und wenn dir kein Geheimnis blieb/ Was Herz und Welt enthalte,/ Dem Denker winkst du treu und lieb,/ Daß sich der Sinn entfalte./ Auch daß vom Throne Fürstenhort/ Sich nicht für uns verliere,/ Gibst du dem Schach ein gutes Wort/ Und gibst es dem Wesire./ Das alles kennst und singst du heut/ Und singst es morgen eben./ So trägt uns freundlich dein Geleit/ Durchs rauhe, milde Leben."

Tão bem assim como do Profeta,
De Wamik e Asra será a palestra.
Não palestra, vamos citá-los:
Os nomes devemos recitá-los.
O que fizeram, o que obraram,
Isso não se sabe! Que amaram,
Isso sabemos. E já está bom,
Se de Wamik e Asra for a questão.[56]

Esse livro não é menos apropriado para digressões simbólicas, as quais é muito difícil evitar no campo do Oriente. A pessoa espirituosa, não satisfeita com o que lhe é apresentado, contempla tudo o que se lhe apresenta aos sentidos como uma máscara por trás da qual uma vida espiritual mais elevada se esconde divertida e obstinadamente para nos atrair e nos levar a regiões mais nobres. Se trabalhar aqui com consciência e equilíbrio, o poeta poderá valorizar isso, desfrutar e testar suas asas para um voo mais determinado.

O *Livro das contemplações* amplia-se todos os dias para aquele que mora no Oriente; pois ali tudo é contemplação, que oscila entre o sensível e o suprassensível sem se decidir por um ou por outro. Essa reflexão, à qual somos convocados, é de um tipo muito peculiar. Dedica-se não apenas à sagacidade, apesar de esta fazer exigências mais poderosas, mas conduz igualmente ao ponto no qual os problemas mais estranhos da vida terrena se põem puros e implacáveis frente a nós, e somos compelidos a dobrar nossos joelhos ao acaso, à providência e aos seus imperscrutáveis desígnios, e a pronunciar uma devoção incondicional como a mais alta lei política, moral e religiosa.

O *Livro do mau humor*. Se os demais livros vão crescer, devemos garantir que também esse tenha o mesmo direito. Primeiramente devemos juntar ingredientes graciosos, amáveis e compreensíveis para que os rompantes de mau humor possam ser suportáveis. Benevolência humana geral,

---

56 *"Ja! Lieben ist ein groß Verdienst!/ Wer findet schöneren Gewinnst?/ Du wirst nicht mächtig, wirst nicht reich;/ Jedoch den größten Helden gleich./ Man wird, so gut wie vom Propheten,/ Von Wamik und von Asra reden./ Nicht reden wird man, wird sie nennen:/ Die Namen müssen alle kennen./ Was sie gethan, was sie geübt/ Das weiß kein Mensch! Daß sie geliebt/ Das wissen wir. Genug gesagt!/ Wenn man nach Wamik und Asra fragt."*

sentimento de ajuda e indulgência conectam o Céu com a Terra, e oferecem um paraíso devotado ao ser humano. Por outro lado, o mau humor sempre é egoísta; ele é composto de exigências cuja realização está fora dele; ele é arrogante, repugnante e não compraz a ninguém, tampouco aqueles que são tomados do mesmo sentimento. Não obstante isso, o ser humano nem sempre consegue conter tais explosões. De fato, ele faz bem quando se esmera para ventilar a sua fúria, especialmente se ela for disparada por uma atividade impedida ou obstruída. Mesmo agora esse livro deveria ser muito mais poderoso e rico; contudo, deixamos muito de lado, para evitar excessiva discordância. Gostaríamos de comentar, neste ponto, que guardamos para publicação futura sob a rubrica Paralipomena os comentários, aparentemente inapropriados para este momento, mas que no futuro serão tidos como inofensivos com alegria e benevolência.

Por outro lado, aproveitamos esta oportunidade para falar da arrogância, e em primeiro lugar sobre o modo pelo qual ela surge no Oriente. O próprio governante é o primeiro arrogante, que parece excluir todos os demais. Todos lhe servem, ele manda em si mesmo, ninguém manda nele, e sua própria vontade cria o restante do mundo, de sorte que ele pode se comparar com o Sol e até mesmo com o Universo. Chama a atenção, porém, que justamente por isso ele se sente obrigado a eleger um corregente que esteja a seu lado nesse campo ilimitado, ou melhor, que de fato o mantenha sobre o trono do mundo. É o poeta que age com ele e por ele, e o eleva sobre todos os mortais. Quando na sua corte se juntam muitos desses talentos, ele lhes dá um rei dos poetas, mostrando com isso que reconhece o melhor talento como seu igual. Dessa maneira, contudo, o poeta é encorajado e até mesmo induzido a pensar sobre si mesmo como tão grande quanto o príncipe, e assim a se sentir como copossuidor dos maiores privilégios e bênçãos. Com isso, ele se fortalece por meio dos inúmeros presentes que recebe, da riqueza que acumula e da influência que exerce. Ele também se prende tão firmemente nessa forma de pensar que qualquer desvio das suas expectativas pode levá-lo à loucura. Ferdusi esperava receber pelo seu *Shah-nameh* 60 mil moedas de ouro, de acordo com uma primeira afirmação do imperador. Como, porém, recebeu apenas 60 mil moedas de prata, justamente quando estava tomando banho, dividiu a soma em três partes, deu uma delas ao mensageiro, outra ao dono da casa de banhos e a terceira para o escanção, e assim eliminou, com poucas linhas difamatórias, todo o elogio que tinha feito por tantos anos ao xá. Ele fugiu, escondeu-se e não se retratou, mas transferiu seu ódio para os de sua tribo, de modo que sua irmã desprezou e recusou um presente considerável enviado pelo sultão (que procurava reconciliação) e que infelizmente havia chegado apenas depois da morte do irmão.

Se quisermos expandir isso mais ainda, diríamos que partindo do trono, passando por todas as etapas para descer até o dervixe da esquina, tudo se encontra cheio de arrogância, cheio de altivez terrena e espiritual que, no menor incidente, explode de maneira violenta.

Com relação a essa falha moral, se pudermos considerá-la assim, tem-se uma atitude bastante estranha no Ocidente. A modéstia é, na verdade, uma virtude social. Ela indica uma grande cultura, é a autonegação direcionada para fora que, fundada sobre um grande valor interior, é vista como a mais alta característica do ser humano. E assim ouvimos que o povo valoriza sempre primeiro a modéstia nas pessoas excelentes, sem dar muita atenção para suas demais qualidades. Modéstia está sempre ligada à pretensão e a uma espécie de bajulação, eficaz quando faz o bem a outrem de forma não invasiva enquanto não o remove do seu confortável amor-próprio. Tudo o que chamamos de boa sociedade se funda numa sempre crescente negação de si próprio, de modo que, ao fim e ao cabo, as relações sociais se tornam nulas. O talento deveria se desenvolver a ponto de sabermos bajular a vaidade de outra pessoa satisfazendo simultaneamente a nossa própria.

Contudo, gostaríamos de reconciliar nossos compatriotas com as presunções do nosso poeta ocidental. Certa jactância não poderia faltar ao *Divã* se o caráter oriental tiver que ser realizado de alguma maneira.

O poeta não se rebaixou a fazer afirmações desagradáveis contra as classes superiores. Sua posição afortunada eximiu-o de qualquer luta contra o despotismo. O mundo concorda com o elogio que ele pôde dedicar aos seus soberanos príncipes. As augustas personalidades com as quais esteve em contato foram e são ainda muito admiradas. Pode-se até mesmo criticar o poeta pelo fato de a parte encomiástica do seu *Divã* não ser rica o suficiente.

No que concerne ao *Livro do mau humor*, decerto se podem encontrar algumas coisas reprováveis. Toda pessoa mal-humorada diz muito claramente que suas expectativas pessoais não foram satisfeitas, que suas realizações não foram reconhecidas. Assim também é com o poeta! Não lhe restringem de cima, mas ele sofre a partir de baixo e dos lados. Uma massa intrusiva, frequentemente vulgar e maliciosa com seus porta-vozes, atrasa sua atividade. Primeiramente se armou de orgulho e irritabilidade, mas depois, irritado e pressionado demais, juntou forças suficientes para afirmar sua verdade.

Mas admitamos que ele sabe mitigar muitas das suas presunções pelo fato de direcioná-las à sua amada de maneira sentimental e habilidosa, humilhando-se e até mesmo se anulando para ela. O coração e a mente do leitor vão dar-lhe crédito.

O *Livro dos provérbios* sobretudo deve crescer; ele está intimamente relacionado com os livros das *Contemplações* e do *Mau humor*. Provérbios orientais contêm a característica distintiva de toda a arte poética, ao se referirem muito frequentemente a objetos visíveis, dos sentidos — e há muitos dentre eles que poderiam ser chamados de parábolas lacônicas. Esse tipo é para o ocidental o mais difícil, pois nossa região é muito seca, regulamentada e prosaica. Antigos provérbios alemães, porém, em que o sentido se constrói por meio de símiles, podem ser o nosso modelo.

O *Livro de Timur*[57] deveria na verdade ser totalmente refeito, e talvez se devessem passar alguns anos até que a interpretação atual demais dos fatos não venha a atrapalhar a contemplação de eventos mundiais terríveis. Essa tragédia poderia ser amenizada se decidíssemos permitir, de tempos em tempos, algumas aparições ocasionais do engraçado Nasrudin Hodja, companheiro de viagem e de tenda do temível devastador de mundos. Boas horas e uma mente livre nos darão o melhor incentivo para nosso caminho. Incluiremos aqui um modelo das historinhas que chegaram até nós.

> Timur era um homem feio; tinha um olho cego e um pé coxo. Quando certo dia Hodja estava com ele, Timur coçou a cabeça, pois era hora de raspar os cabelos, e ordenou que chamassem o barbeiro. Depois que a cabeça estava raspada, o barbeiro, como de costume, deu o espelho a Timur. Timur olhou no espelho e achou sua aparência feia demais. Então, começou a chorar, e também Hodja começou a

---

57 Tamerlão ou Timur-leng (que em turcomeno significa "Timur, o coxo") viveu entre 1336 e 1405 e foi um dos imperadores do período que se seguiu à dissolução do império de Genghis Khan (1162--1227). Sua última investida conquistadora foi em 1405, quando partiu em direção à China em meio ao inverno e faleceu na cidade de Shymkent (atual Cazaquistão). Na cidade de Samarcanda (atual Uzbequistão) foi erguido um mausoléu em sua homenagem, chamado de Gur Emir.

chorar, e então eles choraram por algumas horas. Depois, alguns companheiros consolaram Timur e o divertiram com histórias estranhas, para fazê-lo esquecer de tudo. Timur parou de chorar, mas Hodja não parou, e aí começou a chorar forte de verdade. Finalmente, Timur falou para Hodja: "Ouve! Olhei no espelho e me achei muito feio, depois fiquei triste porque não sou apenas imperador, mas tenho também muitas propriedades e escravas, e além disso sou tão feio; por isso chorei. E por que choras sem parar?" Hodja respondeu: "Se tu te olhaste no espelho e, ao contemplar teu rosto, não conseguiste suportar a visão, mas choraste por causa disso, o que devemos fazer, nós que olhamos teu rosto dia e noite? Se não chorarmos, quem vai chorar? Por isso chorei." — Timur arrebentou de tanto rir.

Livro de Zuleica. Esse livro, sem dúvida o mais poderoso de toda a coletânea, pode ser considerado finalizado. O hálito e o espírito de uma paixão que sopra no todo não volta facilmente; pelo menos seu retorno deve ser esperado, como um bom ano de vindima, com esperança e humildade.

Podemos fazer algumas considerações a respeito do comportamento do poeta ocidental nesse livro. Seguindo o exemplo de muitos predecessores orientais, ele se mantém longe do sultão. Como um dervixe modesto, ele pode até mesmo se comparar ao príncipe, pois o verdadeiro mendigo deve ser um tipo de rei. A pobreza traz temeridade. Não reconhecer os bens terrenos e seu valor, não os desejar ou desejar apenas um pouco, esta é sua decisão, que cria uma sensação da maior despreocupação. Em vez de procurar preocupado por posses, ele imagina entregar terras e tesouros, e escarnece aqueles que realmente os possuíram e perderam. Na realidade, contudo, nosso poeta admitiu uma pobreza voluntária para poder apenas aparecer mais orgulhoso, já que existe uma jovem que não obstante lhe é devota e atenta.

Mas ele se orgulha de uma falta ainda maior: a juventude se lhe escapa. Sua idade, seus cabelos grisalhos ele enfeita com o amor de Zuleica, mas não de maneira afetada e intrusiva, não! Ciente do amor correspondido. Ela, a espirituosa, sabe valorizar o espírito que amadurece cedo a juventude e rejuvenesce a idade avançada.

O *Livro da taverna*. Nem a inclinação intemperada pelo vinho semiproibido, nem a sensibilidade pela beleza de um menino adolescente poderiam ser omitidas no *Divã*. Esta última, porém, deve ser tratada com toda a pureza, de acordo com a nossa moral.

A inclinação mútua entre a primeira e a terceira idades essencialmente aponta para uma relação verdadeiramente pedagógica. Uma inclinação apaixonada da criança pelo velho não é de maneira nenhuma um fenômeno incomum, mas é muito pouco utilizada. Aqui devemos notar a relação do neto com o avô, e do último herdeiro com o surpreso e terno pai. É nessa relação que se desenvolve de fato a inteligência das crianças. Elas são atentas para a dignidade, experiência e força dos mais velhos; almas nascidas puras sentem a necessidade por uma inclinação respeitosa, e aqui o velho é capturado e mantido preso. Se a juventude sente e aplica sua preponderância para alcançar objetivos infantis, para satisfazer necessidades infantis, então o charme nos concilia com uma antiga travessura. Contudo, é mais tocante a crescente consciência do menino que, estimulado pelo espírito elevado do mais velho, encontra em si mesmo algo de admiração que lhe revela que algo semelhante também pode se desenvolver nele mesmo. Tentamos aludir a essas belas relações no *Livro da taverna*, e aqui as explicamos com mais vagar. Saadi nos preservou alguns exemplos cuja delicadeza, certamente conhecida de todos, proporciona o mais perfeito entendimento.

Ele narra o seguinte no seu *O jardim das rosas*:

> Quando Mahmud, o rei da Corásmia, fez as pazes com o rei de Khata, eu estava em Kashgar (uma cidade dos uzbeques ou tartos) e fui à igreja, onde, como vocês sabem, também há aulas da escola, e vi ali um menino, de bela aparência e maravilhoso rosto. Ele tinha uma gramática na mão, para aprender a língua de maneira pura e detalhada. Ele lia em voz alta um exemplo de uma regra: *Saraba Zaidon Amran*. Zaid bateu ou guerreou com Amru. Amru é o acusativo (ambos os nomes aqui aludem a contendores, como em português: João e Pedro). Quando ele repetiu essas palavras algumas vezes para memorizá-las, eu disse: "Corásmia e Khata de fato estão em paz; será que Zaid e Amru têm sempre que fazer guerra um contra o outro?" O menino riu muito amavelmente, e perguntou de onde eu era. Respondi: de Xiraz, e ele perguntou se eu não sabia algo de cor dos escritos de Saadi, já que ele gostava muito da língua persa.
>
> Eu respondi: "Assim como o teu temperamento se entregou à gramática movido por amor pela língua pura, da mesma maneira meu coração se entregou inteiramente a ti, de sorte que a forma da tua natureza obnubilou totalmente a forma do meu intelecto." Ele me contemplou com atenção, como se quisesse analisar se aquilo que eu dissera eram palavras do poeta ou meus próprios sentimentos; eu, porém, continuei: "Tu tens o coração de um amante preso nas tuas redes, como Zaid. Gostaríamos de ir contigo, mas estás contra nós, como Zaid.

Gostaríamos de ir contigo, mas estás contra nós, como Zaid contra Amru, renegado e animoso." Ele respondeu, com modesto embaraço, com alguns versos de meus próprios poemas, e eu tinha a vantagem de poder lhe dizer as coisas mais bonitas desse mesmo jeito, e assim passamos alguns dias em conversas graciosas. Quando, porém, a corte estava se preparando para nova viagem, e nós queríamos partir cedo pela manhã, um de nossos companheiros disse a ele: "Este é o próprio Saadi, a pessoa por quem perguntaste."

O menino veio correndo até mim, colocou-se com toda reverência de forma amigável à minha frente e desejou que tivesse podido me conhecer melhor, e disse: "Por que não quiseste te revelar nesses dias e dizer 'Eu sou Saadi', de sorte que eu pudesse te prestar as devidas honras segundo o meu melhor e oferecer humildemente meus serviços aos teus pés?" Respondi: "Quando te vi, não consegui pronunciar as palavras 'eu sou ele', meu coração se abriu para ti como uma rosa que desabrocha." Ele perguntou ainda se não era possível que eu ficasse mais alguns dias ali para que ele pudesse aprender a arte e a ciência comigo, mas eu respondi: "Não pode ser; pois vejo aqui pessoas excelentes sentadas entre grandes montanhas, mas eu gosto, agrada-me ter apenas uma caverna nesse mundo e passar meu tempo ali." E como ele me parecia um pouco triste, falei: "Por que não vais à cidade, onde poderia livrar teu coração do grilhão da tristeza e viver mais alegre?" Ele respondeu: "De fato, lá há coisas bonitas e agradáveis, contudo na cidade as ruas são sujas e escorregadias, de modo que até mesmo elefantes podem escorregar e cair; e assim, observando maus exemplos, eu também não conseguiria me manter firme em pé." Quando falamos isso, beijamo-nos na cabeça e no rosto, e nos despedimos. Então o que o poeta disse se tornou verdade: "Os amantes, na despedida, são como as belas maçãs; uma maçã se pressiona contra a outra, fica vermelha de desejo e vida; a outra, porém, é pálida de mágoa e doença."

Em outro trecho, o mesmo poeta narra:

Quando eu era jovem, cultivei uma amizade sincera e duradoura com um homem jovem como eu. Seu rosto era para mim como uma parte do Céu, para onde nossas orações se voltavam como que para um ímã. Sua companhia era a melhor coisa que pude ter em todo o câmbio e intercâmbio da minha vida. Creio não haver existido nenhuma pessoa no mundo (talvez apenas anjos no Céu) que pudesse ser comparada a ele em forma, sinceridade e honra. Depois de ter gozado tal amizade, fiz um juramento, e penso que seria errado de minha parte se dedicasse meu amor a outra pessoa após a sua morte. Aconteceu que seu pé ficou preso nas cadeias do seu destino, apressando-o para o túmulo. Fiquei um bom tempo de guarda sobre seu túmulo, sentado e deitado, e compus várias canções de lamento sobre sua morte e nossa separação, que permaneceram tocantes tanto para mim quanto para outros.

Livro das parábolas. Apesar de as nações ocidentais terem se apropriado de muitas riquezas do Oriente, ainda conseguiremos encontrar aqui muito que ganhar, o que revelaremos melhor no que se segue.

As parábolas, como outros gêneros poéticos do Oriente que remetem à moralidade, podem muito bem ser divididas em três subgrupos: éticas, morais e ascéticas. As primeiras contêm eventos e alusões que concernem ao ser humano em geral e à sua condição, sem que se diga claramente o que é bom e o que é ruim. Esse contraste, porém, é afirmado pelo segundo grupo, que oferece uma escolha razoável para o ouvinte. O terceiro grupo, por outro lado, adiciona mais uma restrição: a sugestão moral torna-se lei e mandamento. Podemos ainda acrescentar uma quarta categoria: parábolas que apresentam os maravilhosos atos e conduções que emanam dos decretos imperscrutáveis e imponderáveis de Deus, ensinando e confirmando o verdadeiro Islã, a entrega incondicional à vontade de Deus, a convicção de que ninguém pode se desviar do seu destino já estipulado. Poderíamos adicionar ainda uma quinta, que teria de se chamar mística: ela arranca o ser humano do seu estado anterior, que é sempre um estado de ansiedade e depressão, e o leva para a união com Deus nesta mesma vida, e para a provisória renúncia dos bens cuja eventual perda nos poderia causar dor. Teremos grande vantagem se mantivermos separados os diferentes objetivos em todas as representações imagéticas do Oriente. Misturá-las vai confundir toda questão que contemplarmos por um uso moral quando não é possível nenhum, além de podermos também acabar ignorando algum significado mais profundo. Prover exemplos marcantes de todos os tipos tornaria o *Livro das parábolas* interessante e instrutivo. Deixamos ao leitor atento a tarefa de categorizar as parábolas que apresentamos.

Livro do parse. Apenas variadas distrações impediram o poeta de apresentar toda a amplitude poética da reverência ao fogo e ao Sol, um fenômeno aparentemente tão abstrato, mas que tem uma efetividade bastante prática e sobre o qual há muito material rico à disposição. Que ele consiga compensar com felicidade aquilo que foi omitido.

Livro do Paraíso. Esta região da fé maometana também tem muitos lugares maravilhosos, paraísos no Paraíso, onde poderíamos querer andar ou até mesmo nos assentar. Leveza e seriedade entrelaçam-se aqui de maneira bastante amável, e uma vida cotidiana sublimada nos dá asas, de modo a alcançar o alto e o mais alto. E o que impediria o poeta de montar no cavalo maravilhoso de Maomé e voar por todos os céus? Por que ele não deveria festejar devotamente aquela noite santa na qual o Corão foi trazido completo ao Profeta de cima para baixo? Aqui ainda há muito a ser alcançado.

Do Antigo Testamento

Depois de ter me lisonjeado com a doce esperança de conseguir tanto ampliar o *Divã* quanto as explanações anexas no futuro, percorro os trabalhos preliminares que, inutilizados e não finalizados, encontram-se esparsos em inúmeras folhas. E ali encontro um tratado, escrito há cinquenta anos, que se refere a estudos e papéis ainda mais antigos.

Dos meus ensaios biográficos, amigos lembrarão que dediquei muito tempo ao Primeiro Livro de Moisés e passei muitos dias da minha juventude nos paraísos do Oriente. Mas nos escritos históricos que se seguiram também apliquei muita dedicação e diligência. Os quatro últimos livros de Moisés obrigaram-me a realizar investigações pontuais, e o tratado abaixo contém seus curiosos resultados. Que ele tenha o seu lugar aqui. Pois, uma vez que todas as nossas andanças pelo Oriente foram proporcionadas pelas Escrituras Sagradas, sempre retornaremos a elas, que são as fontes mais saciantes, apesar de aqui e ali um pouco túrbidas, um pouco escondidas sob a terra para depois voltarem a brotar puras e frescas.

Israel no deserto

"E levantou-se um novo rei sobre o Egito, que não conhecera a José" [Êxodo 1:8]. Como o governante, também o povo perdeu a memória de seu benfeitor; aos próprios israelitas os nomes dos seus ancestrais parecem soar como antigos sons trazidos de longe. Por quatrocentos anos, a pequena família aumentou incrivelmente. A promessa, dada a seu grande antecessor por Deus sob tantas improbabilidades, fora realizada; contudo, de que ela lhes serviu? Justamente essa grande massa levanta suspeitas dos habitantes do país. Procura-se molestá-los, apavorá-los, exterminá-los, e, mesmo que sua natureza obstinada os proteja contra isso, mesmo assim preveem seu ocaso total. Antigamente um povo pastor livre, agora se vê obrigado a construir cidades fortes com suas próprias mãos, localizadas dentro das fronteiras e à beira delas, que claramente estão destinadas a ser seus cárceres e calabouços.

Antes de prosseguirmos na análise desses livros redigidos de maneira estranha e mesmo infeliz, perguntamos: O que vai nos restar como base, como matéria primordial dos quatro últimos livros de Moisés, uma vez que nos vemos impelidos a guardar muitas coisas, mas também a remover muitas coisas deles?

O único, verdadeiro e mais profundo tema da história do mundo e do ser humano, ao qual todos estão subordinados, ainda é o conflito entre a fé e a descrença. Todas as épocas nas quais a fé dominou, seja lá em que forma ela apareça, são brilhantes, elevam o coração e são frutíferas para o contemporâneo e para a posteridade. Por outro lado, todas as épocas nas quais a descrença, seja lá em que forma, afirma uma vitória miserável e se elas permitem-se alardear um momento de brilho, desaparecem para a posteridade, pois ninguém quer se atormentar e reconhecer o quanto foram infrutíferas.

Se o primeiro livro de Moisés apresentou-nos o triunfo da fé, os quatro últimos têm como tema a descrença, que de fato não contesta nem combate a fé (que na verdade não se mostra em toda sua plenitude) da maneira mais mesquinha, mas se opõe a ela pouco a pouco. A descrença não é curada, não é eliminada nem por meio de boas ações, tampouco por meio de frequentes e terríveis penas, mas apenas aplacada temporariamente. Ela permanece sempre em seu caminho rastejante, de modo que um notável e nobre projeto empreendido segundo as maravilhosas promessas de um Deus nacional confiável ameaça falhar já no seu início, não podendo nunca ser completado em toda sua plenitude.

Se nos sentimos desconfortáveis e perturbados pela natureza desagradável deste conteúdo, pelo fio condutor confuso (ao menos num primeiro olhar) que perpassa o todo, então esses livros se mostram totalmente impalatáveis devido a sua redação altamente triste e ininteligível. Vemos em todo lugar o curso da história inteiramente obstruído por inúmeras leis intercaladas, cuja maior parte não permite divisar qual seja o motivo ou o objetivo, e muito menos por que foram dadas naquele momento ou, se surgiram em ocasião posterior, por que foram inseridas e descritas nesse ponto. Não é possível compreender por que é feito, numa tão vasta campanha atrapalhada por tantos obstáculos, o esforço tão determinado e pedante de aumentar todo o pacote de cerimônias religiosas, tornando assim todo progresso infinitamente mais difícil. Não é possível entender por que são declaradas leis para o futuro que ainda oscila por inteiro no desconhecido, numa época em que todo dia, toda hora precisa de palavras e ações, e o pastor, que deve estar firme sobre suas pernas, prostra-se repetidas vezes para suplicar por misericórdia e punições de cima — ambas concedidas apenas de maneira esparsa —, de modo que se perde totalmente de vista o objetivo principal com o povo disperso.

Para conseguir achar saída nesse labirinto, dei-me ao trabalho de separar com cuidado aquilo que é narrativa real, seja história, fábula ou ambas, seja poesia. Separei isto daquilo que foi ensinado e ordenado. Sob a primeira categoria incluo aquilo que seria apropriado a todos os países, a todas as pessoas morais, e, sob a segunda, aquilo que diz respeito em especial ao povo de Israel e o unifica. O quanto isso me foi possível não ouso avaliar, pois atualmente não estou em posição de retomar esses estudos uma vez mais, mas o que pretendo fazer aqui é apenas reunir esses papéis mais antigos e mais novos e apresentar o que o momento atual permitir. Eu gostaria de direcionar a atenção de meus leitores a duas coisas. Primeiramente, à maneira pela qual essa curiosa expedição desenvolveu-se a partir do caráter do comandante, que no início não é mostrado numa luz muito favorável. E, em segundo lugar, à suposição de que a expedição não teria durado quarenta, mas na verdade nem ao menos dois anos. Isso tanto justifica e restaura a honra do comandante (cuja conduta criticamos anteriormente), quanto, porém, igualmente salva e quase restabelece a pureza original do Deus nacional face à iniquidade da sua severidade, que é tanto mais desagradável quanto a obstinação de um povo.

Lembremo-nos primeiramente do povo israelita no Egito, em cuja grande aflição a posteridade mais tardia é chamada a participar. Entre essas pessoas, saídas da violenta tribo de Levi, surge um homem violento. Um senso vigoroso de certo e errado caracteriza esse homem. Ele parece nobre aos seus poderosos superiores, cujo progenitor exclama:

Simeão e Levi são irmãos; as suas espadas são instrumentos de violência. No seu secreto conselho não entre minha alma, com a sua congregação minha glória não se ajunte; porque no seu furor mataram homens, e na sua teima arrebataram bois. Maldito seja o seu furor, pois era forte, e a sua ira, pois era dura; eu os dividirei em Jacó, e os espalharei em Israel. [Gênesis 49:5-7]

Moisés se anuncia exatamente nesse sentido. Ele assassina secretamente o egípcio que maltratava um israelita. Seu assassinato patriótico é descoberto, e ele precisa fugir. Não é necessário questionar a respeito da educação de uma pessoa que tenha cometido tal ato e se apresentado como uma simples pessoa da Natureza. Parece que ele fora favorecido por uma princesa enquanto menino, fora criado na corte, mas nada exercera efeito sobre ele; tornou-se um homem esplêndido e forte, mas permaneceu cru em todas as circunstâncias. E durante seu exílio o reencontramos como um homem forte, rude, fechado e incapaz de comunicação. Seu punho sagaz lhe garante a inclinação de um sacerdote de um príncipe midianita, que também o liga à sua família. Ali ele conhece o deserto, onde mais tarde assumiria a pesada tarefa de ser um comandante de exército.

E agora, mais importante ainda, lancemos um olhar aos próprios midianitas, entre os quais Moisés se encontra nesse momento. Devemos reconhecê-los como um grande povo que, como todos os povos nômades e negociantes, parece muito maior do que é por meio das várias ocupações de suas tribos e devido ao amplo espaço de mobilidade. Encontramos os midianitas no monte Horeb, no lado ocidental do pequeno golfo, e depois em direção a Moabe e a Arnon. Já antigamente os encontramos como negociantes viajando em caravanas passando por Canaã até o Egito.

Moisés vive então no seio desse povo culto, ainda que como um pastor segregado e fechado. Numa situação das mais tristes para um homem excelente que não nasceu para o pensamento e a reflexão, mas para a ação, vemo-lo sozinho no deserto, sua mente sempre ocupada com o destino de seu povo, sempre voltado para o Deus de seus ancestrais, sentindo angustiado o exílio de um país que, sem ser pátria para os pais, mesmo assim é a pátria de seu povo; fraco demais para erguer seu punho nesse grande evento, incapaz de conceber um plano — e, caso o concebesse, incapaz de qualquer negociação, qualquer apresentação oral que pudesse apresentar sua personalidade numa luz favorável. Não seria de admirar se numa situação como essa uma natureza forte como a dele consumisse a si mesma

Ele consegue algum consolo nessa situação através de conexões que tem com seu próprio povo, mantida por meio de caravanas que vão e vêm. Depois de muita dúvida e hesitação, ele decide voltar e tornar-se o salvador de seu povo. Aarão, seu irmão, vai ao seu encontro e descobre que a agitação do povo chegava ao limite. Nesse momento, ambos os irmãos poderiam arriscar colocar-se como representantes frente ao rei. Este, contudo, mostra-se muito pouco inclinado a permitir tão facilmente que uma grande multidão saia e recupere sua antiga independência, ainda mais que essa multidão progrediu, nas suas terras, do pastoreio para a agricultura, para o artesanato e para as artes, inclusive se mesclando com seus súditos, e também porque ela fornece uma maciça força de trabalho pelo menos para erigir enormes monumentos e construir novas cidades e fortalezas.

Assim, a requisição é recusada e, sendo repetida cada vez com mais urgência com as calamidades que se apresentam, é recusada de maneira ainda mais firme. Contudo, o agitado povo hebreu, então com vistas na terra que uma antiga tradição lhe tinha prometido, cheio de esperança por independência e por autonomia, não aceitaria mais nenhuma obrigação. Sob o manto de uma festa geral, consegue-se obter por chantagem vasos de ouro e prata dos vizinhos, e no momento em que o egípcio acredita que os israelitas estão ocupados com inofensivos banquetes, ocorre como que uma Véspera Siciliana ao contrário: o estrangeiro assassina o nativo, o hóspede o estalajadeiro, e seguindo uma política horrenda, matam-se os primogênitos para, numa terra na qual o primogênito desfruta de tantos direitos, ocupar o egoísmo dos que nasceram depois e assim ser possível fugir às pressas, escapando de uma vingança imediata. O estratagema tem sucesso, os assassinos são banidos em vez de punidos. Apenas mais tarde o rei reúne seu exército, mas os cavaleiros e carroças tão temidos pelo povo descalço empenham-se num terreno pantanoso, uma luta desigual contra a retaguarda fraca e parcamente armada. Provavelmente esta era a mesma tropa decidida e audaz que já tinha ganho prática por meio da empresa ousada do assassinato geral, e que depois não teremos como não reconhecer por seus atos terríveis.

Uma expedição militar e popular bem preparada para atacar e defender conseguiria escolher mais do que um caminho para a Terra Prometida. O primeiro deles, à beira-mar passando por Gaza, não era próprio para uma caravana e poderia, devido aos bem armados e belicosos moradores, tornar-

-se perigoso; o segundo, apesar de mais longo, parecia oferecer mais segurança e vantagens. Ele passava pelo mar Vermelho até o monte Sinai; a partir dali seria possível escolher novamente entre dois caminhos. O primeiro, que levava ao destino, estendia-se pela pequena baía e cruzava a terra dos midianitas e dos moabitas, até chegar o rio Jordão; o segundo, que atravessava o deserto, levava a Cades. No primeiro caso, a terra de Edom ficava à esquerda, e no segundo, à direita. É provável que Moisés tivesse planejado tomar o primeiro caminho, mas parece ter sido convencido a escolher o segundo pelos inteligentes midianitas. Analisaremos isso adiante, contudo gostaríamos de falar antes do terrível estado de espírito no qual nos coloca a narrativa das condições exteriores que circundaram essa campanha.

O sereno céu noturno, brilhante de infindas estrelas nas quais Abraão recebeu as indicações de seu Deus, não abre mais sua dourada tenda sobre nós. Em vez de comparar-se com aquelas serenas luzes celestes, um povo incontável move-se mal-humorado por meio de um deserto triste. Todos os fenômenos alegres desapareceram, apenas chamas aparecem em todos os cantos e lados. O Senhor, que tinha chamado Moisés a partir de um arbusto em chamas, agora se move frente às massas como uma fumaça túrbida e ardente, que durante o dia pode ser vista como uma coluna de nuvens e à noite como um meteoro de fogo. Do topo enevoado do Sinai assustam os raios e trovões, e pequenas ofensas parecem fazer surgir chamas do chão e devorar os limites do acampamento. Comida e bebida sempre faltam, e o desejo desse povo desmotivado para retornar torna-se tão mais intenso quanto menos condições seu líder demonstra ter de ajudar até a si mesmo.

Já cedo, antes mesmo de a expedição chegar ao Sinai, Jetro dirige-se a seu genro, traz-lhe filha e netos que tinham sido mantidos a salvo na tenda de seu pai durante os tempos difíceis, e mostra-se um homem de muitos recursos. Um povo como os midianitas, que segue livremente sua vontade e encontra oportunidade para colocar suas forças em exercício, deve ser mais culto do que um que, sob jugo estranho, vive em eterno conflito consigo mesmo e com as condições. E quão mais elevada deve ser a perspectiva de um líder desse povo do que a de um homem taciturno, fechado em si, que faz o bem e que sente-se de fato nascido para agir e governar, mas para quem a natureza negou as ferramentas para tal empresa perigosa.

Moisés não conseguia admitir a ideia de que um governante não precisava estar presente em todos os lugares e nem fazer tudo sozinho. Pelo contrário: ao intervir pessoalmente, tornava seu governo altamente amargo e penoso. É Jetro que explica isso pela primeira vez, ajudando-o a organizar o povo e a delegar autoridades, algo que ele deveria ter conseguido pensar por si próprio.

Mas Jetro não deve ter pensado no melhor para seu genro nem para os israelitas, e sim para seu próprio bem e dos midianitas. Moisés, que outrora acolhera como refugiado, a quem ainda há pouco contava entre seus servos, seus criados — Jetro o encontrará então à frente de uma grande massa de pessoas que, deixando seu antigo lugar, procura nova terra e espalha o temor e o pavor por todo lugar por onde passa.

Nesse momento, um homem de visão não poderia deixar de ver que o caminho mais curto dos filhos de Israel passava pelas posses dos midianitas, que essa expedição encontraria por todo lugar rebanhos desse povo, tocaria assentamentos e chegaria mesmo às suas tão bem organizadas cidades. Os princípios de um povo viandante desse tipo não são nenhum segredo, eles baseiam-se no direito de conquista. Ele não migra sem resistência, e em cada resistência vê uma injustiça; quem defende os seus é um inimigo com o qual não se pode ter clemência.

Não era preciso ser um gênio excepcional para prever o destino ao qual seriam submetidos os povos sobre os quais se lançasse tal nuvem de gafanhotos. Isso pode nos levar primeiramente a supor que Jetro tenha desacreditado ao seu genro o melhor e mais direto caminho, persuadindo-o a tomar em vez disso a rota através do deserto; uma visão que é confirmada pelo fato de Hobab não sair do lado de seu cunhado até vê-lo tomar de fato o caminho sugerido, chegando a acompanhá-lo por um trecho mais longo até desviar com mais segurança toda a expedição das residências dos midianitas.

A jornada de que falamos aconteceu só no 14º mês depois do êxodo do Egito. Devido às pragas que sofreu por sua lascívia, o povo denominou um lugar no caminho de Tumbas dos Lascivos, e então se mudou para Hazerote e instalou-se mais além, no deserto de Parã. Não há dúvidas de que aquelas pessoas percorreram essa rota. Estavam nesse momento próximas do destino da viagem, contudo em seu caminho estava a cadeia de montanhas que separa a terra de Canaã do deserto. Decidiram enviar emissários e prosseguir até Cades. Quando os emissários regressaram, trouxeram notícias do esplendor dessa terra, mas também da ferocidade dos nativos. Aqui surgiu de novo uma triste cisão, e a disputa entre fé e descrença recomeçava.

Infelizmente, Moisés tinha menos talento ainda como comandante de campo e regente. Já durante o conflito com os amalequitas, ele dirigiu-se à montanha para rezar, enquanto Josué, à frente do exército, enfim conseguiu arrancar do inimigo uma vitória que por muito tempo parecia duvidosa. Chegando em Cades, encontraram-se outra vez numa situação ambígua. Josué e Calebe, os mais bravos entre os doze enviados, aconselharam atacar, declarando com confiança que conquistariam a terra. Entretanto, uma exagerada descrição de tribos armadas de gigantes proporciona terror e espanto; o exército acovardado nega-se a avançar. Moisés novamente não sabe o que fazer, desafiando-os num primeiro momento e depois considerando perigoso um ataque por esse lado. Sugeriu que se mudassem para leste. Nesse ponto, uma parte mais comprometida do exército poderia ter julgado indigno abrir mão de um plano sério e laboriosamente levado a cabo para chegar ao objetivo ansiado. Revoltam-se e sobem a cadeia de montanhas. Moisés, porém, fica para trás, e a arca não é movimentada; por isso, nem Josué nem Calebe consideram apropriado se colocarem à frente da tropa valente. Chega! A vanguarda arbitrária e sem apoio é derrotada, e a impaciência aumenta. O mau humor do povo, que explodiu tantas vezes, os repetidos motins dos quais até mesmo Aarão e Míriam tomaram parte, estouram novamente ainda mais fortes, e dão outra vez testemunho do quanto Moisés não está à altura de sua grande vocação. Isso já não entra mais em questão, mas se prova irrefutavelmente por meio do testemunho de Calebe de que nesse momento seria possível, talvez mesmo indispensável, invadir a terra de Canaã, tomar posse de Hebron e da gruta de Mamre, conquistar a sagrada tumba de Abraão e com isso criar um ponto objetivo, central e de apoio para a empresa como um todo. Por outro lado, quantas desvantagens não afligiriam um povo infeliz se decidisse de repente que o plano sugerido por Jetro (ainda que não de maneira desinteressada, nem tampouco inteiramente traiçoeira) deveria ser tão tolamente abandonado!

O segundo ano, contado a partir do êxodo do Egito, ainda não havia passado, e antes de seu final (ainda que tarde o suficiente) seria possível conceber-se de posse da melhor parte da terra desejada; porém os nativos, atenciosos, conseguiram parar o avanço — e agora, para onde ir? Já tinham avançado para norte longe o bastante, e agora deveriam novamente migrar para leste para enfim tomar o caminho que deveriam ter tomado desde o início. Contudo, justamente ali no leste ficava o país cercado de montanhas chamado Edom; solicitaram passagem, mas os inteligentes edomitas recusaram de forma categórica. Abrir caminho à luta não era recomendável, portanto era necessário acostumar-se com um desvio, pelo qual as montanhas edomitas ficariam à esquerda, e dali a viagem seguiu-se sem grandes dificuldades; pois foram necessárias poucas estações — Obote, Ijé-Abarim — para alcançarem o ribeiro de Zerede, o primeiro que despeja suas águas no mar Morto, e depois para chegarem a Arnom. Entretanto, Míriam tinha falecido e Aarão desaparecido, pouco depois de terem se rebelado contra Moisés.

No ribeiro de Arnom tudo transcorreu melhor do que até então. O povo se viu pela segunda vez próximo de realizar seus desejos, numa região que colocava poucos obstáculos ao seu caminho; aqui seria possível para a massa investir com ímpeto e subjugar, destruir e expulsar os povos que lhes recusassem a entrada. Avançaram ainda mais, e assim foram atacados os midianitas, moabitas e amoritas nos seus territórios mais belos. Os primeiros, a quem Jetro tinha cuidadosamente tentado evitar, chegaram a ser aniquilados. A margem esquerda do Jordão fora tomada, e a alguns clãs impacientes foi permitido o assentamento. Mais uma vez foram dadas novas leis e ordens segundo a tradição, fazendo com que as pessoas hesitassem em atravessar o Jordão. Durante esses eventos, Moisés desapareceu assim como Aarão havia desaparecido, e erraríamos gravemente se Josué e Calebe não tivessem achado por bem acabar com o governo de um homem limitado que toleraram por alguns anos e mandá-lo atrás dos desgraçados que haviam sido despachados; assim, dariam um fim nesse caso e, com seriedade, tomariam posse de toda a margem direita do Jordão e das terras ali compreendidas.

Decerto meus leitores admitirão que nossa narrativa, do modo como é apresentada aqui, nos mostra o avanço de uma empresa importante de maneira tão rápida quanto coerente. Contudo, ela não vai auferir confiança e aprovação imediatas, pois faz com que a expedição — estendida na letra explícita da Escritura Sagrada para muitos anos — termine muito rapidamente. Devemos fornecer as razões pelas quais acreditamos justificada tal divergência, e isso não pode se dar de melhor forma do que refletindo sobre o terreno que essa massa de gente teve de percorrer, e sobre o tempo que a caravana necessitaria para a expedição. Consideremos e comparemos, também, esta apresentação com aquilo que nos foi transmitido pela tradição nesse caso em especial.

Passemos ao largo da expedição do mar Vermelho até o Sinai, em conjunção com tudo o que aconteceu na região da montanha. Mencionaremos apenas que a grande massa de gente havia chegado ao pé do monte Sinai no vigésimo dia do segundo mês no segundo ano do êxodo do Egito. Nem quarenta milhas separam o monte do deserto de Parã, que uma caravana carregada consegue transpor confortavelmente em cinco dias. Se dermos à coluna tempo para a viagem de cada dia, dias de descanso suficientes, e por fim mais uma residência: pronto, no pior dos casos teriam chegado à região destinada dentro de doze dias, o que também coincide com a Bíblia e com a opinião geral. Nesse momento, os emissários são enviados, toda a massa de gente avança mais um pouco até Cades, para onde aqueles retornam após quarenta dias. Imediatamente depois de uma mal realizada tentativa de guerra, iniciam as negociações com os edomitas. Mesmo que déssemos a essa negociação tanto tempo quanto quiséssemos, ela não poderia se estender por mais de trinta dias. Os edomitas rejeitaram de pronto a passagem, e para Israel não era de maneira alguma aconselhável passar muito tempo em uma posição tão perigosa: pois se os cananeus tivessem entrado em acordo com os edomitas — aqueles do norte, estes do leste — e se tivessem saído de suas montanhas, Israel teria se visto em maus lençóis.

Aqui a narrativa histórica também não faz pausa, mas logo será tomada a decisão de contornar as montanhas de Edom. Assim, a expedição as contorna, primeiro indo para o sul, depois para o norte, até que aproximadamente quarenta milhas são deixadas para trás em cinco dias. Se somarmos também os quarenta dias nos quais se enlutaram por Aarão, então ainda temos cerca de seis meses do segundo ano para todo tipo de retardo e hesitação e para as expedições que os filhos de Israel devem realizar até chegarem felizes ao rio Jordão. Para onde foram os outros 38 anos, então?

Esses anos causaram grandes esforços para os exegetas, assim como as 41 estações do caminho; dentre elas, a narrativa histórica não dá notícia de quinze que, inseridas nos índices, causaram muito sofrimento aos geógrafos. Assim, as estações inseridas encontram-se numa feliz e fabulosa relação com os anos em excesso, pois dezesseis lugares, dos quais nada se sabe, e 38 anos, dos quais não se tem notícia, proporcionam a melhor ocasião para se perder no deserto com os filhos de Israel.

Confrontemos as estações da narrativa histórica, que se destacaram pelo que aconteceu lá, com as estações do índice, de modo que possamos diferenciar os nomes vazios daqueles nos quais reside algum conteúdo histórico.

ESTAÇÕES DOS FILHOS DE ISRAEL NO DESERTO

Narrativa histórica segundo os quatro últimos livros do Pentateuco [Êxodo, Levítico, Números, Deuteronômio]	Índice de estações segundo o capítulo 33 do quarto livro do Pentateuco [Números]
	Ramessés
	Sucote
	Etã
Pi-Hairote	Pi-Hairote
	Migdol
	Pelo mar
Mara, deserto de Sur	Mara, deserto de Etã
Elim	Elim, 12 fontes
	Ao mar
Deserto de Sim	Deserto de Sim
	Dofca
	Alus
Refidim	Refidim
Deserto de Sinai	Deserto de Sinai
Quibrote-Taavá	Quibrote-Taavá
Hazerote	Hazerote
	Ritmá
Cades em Parã	Rimom-Perez
	Libna
	Rissa
	Queelata

Narrativa histórica segundo os quatro últimos livros do Pentateuco [Êxodo, Levítico, Números, Deuteronômio]	Índice de estações segundo o capítulo 33 do quarto livro do Pentateuco [Números]
	Monte de Séfer
	Harada
	Maquelote
	Taate
	Tara
	Mitca
	Hasmona
	Moserote
	Bene-Jaacã
	Hor-Hagidgade
	Jotbatá
	Abrona
	Ezion-Geber
Cades, deserto de Zim	Cades, deserto de Zim
Monte Hor, fronteira de Edom	Monte Hor, fronteira de Edom
	Zalmona
	Punon
Obote	Obote
	Ijé-Abarim
	Dibom-Gade
	Almon-Diblataim
Montes de Abarim	Montes de Abarim, Nebo
Rio Sared	
Arnon, aquém	
Mataná	
Naaliel	
Bamote	
Montanha Pisga	
Jaza	
Hesbom	
Siom	
Basã	
Reino dos moabitas no Jordão	Reino dos moabitas no Jordão

O que devemos observar acima de tudo é o fato de que, enquanto a história leva-nos imediatamente de Hazerote a Cades, o índice deixa Cades de fora e a menciona apenas depois da sequência de nomes inseridos após Dibom-Gabe, de tal modo que o deserto de Zim é colocado em contato com o pequeno braço do Golfo da Arábia.[58] Aqui os comentadores perderam-se em demasia, pois alguns aceitam duas Cades, enquanto outros — a maioria — apenas uma, e estes estão corretos, sem dúvida.

A narrativa histórica, da maneira como a separamos cuidadosamente de todas as inserções, fala de uma Cades no deserto de Parã, e logo depois de uma Cades no deserto de Zim; é da primeira que os emissários são enviados, e da segunda toda a multidão parte depois de os edomitas lhes terem negado a passagem por suas terras. Disso depreende-se que se trata do mesmo lugar, pois a expedição planejada por Edom foi uma consequência da tentativa malograda de chegar à terra de Canaã por esse lado, e de outros trechos depreende-se claramente que ambos os desertos, mencionados com frequência, fazem fronteira um com o outro, com Zim ao norte e Parã ao sul, e Cades localizada num oásis como local de descanso entre os dois desertos.

Ninguém teria tido a ideia de imaginar duas Cades se não se houvesse tentado fazer os filhos de Israel vagarem por tanto tempo no deserto. Contudo, aqueles que aceitam apenas uma Cades e ainda querem acreditar nos quarenta anos de expedição e dar conta das estações intercaladas na narrativa, estão muito mais errados. Especialmente se tiverem que traçar o percurso no mapa não saberão inventar uma explicação miraculosa o suficiente para o impossível. Pois o olho claramente é um juiz melhor das incongruências do que o senso interno. Sanson[59] insere as quatorze estações falsas entre o Sinai e Cades. Aqui ele não consegue desenhar zigue-zagues suficientes sobre seu mapa, e mesmo assim cada estação está distante duas milhas da próxima, um trecho que não basta nem mesmo para que um enorme verme militar como esse se coloque em movimento.

Esse deserto não pode ser tão populoso e com construções para ter locais de descanso — quando não cidades e localidades — designados por

---

58 Goethe refere-se aqui ao Golfo de Aqaba, localizado a sudoeste da Jordânia.

59 Nicolas Sanson (1600-1667), historiador e cartógrafo francês.

nomes a cada duas milhas! Que vantagem para o comandante e para seu povo! Essa riqueza dos desertos internos, porém, logo se torna fatal para o geógrafo. De Cades até Dibom-Gabe há apenas cinco estações, e no retorno para Cades, para onde ele tem de trazer seu povo, infelizmente nenhuma. Assim, coloca no caminho do povo viandante algumas cidades estranhas e não mencionadas nem mesmo naquela lista, tal como antigamente se cobria o vazio geográfico com elefantes. Calmet[60] soube como se salvar dessa situação com maravilhosos zigue-zagues, deslocando uma parte das localidades excessivas para o Mediterrâneo, unindo Hazerote e Mozerote em *um* lugar só e, finalmente, por extravagantes saltos, levando o povo até Arnon. Wells[61], que aceita a existência de duas Cades, distorce o desenho da terra para fora das escalas. Nolin[62] faz a caravana dançar uma polonesa, pois ela chega novamente ao mar Vermelho e dá as costas ao monte Sinai em direção ao norte. Não é possível exibir menos imaginação, perspectiva, exatidão e capacidade de julgamento do que esses homens pios e íntegros.

Contemplando essa questão com mais exatidão, é muito mais provável que o índice de estações supérfluas tenha sido inserido para salvar a história problemática dos quarenta anos. Pois no texto, que seguimos com precisão na nossa narrativa, lê-se (Deuteronômio 2:1 e seguintes): depois de serem vencidos pelos cananeus e terem negada a passagem pelas terras de Edom, contornaram estas terras a caminho do mar de Juncos [Yam Suph] passando por Dibom-Gaber. Disso decorre o erro de assumir que de fato chegaram ao mar de Juncos depois de passar por Dibom-Gaber, que provavelmente ainda existia na época, apesar de o texto falar da volta feita em torno das montanhas de Seir na estrada mencionada. Como se diz: "O motorista pegou a Leipziger Straße", sem necessariamente ter que dirigir para Leipzig. E se agora deixarmos de lado as estações supérfluas, decerto teríamos que tratar em algum momento dos anos supérfluos. Sabemos que a cronologia do Antigo Testamento é artificial, de modo que toda a contagem do tempo foi pré-determinada para compreender ciclos

---

60 Agostinho Calmet (1672-1757) foi exegeta francês. Escreveu, entre outras obras, *Histoire de l'ancien et du nouveau testament et des Juifs* [História do Antigo e Novo Testamento e dos judeus].

61 Edward Wells (1667-1727), matemático, geógrafo e teólogo inglês.

62 Jean-Baptiste Nolin (1657-1725), geógrafo francês, foi também inquisidor do rei Luís XIV

precisos de 49 anos e que, portanto, certos números históricos tiveram que ser modificados para criar essas épocas místicas. E onde poderiam 36 ou 38 anos — que talvez faltassem num ciclo — ser inseridos de forma mais confortável do que numa época envolta em tanta obscuridade e que supostamente se passou em algum ponto desconhecido e deserto?

Assim, sem tocar na cronologia — o mais difícil de todos os estudos —, queremos rapidamente contemplar, em favor da nossa hipótese, a parte poética dela.

Vários números redondos, sagrados, simbólicos e chamados de poéticos aparecem tanto na Bíblia quanto em outros escritos antigos. O número sete parece estar dedicado à criação, ação e atividade; o número quarenta, por outro lado, à contemplação e à expectativa, mas sobretudo à segregação. O dilúvio, que deveria ter separado Noé e os seus do resto do mundo, dura quarenta dias; depois de as águas terem permanecido tempo suficiente, elas levam quarenta dias para baixar, e nesse tempo Noé mantém fechada a porta da arca. Moisés passa o mesmo tempo, em duas vezes, sobre o monte Sinai, separado do povo; os emissários permanecem o mesmo tempo em Canaã, e assim também todo o povo, depois de passar tantos anos sofridos separado do resto dos outros povos, vai confirmar e santificar o mesmo espaço de tempo. Mesmo no Novo Testamento a importância desse número é transmitida em todo o seu valor: Cristo passa quarenta dias no deserto para esperar pelo Tentador.

Se conseguíssemos reduzir a caminhada dos filhos de Israel do Sinai até o Jordão para um período mais curto (mesmo que tenhamos dedicado demasiada atenção aos atrasos vacilantes e improváveis); se nos livrássemos de tantos anos infrutíferos, de tantas estações infrutíferas — então o grande comandante (malgrado aquilo que tivemos que lembrar a respeito dele) também teria restaurado todo seu valor. Além disso, a forma como Deus figura nesses livros não nos pareceria mais tão opressora quanto antes, quando ele se mostra bastante horrível e assustador. Já no livro de Josué e de Juízes, e mesmo adiante, um ser patriarcal mais puro surge novamente, e o Deus de Abraão aparece amigável para os seus como outrora — apesar de o Deus de Moisés ter nos enchido de medo e terror por algum tempo. Para esclarecer, digamos com clareza: como o homem, assim também é o seu Deus. Por isso, agora algumas palavras finais sobre o caráter de Moisés!

"Vocês", poderiam objetar, "negaram com grande audácia a um grande homem as qualidades pelas quais ele até agora é admirado, as qualidades de regente e comandante do exército. Mas o que afinal se destacava nele? O que o legitimou para um chamamento tão importante? O que lhe deu a temeridade de persistir em tal empresa apesar das desvantagens internas e externas, se ele não preenchia aquelas pré-condições principais, não possuía aqueles talentos indispensáveis que vocês, com inaudita insolência, negam-lhe?" Responderíamos da seguinte forma: não são os talentos nem as habilidades para isto ou aquilo que fazem de fato o homem de ação; é a personalidade, da qual nesses casos tudo depende. O caráter baseia-se na personalidade, não nos talentos. Talentos podem se associar ao caráter, mas ele não se associa a eles: pois para ele tudo é dispensável, a não ser ele mesmo. E assim gostaríamos de admitir que a personalidade de Moisés — desde o primeiro assassinato, passando por todas as crueldades até seu desaparecimento — fornece uma imagem muito importante e admirável de um homem que foi levado por sua natureza a tornar-se o maior de todos. Contudo, tal imagem fica totalmente distorcida se contemplarmos um homem forte, lacônico e pronto para a ação perambular por quarenta anos sem sentido nem necessidade com uma enorme multidão dentro de um espaço tão pequeno, à face de seu grande objetivo. Tendo encurtado o caminho que percorreu e o tempo que despendeu, equalizamos tudo de ruim que ousaram dizer a respeito dele, e o erguemos ao seu lugar de direito.

Assim, não nos resta mais nada a fazer a não ser repetir o início de nossas considerações. Não se perpetra nenhum mal às Escrituras Sagradas, menos ainda a qualquer outra tradição, se a tratarmos com olho crítico, se desvendarmos os pontos em que ela se contradiz e o quanto os elementos originais e melhores são encobertos e até mesmo deformados por acréscimos, inserções e acomodações posteriores. O verdadeiro valor interno primordial e fundamental emerge assim de maneira mais viva e pura, e é isso que todas as pessoas, consciente ou inconscientemente, procuram, anseiam e com o que se edificam espiritualmente, ignorando, esquecendo ou até mesmo descartando todo o resto.

Repetição resumida SEGUNDO ANO DO ÊXODO		
	Meses	Dias
Permanece no Sinai	1	20
Viagem até Cades	–	5
Dias de descanso	–	5
Parada devido à doença de Míriam	–	7
Ausência dos emissários	–	40
Negociações com os edomitas	–	30
Viagem até Arnon	–	5
Dias de descanso	–	5
Luto por Aarão	–	40
		157

Ou seja, no total seis meses, o que deixa bastante claro que, mesmo se considerarmos tantas hesitações, paradas e momentos de resistência quantas quisermos, a expedição poderia muito bem ter chegado ao Jordão antes do fim do segundo ano.

Outros auxílios

Se as Escrituras Sagradas nos evocam as condições primordiais e a paulatina evolução de uma importante nação, e se homens como Michaelis, Eichhorn, Paulus e Heeren[63] mostram ainda mais coisas naturais e diretas nessas tradições do que conseguiríamos descobrir — então vamos aprender o máximo a respeito das épocas mais recentes e contemporâneas a partir dos relatos de viagens e outros documentos semelhantes que muitos ocidentais que viajaram para o Leste trouxeram para casa e compartilharam conosco, não sem esforços, prazer e perigos. Falaremos aqui apenas de alguns poucos homens cujos olhos nos permitiram passar muitos anos contemplando aqueles assuntos tão distantes e tão extremamente não familiares.

---

63 Johann Gottfried Eichhorn (1752-1827), orientalista e historiador alemão; Heinrich Eberhard Gottlob Paulus (1761-1851), teólogo evangélico alemão; Arnold Hermann Ludwig Heeren (1760--1842), historiador alemão.

Peregrinações e cruzadas

As inúmeras descrições delas são também instrutivas a seu próprio modo; contudo, elas mais desviam do que auxiliam a nossa imaginação no que diz respeito à verdadeira situação do Oriente. A unilateralidade da visão hostil aos cristãos nos restringe por meio da sua limitação, que se ampliou apenas um pouco recentemente, à medida que gradualmente tomamos conhecimento desses eventos de guerra por meio de escritores orientais. Entretanto, devemos nossa gratidão a todos os agitados peregrinos e cruzados, pois devemos a proteção e a preservação das condições cultas da Europa a seu entusiasmo religioso e a sua oposição poderosa e incansável contra as intrusões orientais.

Marco Polo

Este homem extraordinário está naturalmente acima de todos. Sua viagem acontece na segunda metade do século XIII; ele chega até o extremo Oriente, conduz-nos pelas mais estranhas situações, cuja aparência quase fabulosa nos deixa maravilhados e estupefatos. Se deixarmos de lado os detalhes minuciosos, a compacta narrativa desse viajante tão variado mostra-se altamente apropriada para estimular em nós um sentimento do infinito e do colossal. Encontramo-nos na corte de Kublai Khan (1215-1294), que, como sucessor de Genghis Khan, dominou ilimitadas extensões de terra. Pois o que deveríamos pensar de um império e de sua extensão dos quais se diz, entre outras coisas: "A Pérsia é uma grande província composta de nove reinos"; e todo o resto é medido de acordo com essa escala. Igualmente imensa é a residência imperial no norte da China; o palácio do Khan, uma cidade dentro da cidade, cheia de incalculáveis tesouros e armas; incontáveis funcionários, soldados e pessoas da corte; todos repetidas vezes convidados, cada um com sua esposa, para muitos banquetes. Tão impressionante é também uma estada no interior. Arranjos para todos os gostos, em especial um exército de caçadores, e um prazer por caçar dos mais difundidos. Leopardos domados, falcões treinados — os mais ativos ajudantes dos caçadores —, incontável butim acumulado. Por todo o ano presentes são enviados e recebidos. Ouro e prata, joias, pérolas, todo tipo de objetos preciosos da posse do príncipe e seus preferidos; entretanto, os milhões de súditos restantes têm que se resolver com o intercâmbio de moedas falsas.

Se acompanharmos o viajante no roteiro a partir da capital, ficamos sem saber onde a cidade termina, tantos são os seus subúrbios. Somos abalroados por casas atrás de casas, vilarejos atrás de vilarejos, e ao longo do magnífico rio uma série de estações de *spas*. Tudo contado em dias de viagem, e não são poucos.

Depois o viajante se dirige, a pedido do imperador, a outras regiões. Ele nos conduz por desertos imperscrutáveis, depois por regiões cheias de rebanhos, cadeias de montanhas, até pessoas com formas e costumes maravilhosos, e por fim nos faz contemplar, sobre o gelo e a neve, a noite eterna do polo norte. Então, de repente nos carrega como que usando um manto mágico até o subcontinente indiano. Vemos Ceilão, Madagascar e Java na nossa frente; nosso olhar perambula por ilhas de nomes estranhos, e mesmo assim ele nos informa a respeito de figuras humanas e costumes, paisagens, árvores, plantas e animais, com muitos detalhes para atestar sua veracidade, embora muitas coisas possam parecer fabulosas. Apenas o geógrafo bem treinado poderia ordenar e contemplar tudo isso. Temos que nos satisfazer com uma impressão geral, pois em nossos primeiros estudos não tivemos notas e comentários para nos auxiliar.

Jehan de Mandeville

Sua viagem começa no ano de 1320, e a descrição dessa viagem chegou a nós como um livro popular, mesmo que infelizmente muito modificado. Concede-se ao autor que tenha realizado grandes viagens, visto muitas coisas e as visto muito bem, e também descrito de maneira correta. Porém, quando decide não apenas "arar com um novilho estrangeiro", mas também introduzir fábulas antigas e recentes, mesmo a verdade de sua narrativa perde a credibilidade. Traduzido do original latino primeiramente para baixo-alemão e depois para alto-alemão, o livrinho sofreu novas falsificações dos nomes. O tradutor também se permitiu suprimir e acrescentar passagens, como nosso Görres[64] aponta no seu valioso

---

64 Joseph von Görres (1776-1848), professor de escola primária e ginasial alemão, publicitário católico. Autor, entre outras, da obra em quatro volumes *Die christliche Mystik* [A mística cristã] (1836-1842).

trabalho sobre os livros folclóricos alemães, fazendo com que o deleite e a utilidade dessa importante obra fossem prejudicados.

Pietro della Valle

Originário de uma antiga linhagem romana, capaz de desenhar sua árvore genealógica até as nobres famílias da República, Pietro della Valle nasceu no ano de 1585 numa época em que todos os reinos da Europa desfrutavam de uma grande cultura espiritual. Na Itália ainda vivia Tasso, mesmo que numa condição triste, mas seus poemas exerceram influência sobre todos os grandes espíritos. A arte de escrever versos tinha se espalhado de tal forma que já havia improvisadores, e nenhum jovem homem com mente vivaz perderia uma chance sequer de se expressar em rimas. Línguas, gramática, arte retórica e estilística eram estudadas com afinco, e assim o nosso jovem cresceu se educando cuidadosamente em todas essas realizações.

Exercícios com armas a pé e a cavalo, a nobre arte da esgrima e da equitação serviam-lhe para o desenvolvimento diário de suas forças físicas e da força de caráter intimamente ligada a elas. As explorações selvagens das antigas cruzadas foram refinadas até então na forma de uma arte da guerra e de uma conduta cavaleiresca, com a galanteria incluída. Vemos o jovem fazer a corte a muitas belas mulheres, especialmente em poemas, porém passando por grande tristeza quando a mulher de que deseja se apropriar e com a qual quer se unir a sério o rejeita, entregando-se a alguém de pouco valor. Sua dor é ilimitada, e para arejar sua mente decide caminhar até a Terra Santa em traje de peregrino.

Em 1614 chega a Constantinopla, onde seu caráter nobre e cativante garante-lhe a melhor das recepções. Seguindo seus antigos estudos, dedica-se de pronto ao estudo das línguas orientais, obtendo primeiramente uma visão geral da literatura, dos hábitos e costumes turcos, e logo depois, não sem os lamentos de seus novos amigos, parte para o Egito. Ele aproveita também sua estada ali para procurar e perseguir, do modo mais sério, os rastros do mundo antigo no mundo moderno. Do Cairo segue para o monte Sinai, para venerar o túmulo de santa Catarina, e retorna à capital do Egito, como se retornasse de uma viagem de prazeres. Partindo uma segunda vez em viagem, chega em dezesseis dias a Jerusalém, o que dá a verdadeira medida da distância entre ambas as cidades. Ali, louvando o

Santo Sepulcro, ele implora ao Salvador, assim como o fez anteriormente a santa Catarina, para que o livre de sua paixão; e, tal qual caem escamas, cai-lhe dos olhos o entendimento de que havia sido um tolo por considerar a mulher adorada até então a única digna de adoração. Sua rejeição pelo restante do sexo oposto então desaparece, ele procura em volta por uma companheira e escreve aos seus amigos, para os quais espera poder retornar em breve, pedindo-lhes que procurem uma mulher digna para ele.

Depois de ter visitado e rezado em todos os locais sagrados, muito auxiliado pelas recomendações de seus amigos de Constantinopla — sobretudo Capighi, apontado como seu companheiro —, segue viagem com a compreensão plena desses auxílios, para chegar primeiro a Damasco e depois a Alepo, onde se esconde sob roupas sírias e deixa a barba crescer. Ali vive uma aventura importante e determinante para seu destino. Acompanha-o um viajante que não se cansa de falar a respeito da beleza e amabilidade de uma jovem cristã georgiana que está em Bagdá com sua família. Valle acaba se apaixonando, de maneira verdadeiramente oriental, por uma imagem feita de palavras e ao encontro da qual se lança em viagem. A presença dela aumenta sua inclinação e seu desejo, ele sabe vencer a mãe e convencer o pai. Contudo, ambos cedem muito a contragosto à sua impetuosa paixão: deixar sua querida filha partir parece um sacrifício grande demais. Ao fim e ao cabo ela se torna sua esposa, e assim ele ganha o maior dos tesouros para a vida e para a viagem. Pois, embora tenha iniciado a peregrinação equipado da sabedoria de um nobre e conhecimentos de todos os tipos, e tenha agido de forma atenta e afortunada em observância de tudo o que diz respeito ao ser humano, ainda assim lhe faltava o conhecimento da Natureza, cuja ciência da época era feita apenas no estreito círculo de pesquisadores sérios e de grande reflexão. Por isso, conseguiu realizar apenas de modo imperfeito as solicitações de seus amigos, que pediam notícias de plantas e madeiras, de raízes e medicamentos. A bela Maani, porém, uma amável médica do lar, sabia informar muito bem sobre como cultivar raízes, ervas e plantas; sobre como o comércio traz resinas, bálsamos, óleos, sementes e madeiras, enriquecendo assim os comentários de seu marido conforme os costumes de seu país.

Essa união é mais importante ainda para sua atividade na vida e na viagem. Maani, apesar de perfeitamente feminina, apresentava um caráter resoluto e maduro quanto a todas as contingências. Não temia nenhum perigo, chegava mesmo a buscá-lo, portando-se sempre com nobreza e serenidade. Ela montava no cavalo como um homem, sabia domá-lo e conduzi-lo, e dessa maneira permaneceu uma companheira viva e animada. Igualmente importante é o fato de ela estar sempre em contato com todas as mulheres, e assim seu marido era bem recebido, tratado e entretido pelos homens, enquanto ela sabia lidar e se ocupar bem com as esposas deles.

Mas eis que o jovem casal desfruta de um tipo desconhecido de boa sorte quando viaja pelo império turco. Os dois entram na Pérsia no trigésimo ano de reinado de Abas II, que, como Pedro e Frederico, merece o título de "o Grande". Depois de uma juventude cheia de perigos e preocupações, ele percebe muito claramente, logo ao ser investido de seu governo, que deve ampliar as fronteiras para proteger seu império, e ainda quais os meios necessários para garantir também o domínio interno. Ao mesmo tempo seu plano e objetivo foram restaurar seu império despovoado com estrangeiros, e assim dar vida e facilitar o comércio dos seus por meio de estradas públicas e estalagens. Os grandes lucros e benefícios são utilizados para enormes construções. Ispaã, uma prestigiosa capital, é polvilhada de palácios e jardins, caravançarás e casas para hóspedes reais. Um subúrbio é construído para os armênios, que incessantemente encontram maneiras de provar sua gratidão ao negociarem tanto em conta própria quanto na conta real, sendo inteligentes o suficiente para pagar ao príncipe ao mesmo tempo com tributos e lucros. Um subúrbio para os georgianos e outro para os parses veneradores do fogo ampliam mais ainda a cidade, que se expande de forma tão irrestrita quanto um de nossos novos centros imperiais. Sacerdotes católicos romanos, sobretudo carmelitas, são bem recebidos e protegidos. Esse não é tanto o caso da religião ortodoxa grega, que, sob a proteção dos turcos, parece fazer parte do grande inimigo comum da Europa e da Ásia.

Por mais de um ano Della Valle permaneceu em Ispaã, aproveitando seu tempo de maneira ativa para conseguir dar notícia exata de todas as circunstâncias e relações das pessoas. E quão vivas são suas descrições! Quão exatas suas notícias! Enfim, depois de ter provado tudo, falta-lhe ainda o ápice: conhecer pessoalmente o imperador que ele tanto venera, adquirir uma compreensão de como funcionam a corte, as tropas de batalha e o exército.

Nas terras de Mazandarão, na costa setentrional do mar Cáspio, numa região provavelmente pantanosa e insalubre, o inquieto e ativo Abas II instalou uma grande cidade, de nome Ferhabad, e ordenou que ela fosse povoada. Perto dali, construiu para si várias residências nas montanhas sobre as alturas da bacia em forma de anfiteatro, não longe demais de seus inimigos, os russos e turcos, numa posição protegida pelas encostas montanhosas. Ali morava confortavelmente, e Della Valle vai procurá-lo. Ele chega com Maani, é bem recebido, apresentado ao rei depois de uma circunspecta e prudente hesitação oriental, ganha as graças dele e é admitido à mesa e às festas de bebidas, onde tem que contar ao culto príncipe, ávido por conhecimento, a respeito da constituição, dos costumes e da religião da Europa.

No Oriente em geral, mas especialmente na Pérsia, encontra-se certa ingenuidade e inocência em todas as classes sociais, até mesmo perto do trono. De fato, no degrau mais alto mostra-se uma resoluta formalidade em audiências, banquetes e assim por diante. Contudo, logo surge em torno do imperador uma espécie de liberdade carnavalesca que é muito divertida. Se o imperador estiver passeando por jardins e quiosques, ninguém pode pisar com botas nos tapetes que se encontram na corte. Um príncipe tártaro chega e tiram-lhe as botas. Contudo, desacostumado a ficar sobre um pé só, começa a balançar. O próprio imperador intervém e o segura até que a operação esteja concluída. À noitinha, o imperador está num semicírculo, no qual circulam taças douradas cheias de vinho. Várias delas de peso considerável, mas algumas tão pesadas devido ao fundo reforçado que o convidado inexperiente derruba o vinho, quando não deixa a taça cair, para diversão do imperador e dos iniciados. E assim se bebe em círculo, até que algum deles, incapaz de manter-se de pé, é levado embora ou escapa no momento certo. Na despedida, ninguém presta reverências ao imperador, todos se perdem, um após o outro, até que resta apenas o imperador, que ouve por algum tempo uma música melancólica e finalmente se recolhe para descansar. Histórias ainda mais curiosas são contadas do harém, onde as mulheres fazem cócegas em seu governante, lutam com ele e tentam derrubá-lo sobre o tapete, quando ele só consegue, sob muitas risadas, livrar-se e vingar-se delas por meio de xingamentos.

Enquanto ouvimos falar tais coisas divertidas a respeito das relações dentro do harém imperial, não devemos pensar que o príncipe e seu divã (o conselho) permaneciam inertes ou negligentes. Não foi apenas a mente ativa e inquieta de Abas que o fez construir uma segunda capital no mar Cáspio. Ferhabad estava numa localização privilegiada não somente para a caça e a corte, mas também próxima o suficiente da fronteira, protegida por uma cadeia de montanhas, assim o imperador podia perceber qualquer movimentação dos russos e turcos — seus inimigos mortais — em tempo hábil e tomar as medidas contrárias necessárias. Dos russos não havia nada a temer naquele momento: seu império interior, levado às ruínas por usurpadores e príncipes traidores, não se mantinha por si só. Os turcos, por outro lado, tinham sido superados pelo imperador doze anos antes na batalha mais bem-sucedida que teve, de modo que na sequência não havia mais nada a sobrepujar naquela região, pelo contrário, conquistara grandes extensões de terra deles. A paz de fato nunca pôde se consolidar entre esses vizinhos: provocações isoladas e demonstrações públicas mantinham ambas as partes em constante vigilância.

Naquele momento, porém, Abas viu-se obrigado a se preparar de maneira vigorosa para a guerra. No estilo antigo, reuniu todo o seu exército nas planícies do Azerbaijão. Em toda parte acorreram guerreiros a pé e a cavalo, com as mais variadas armas; uma infinita procissão. Afinal, como numa emigração, cada homem leva junto sua esposa, filhos e bagagem. Della Valle também levou a bela Maani e suas amigas a cavalo e numa liteira em direção ao exército e à corte — o que fez com que o imperador o elogiasse, pois com isso provou ser um homem respeitável.

Quando toda uma nação coloca-se de forma massiva em movimento, não pode faltar absolutamente nada que seria necessário em uma casa. Para isso, comerciantes e negociantes de todo tipo viajam junto, abrindo um bazar temporário em todo lugar, contando com boas vendas. Por isso sempre se compara o acampamento do imperador com uma cidade, onde a ordem e uma boa polícia estão em ação, de modo que ninguém tenta forragear ou roubar e muito menos saquear, correndo o risco de sofrer severas penalidades. Pelo contrário, das coisas grandes até as pequenas, tudo deve ser pago em dinheiro vivo. É por isso que não apenas as cidades no caminho estão providas de um estoque abastecido com fartura, mas comida e suprimentos fluem infalivelmente de províncias vizinhas e distantes.

Mas que operações estratégicas ou táticas é possível esperar de uma desordenação tão organizada? Em especial quando se descobre que todos os grupos populares, tribais e militares estão misturados no combate e lutam aleatoriamente e a esmo, sem um comandante designado para a vanguarda, o flanco ou a retaguarda. Com isso, vemos por que uma afortunada vitória pode ser tão facilmente alterada e uma única batalha perdida pode determinar o destino de um império por muitos anos.

Desta vez, contudo, não chegou a haver uma dessas terríveis lutas homem a homem ou armadas. De fato, passaram pelas montanhas e sofreram inconcebíveis dificuldades. Entretanto, hesitaram, recuaram e estavam prontos para destruir suas próprias cidades de modo a fazer o inimigo perecer em regiões destruídas. Um alarme de pânico e vazias mensagens de vitória alternavam-se de maneira caótica. Num primeiro momento, condições de paz recusadas com insolência e rejeitadas com orgulho, desejo fingido de lutar e hesitação pérfida atrasaram a paz, mas no final a propiciaram. Assim, sob o comando e as ameaças do imperador, todos voltaram para casa sem maiores danos ou perigos além do que ele já sofrera com a multidão e com a viagem.

Reencontramos Della Valle também em Casbin nas cercanias da corte, insatisfeito pelo fato de a expedição contra os turcos ter terminado com tanta brevidade. Pois não devemos vê-lo meramente como um viajante curioso, como um aventureiro levado para cá e para lá pelo acaso. Na verdade, ele tem seus próprios objetivos que continua a perseguir. A Pérsia da época era na verdade uma terra de estrangeiros. A liberalidade longeva de Abas atraiu muitas pessoas de espírito alerta. Ainda não era a época de embaixadas formais, e viajantes inteligentes e ágeis se afirmavam. Sherley[65], um inglês, já havia conseguido anteriormente se encarregar como mediador entre Oriente e Ocidente. Da mesma forma, Della Valle — independente, rico, distinto, culto, recomendado — encontrou uma porta de entrada para a corte, e procurou incitar a hostilidade contra os turcos. O que o impulsionava era a mesma compaixão cristã que excitara os primeiros cruzados. Havia assistido aos maus tratos de devotos peregrinos no Santo Sepulcro, sofrido junto em certa medida, e todas as nações ocidentais queriam ver Constantinopla assolada a partir do Oriente. Contudo, Abas não confiava nos cristãos, que, pensando em seu próprio lucro, nunca estiveram do seu lado nos momentos em que mais necessitou. Assim, chegou a um acordo com os turcos. Della Valle, porém, não desistiu e

---

65 *Sir* Anthony Sherley (1565-1635), viajante inglês.

procurou conectar a Pérsia com os cossacos do mar Negro. Ele retornou a Ispaã, com o objetivo de instalar-se ali e promover a religião católica romana. Reuniu em seu entorno primeiramente os parentes de sua esposa, e depois mais cristãos da Geórgia. Adotou uma órfã da Geórgia, ficou com os carmelitas, e não tinha em mente nada além de receber do imperador uma região na qual poderia fundar uma nova Roma.

Logo o imperador em pessoa apareceria novamente em Ispaã, e embaixadores de todas as partes do mundo afluíram às centenas. O governante a cavalo, na maior das praças, na presença dos seus soldados, dos servos mais respeitáveis e de estrangeiros importantes — dentre os quais os mais notáveis também traziam seu séquito a cavalo —, assim ele dava grandes audiências com bom humor. Presentes eram trazidos, mostrados de forma suntuosa, e logo depois descartados com arrogância e vendidos de maneira judaica, e assim a majestade oscilava entre o mais alto e o mais baixo. Depois, ora fechado secretamente em seu harém, ora aparecendo à vista de todos e se envolvendo em questões públicas, o imperador mostrava-se ativo de modo incansável e obstinado.

Nota-se também uma especial liberdade religiosa. Apenas é proibido que um maometano converta-se ao cristianismo. Conversões ao Islã, que antigamente ele tinha estimulado, agora já não o agradam mais. Para além disso, as pessoas podem acreditar e realizar aquilo que quiserem. Assim, por exemplo, os armênios festejam o batismo da cruz, celebrado com solenidade no seu esplêndido subúrbio atravessado pelo rio Zayandeh. O imperador não quer apenas assistir a essa função com grande séquito, mas também não consegue se conter e quer dar ordens e direções. Em um primeiro momento discute com os sacerdotes sobre o que eles têm em mente, depois galopa para lá e para cá, cavalga para lá e para cá e ordena que a procissão mantenha a calma e a ordem, com a precisão que usaria ao comandar seus guerreiros. Depois do fim da festividade, reúne os religiosos e outros homens importantes em torno de si, fala com eles a respeito das várias concepções e costumes religiosos. Mas essa liberdade ao abordar pessoas de outras religiões não se aplica apenas ao imperador, ela ocorre também entre os xiitas em geral.

Os seguidores de Ali, aquele que foi primeiramente expulso do califado e assassinado logo que o havia reconquistado, podem ser vistos em muitos sentidos como os membros oprimidos da religião maometana. Seu ódio dirige-se sobretudo contra os sunitas, que contam e veneram os califas que governaram entre Maomé e Ali. Os turcos são devotos dessa fé, e um cisma tanto político quanto religioso separa ambos os povos. Enquanto os xiitas odeiam veementemente seus colegas crentes que pensam de forma diversa, são indiferentes com relação a membros de outras denominações, e garantem a eles uma recepção favorável com muito mais prontidão do que a seus adversários verdadeiros.

Bem, mas é ruim o suficiente! Essa liberalidade sofre sob a influência da arbitrariedade do imperador. Povoar ou despovoar um império são iguais para a vontade despótica. Abas, percorrendo o país disfarçado, ouve as falas desdenhosas de algumas mulheres armênias, e sente-se ofendido de tal maneira que condena todos os homens do vilarejo às penas mais cruéis. Terror e lamentos espalham-se às margens do Zayandeh, e o subúrbio de Jolfa, no começo cheio de alegrias pela participação do imperador em suas festas, soçobra na mais profunda tristeza.

E assim temos sempre empatia para com os sentimentos de grandes povos que foram alternadamente elevados e degradados pelo despotismo. Admiramos o alto nível de segurança e bem-estar a que Abas levou o império como monarca, e também por ter dado a esse Estado tamanha estabilidade que a fraqueza, a tolice e a irracionalidade de seus descendentes conseguiriam arruinar o império apenas noventa anos mais tarde. Contudo, devemos indicar o verso dessa imagem imponente.

Como todo governo autocrático rejeita ser influenciado e procura preservar a personalidade de seu regente com a maior segurança, decorre disso que o déspota deve sempre temer a traição, sentir perigo em qualquer lugar e até mesmo temer a violência de todos os lados, afinal ele mesmo conseguiu se afirmar em seu posto elevado apenas por meio da violência. Por isso, tem inveja daqueles além dele que inspiram respeito e confiança, apresentam habilidades brilhantes, acumulam tesouros e parecem disputar com ele em suas atividades. Assim, o herdeiro deve despertar a maior suspeita em todos os sentidos. É necessária muita magnanimidade a um pai imperador para que contemple sem inveja seu filho, a quem a natureza em breve vai transferir irrevogavelmente todas as suas posses e aquisições, sem pedir pela autorização do poderoso. Por outro lado, exige-se do filho que ele seja nobre e culto, que tenha bom gosto, controle suas esperanças, esconda seus desejos e também não antecipe o destino paterno nem a aparência. E mesmo assim: em que outro a natureza humana seria tão pura e grandiosa, tão calmamente paciente, tão alegremente ativa sob condições forçadas, do que numa situação na qual o pai não pode se queixar do filho, nem o filho pode se queixar do pai? Mesmo se ambos forem puros como anjos, os bajuladores vão se colocar entre eles, e assim a imprudência torna-se um crime, a aparência, uma prova. Quantos exemplos a História não nos fornece! Pensemos apenas no lamentável labirinto familiar no qual o rei Herodes viu-se preso. Não apenas os seus o consideravam um perigo sempre iminente, mas uma criança evidenciada por uma profecia desperta sua preocupação e proporciona uma crueldade generalizada logo antes da sua morte.

Foi isso que aconteceu com Abas, o Grande: filhos e netos tornaram-se suspeitos, e eles deram razão para isso. Um foi assassinado de forma injusta, o outro, meio culpado, foi cegado. Este disse: "Não tiraste a luz de mim, mas, sim, do império."

A esse infeliz crime do despotismo deve-se acrescentar outro, que gera atos violentos e crimes ainda mais aleatórios e imprevisíveis. Todos somos governados pelo hábito, contudo nos comportamos com moderação se submetidos a restrições externas, e aí a moderação torna-se nosso hábito. O exato oposto é o que encontramos nos déspotas. Uma vontade irrestrita cresce e deve avançar em direção ao ilimitado, caso não haja um alerta vindo de fora. Encontramos aqui a solução para o enigma segundo o qual um louvável jovem príncipe, cujos primeiros anos de governo foram abençoados, pouco a pouco se torna um tirano, para desgraça do mundo e para ruína de sua família, que também por isso é obrigada a se entregar a uma cura violenta para essa agonia.

Infelizmente, nosso ímpeto inato pelo absoluto, ainda que estimule todas as nossas virtudes, terá um efeito mais terrível se for associado a estímulos dos sentidos. Disso se desenvolve a pior hipertrofia de todas, que felizmente se dissolve, ao fim e ao cabo, em amortecimento completo. Referimo-nos aqui ao uso exagerado do vinho, que causa um desastre sem limites, rompendo por um momento a estreita fronteira da justiça e da equidade temperadas (algo que nem mesmo o tirano pode negar por completo enquanto ser humano). Se aplicarmos isso a Abas, o Grande, que durante seus cinquenta anos de domínio elevou-se para se tornar a única vontade incondicional de seu enorme e populoso império; se considerarmos que ele tinha uma natureza liberal, sociável e bem-humorada, mas foi desviado pela desconfiança, vexação e — o que é pior — por um mal concebido amor pela justiça; se considerarmos que ele também era estimulado pelo hábito impetuoso de beber e, por último, era torturado e levado ao desespero por uma doença angustiante e incurável — então devemos admitir que aqueles que colocaram um fim nesse terrível fenômeno da Terra merecem o perdão, quando não um elogio. Por isso, louvamos como abençoados os povos cultos cujo monarca governa a si próprio por meio de uma consciência moral nobre. Felizes dos governos moderados e regulamentados que mesmo um governante tem motivos para amar e estimular, pois tal governo poupa o governante de muitas responsabilidades e mesmo de muitos arrependimentos.

Não apenas o príncipe, mas também todo aquele que participa do poder máximo por meio de confiança, graça ou arrogância corre o perigo de transpassar o círculo que a lei, os costumes, o humanismo, a consciência, a religião e o nascimento desenharam em torno da raça humana, para sua felicidade e tranquilidade. E assim ministros e preferidos, representantes do povo e o povo em si devem cuidar para não serem carregados pelo redemoinho da vontade irrestrita, carregando a si e a outros inevitavelmente para a destruição.

Retornando ao nosso viajante, vamos encontrá-lo numa situação desconfortável. Com todo seu amor pelo Oriente, Della Valle deve ter finalmente sentido que morava num país no qual era impossível pensar em planos e resultados, e no qual mesmo com o mais puro poder e a mais diligente atividade seria impossível construir uma nova Roma. Os parentes de sua esposa não permitiram mais se manter ligados pelos laços familiares. Depois de terem vivido por algum tempo em Ispaã no círculo mais íntimo de amigos, acharam mais aconselhável retornar para o Eufrates e seguir ali o seu costumeiro modo de vida. Os georgianos restantes mostraram pouco zelo, e mesmo os carmelitas, que teriam apoiado de coração esse projeto, não ganharam nem simpatia nem auxílio de Roma.

O zelo de Della Valle esmoreceu, e ele decidiu retornar à Europa, infelizmente no momento mais impróprio. Atravessar o deserto lhe pareceu intolerável, e assim decidiu seguir pela Índia. Contudo, justamente nesse momento se desenrolavam negociações de guerra entre portugueses, espanhóis e ingleses por causa de Ormuz, o mais importante centro comercial, e Abas achou vantajoso entrar nessa disputa. O imperador decidiu combater os incômodos vizinhos portugueses, removê-los e atrair os solícitos ingleses para a sua própria causa, talvez por malícia e atrasos, apropriando-se de todas as suas vantagens.

Em tais períodos críticos, nosso viajante foi surpreendido pelo maravilhoso e peculiar sentimento que coloca o ser humano na maior cisão consigo mesmo: o sentimento do afastamento da pátria, justamente no momento em que, desconfortáveis num país estrangeiro, queremos voltar para casa e até mesmo já estar lá. Em tais casos é quase impossível evitar a impaciência. Nosso amigo também foi tomado por ela, seu caráter vivo e sua autoconfiança nobre e poderosa o iludiram sobre as dificuldades que encontraria no caminho. Com sua ousadia pronta para assumir riscos, conseguiu superar todos os obstáculos, realizar todos os planos, lisonjeou a si mesmo com visões da mesma felicidade, e decidiu tomar o caminho passando pela Índia, em companhia de sua bela Maani e de sua filha adotiva Mariuccia, já que um retorno através do deserto parece insuportável.

Houve muitos acontecimentos desagradáveis como anúncios de ameaças futuras. Contudo, passou por Persépolis e Xiraz, sempre atento, anotando e registrando com precisão objetos, costumes e modos. Assim chegou ao Golfo Pérsico, mas ali encontrou, como previsto, todos os portos fechados, todos os barcos apreendidos após uso na guerra. Ali na margem, numa região altamente insalubre, encontrou ingleses acampados cuja caravana, também parada, esperava pelo momento oportuno. Foi bem recebido, juntou-se a eles, montou sua tenda por perto e colocou uma cabana de palmeira para maior conforto. Aqui uma estrela amigável parecia brilhar para ele! Seu matrimônio não lhe tinha rendido filhos até então, e para grande alegria de ambos os cônjuges Maani anunciou que estava grávida. Ele, porém, foi acometido de uma doença, pois comida ruim e ar viciado tiveram a pior influência sobre ele e, de modo infeliz, também sobre Maani. Ela foi confinada cedo demais, e a febre simplesmente não baixava. Ela preservou seu caráter firme por algum tempo, mesmo sem ajuda médica, contudo, sentindo seu fim se aproximar, entregou-se em pia resignação, exigindo ser retirada da cabana de palha e levada para a tenda, onde faleceu nos braços de Della Valle enquanto este realizava as preces tradicionais e Mariuccia segurava a vela consagrada. Ela tinha 23 anos de idade.

Para superar uma perda grande como essa, ele decidiu de maneira firme e irrevogável levar o cadáver para o túmulo de sua família em Roma. Faltavam-lhe resinas, bálsamos e especiarias preciosas, mas felizmente encontrou a carga da melhor cânfora que, aplicada com cuidado por pessoas experientes, pôde preservar o corpo.

Mas sobre isso fez as maiores reclamações, pois a partir de então tentou aplacar, por meio de suborno ou agrados, a superstição dos tocadores de camelos, as vantagens dos gananciosos funcionários públicos e desviar a atenção dos funcionários da alfândega.

Acompanhamos sua viagem até Lar, a capital do Laristão, onde esperava um ar melhor, uma boa recepção e a conquista de Ormuz pelos persas. Mas mesmo os triunfos não o fizeram avançar em seu projeto. Ele se viu obrigado a retornar a Xiraz, até que finalmente conseguisse ir até à Índia com um navio inglês. Aqui vemos que sua conduta foi a mesma que tínhamos visto antes. Sua bravura firme, seus conhecimentos, suas características nobres lhe renderam entrada fácil e pouso honroso em todo lugar. No final, contudo, viu-se forçado a retornar ao Golfo Pérsico, e teve que fazer a viagem de volta pelo deserto.

Ali sofreu todas as dificuldades que temera. Decimado por chefes de tribos, taxado por funcionários da alfândega, assaltado por árabes, e mesmo dentro da cristandade irritado e atrasado, enfim conseguiu trazer a Roma curiosidades e objetos preciosos suficientes; a coisa mais preciosa e estranha dentre elas, porém, era o corpo de sua amada Maani. Ali, em Ara Coeli, realizou um magnífico funeral, e quando descia à tumba para lhe dar as últimas honras, encontramos duas virgens a seu lado: Sylvia, uma filha que havia crescido amavelmente durante sua ausência, e Tinatin de Ziba, que havíamos conhecido antes como Mariuccia, ambas com mais ou menos quinze anos de idade. Contra a vontade de seus parentes — e mesmo do papa, que planejava para ele relações mais ricas e refinadas —, decidiu se casar com essa última, que havia sido uma fiel companheira de viagem e o único consolo desde a morte de sua esposa. Por muitos brilhantes anos ainda afirmaria seu caráter veementemente inteligente e corajoso, não sem querelas, problemas e perigos, e deixaria numerosa prole ao morrer, aos 66 anos de idade.

Perdão

É notável que cada um prefira seu próprio caminho para obter conhecimento e compreensão entre todos os outros caminhos e queira iniciar e guiar seus sucessores seguindo os mesmos princípios. Nesse sentido, apresentei Pietro della Valle com muitos detalhes porque foi o primeiro viajante que me levou a conhecer as características do Oriente e de maneira mais clara, e meu preconceito me convenceu de que apenas por meio dessa apresentação é que eu daria fundamento adequado ao meu *Divã*. Que isso sirva a outros como estímulo, nesses tempos tão ricos de folhas e cadernos separados, para que leiam um livro substancial que os levará a um mundo cheio de significado que, de fato, aparece superficialmente alterado nos últimos relatos de viagem, mas no fundo será o mesmo que se mostrou a esse homem excelente no seu tempo.

> Fosse conhecer a poesia,
> Pra sua terra viajaria;
> Que se alegre no Oriente,
> Pois o velho é o recente.[66]

Olearius

O acúmulo de folhas impressas dos trabalhos feitos para este livro nos lembra de proceder a partir de agora com mais cuidado e menos desvios. Assim, falemos do citado excelente homem apenas *en passant*. É muito curioso contemplarmos as diferentes nacionalidades dos viajantes. Encontramos ingleses, entre eles Sherley e Herbert, de quem tenho que passar ao largo muito a contragosto. Encontramos também italianos, e por fim franceses. Neste ponto, que apareça um alemão em toda sua força e virtude. Infelizmente, em sua viagem para a corte persa estava junto de um homem que parecia mais ser aventureiro do que emissário, comportando-se em ambos os papéis de maneira arbitrária, desajeitada e até mesmo insana. O excelente e ponderado Olearius não se permitiu

---

[66] *"Wer den Dichter will verstehen/ Muß in Dichters Lande gehen;/ Er im Orient sich freue/ Daß das Alte sei das Neue."*

desviar com isso, e ofereceu-nos relatos de viagem muito deleitosos e edificantes, tão valiosos por ele ter chegado à Pérsia poucos anos depois de Della Valle, e pouco antes da morte de Abas, o Grande. Ao retornar para a Alemanha, tornou Saadi, o perfeito, conhecido entre os alemães por meio de uma efetiva e deleitosa tradução. Interrompemos a contragosto, pois desejamos apresentar nossa profunda gratidão a esse homem por tudo de bom que devemos a ele. Sentimo-nos também obrigados a falar rapidamente dos dois viajantes abaixo, cujos méritos tocaremos apenas superficialmente.

Tavernier e Chardin

[Jean-Baptiste] Tavernier (1605-1689), ourives e mercador de joias, cujas mercadorias ricamente elaboradas o precedem, avançou com astúcia e habilidade em direção às cortes orientais, e soube se integrar e localizar em todos os lugares. Chegou às minas de diamante da Índia, e depois de uma perigosa viagem de volta foi recebido no Ocidente de maneira não muito amistosa. Os escritos que deixou são altamente educativos, e mesmo assim ele foi prejudicado por seu compatriota, seguidor e rival Chardin não apenas em vida, mas também frente à opinião pública após sua morte. [Jean] Chardin (1643-1715), que já no início de sua viagem teve que atravessar as maiores dificuldades, também soube fazer uso eficiente do modo de pensar dos ricos e poderosos orientais, que oscilava entre magnanimidade e egoísmo. Com sagacidade, soube se servir do insaciável desejo deles por joias frescas e trabalhos estrangeiros em ouro (apesar de já possuírem grandes tesouros). Por isso também conseguiu retornar a casa com boa sorte e vantagens.

Nesses dois homens não cansamos de admirar a inteligência, a equanimidade, a destreza, a persistência, o comportamento vencedor e a constância, e qualquer homem do mundo poderia muito bem venerá-los como modelos para a viagem de sua vida. Porém, eles tinham duas vantagens que nem todos podem ter: eram simultaneamente protestantes e franceses — características que, combinadas, em geral produzem os indivíduos mais capacitados.

Novos e mais novos viajantes

Aqui não podemos nem tocar nas contribuições que devemos aos séculos XVIII e XIX. Os ingleses esclareceram-nos ultimamente a respeito das regiões mais desconhecidas. O reino de Kabul, a antiga Gedrósia e Caramânia tornaram-se acessíveis para nós. Ninguém pode negar, mas deve reconhecer que enquanto os ingleses atravessam o Indo suas grandiosas atividades ampliam-se diariamente. E sob esse estímulo sempre deve se expandir no Ocidente um prazer por conhecer as línguas de maneira mais ampla e mais profunda. Se pensarmos na diligência e força de espírito que andaram de mãos dadas para sair do círculo restrito hebraico-rabínico e chegar até a profundeza e amplitude do sânscrito, ficamos felizes por sermos testemunhas desse progresso há tantos anos. Mesmo as guerras, que obstruem e destroem tanto, revelaram muitas vantagens para nossa compreensão. Descendo as montanhas do Himalaia, as regiões de ambos os lados do Indo — que antes eram matéria de fábulas — tornaram-se claras para nós em sua relação com o restante do mundo. Partindo da península e descendo até Java, podemos expandir nossa visão geral segundo nossa vontade, força e disposição, e nos edificarmos sobre os mínimos detalhes. E assim se abre para os jovens amigos do Oriente uma porta após a outra para conhecerem os segredos desse mundo antigo, as falhas de uma constituição local estranha ou de uma religião infeliz, bem como o esplendor da poesia na qual a pura humanidade, os nobres costumes, a serenidade e o amor tomam refúgio, de modo a nos consolar a respeito do conflito de castas, dos fantásticos monstros da religião e do abstruso misticismo, e para nos convencer de que, ao fim e ao cabo, é nessa poesia que repousa a salvação da humanidade.

Professores: antecessores e contemporâneos

Prestar contas exatas a respeito das pessoas com as quais aprendemos isto ou aquilo em nossa vida e em nossos estudos, a respeito de como não apenas amigos e companheiros, mas também adversários e inimigos nos ajudaram a progredir — isso não é tarefa fácil. Entretanto, sinto-me instigado a mencionar alguns homens a quem devo um agradecimento especial.

[Sir William] *Jones* (1746-1794). Os méritos deste homem são tão conhecidos ao redor do mundo e foram elogiados tão grandemente em tantos lugares, que não me resta mais nada a não ser reconhecer, de maneira geral, que soube tirar o máximo proveito possível de seus esforços de outrora. Contudo, gostaria de apontar uma faceta dele que se tornou especialmente marcante para mim.

Ele, com sua educação verdadeiramente inglesa, e também educado em literaturas grega e latina de modo que sabia não apenas reverenciar os frutos delas, mas também trabalhar nessas línguas; versado nas literaturas europeias; viajado nas literaturas orientais — ele desfruta da dupla e bela dádiva de estimar todas as nações em seu próprio mérito e, ao mesmo tempo, encontrar em todos os lugares realizações do belo e do bom, áreas nas quais todas as nações são mestras.

Contudo, ao escrever suas ideias encontrou alguma dificuldade, pois teve que confrontar a predileção de sua nação pela literatura clássica, e se o observarmos de perto perceberemos logo que ele, um homem inteligente, procurou conectar o conhecido com o desconhecido, o estimável ao que já é estimável. Ocultou sua preferência pela poesia asiática e, com habilidosa modéstia, ofereceu frequentes exemplos que considera estarem lado a lado dos muito louvados poemas latinos e gregos. Usou as antigas formas rítmicas para tornar as graciosas delicadezas do Oriente acessíveis também aos classicistas. Não teve problemas apenas com o lado arcaizante de seu país, mas também devido ao seu movimento patriótico: doía-lhe o desprezo pela poesia oriental. Isso se torna muito claro em seu artigo de apenas duas páginas, mas de dura ironia, intitulado "Arabs, sive de Poesi Anglorum Dialogus", ao final de sua obra *Sobre a arte poética asiática*. Aqui ele nos apresenta com toda a amargura o quão absurdos Milton e Pope pareceriam se estivessem com roupagem oriental. Como frequentemente repetimos, isso implica que devemos procurar e ver, conhecer e estimar cada poeta em sua própria língua e no contexto particular de seu tempo e seus costumes.

[Johann Gottfried] *Eichhorn* (1752-1827). É gratificante reconhecer que utilizei para meus trabalhos atuais o mesmo exemplar o qual esse homem de grandes méritos me ofereceu através de sua edição das obras de Jones 42 anos atrás, quando ainda podíamos contá-lo entre nós e ouvir dele muitos conselhos salutares. Mesmo depois de todo esse tempo persegui em silêncio suas instruções, e nesses últimos dias me alegrei grandemente ao receber de suas mãos a tão importante obra que nos esclarece sobre os profetas e suas circunstâncias. Pois o que poderia ser mais agradável para o homem quieto e contemplativo e para o poeta entusiasta do que ver como esses homens dotados por Deus viam os seus tempos movimentados e indicavam aquilo de estranho e questionável que estava acontecendo enquanto puniam, avisavam, consolavam e elevavam o coração dos seus ouvintes?

Que com estas poucas palavras esteja expressa minha gratidão vitalícia a esse homem honrado.

[Georg Wilhelm] *Lorsbach* (1752-1816). Também é obrigatório falarmos aqui do bravo Lorsbach. Ele entrou em nosso círculo já avançado na idade, e não conseguiu encontrar uma condição confortável para si. Mesmo assim, respondia às minhas questões com informações fiéis dentro dos limites de seus conhecimentos, que frequentemente gostava de delimitar talvez com demasiada precisão.

No início pareceu-me curioso pensar que não encontraria nele um amigo particular da poesia oriental. E mesmo assim acontece de maneira semelhante com todo aquele que dedica com zelo e entusiasmo seu tempo e suas forças para alguma tarefa, e no final não acredita ter encontrado a recompensa esperada. E então a velhice é mesmo a época na qual falta a recompensa, justamente nesse momento em que a pessoa mais a merece. Sua inteligência e sua sinceridade eram igualmente serenas, e lembro-me com prazer das horas que passei junto a ele.

Von Diez

Uma influência importante em meus estudos, que reconheço muito agradecido, foi a do prelado [Heinrich Friedrich] von Diez (1786-1817). Na época em que me dediquei mais ao estudo da literatura oriental, chegou às minhas mãos o *Livro de Cabus*, e pareceu-me tão importante que dediquei muito tempo nele, inclusive chamando a atenção de muitos amigos para que o lessem. Por intermédio de um viajante ofereci um agradecimento sincero a esse homem admirável de quem aprendi tanta coisa. Ele gentilmente me enviou em resposta o pequeno livro sobre as tulipas. Eu tinha uma folha de papel de seda, na qual mandei ornar um pequeno espaço com um esplêndido desenho floral dourado. Nessa folha, escrevi o seguinte poema:

Quando se anda pela Terra com cuidados,
Seja acima, seja descendo do trono,
E a lidar com pessoas, como com cavalos,
Tudo isso o filho aprende com o seu patrono.
Sabemos tudo de ti, que nos ensinaste;
Agora tu envias uma tulipa em botão,
E se este quadro dourado não me limitasse,
Até onde não louvaria a tua contribuição![67]

E assim se desenvolveu um diálogo por carta que esse nobre homem continuou fielmente, com uma mão quase ilegível e sob dores e sofrimentos, até o final de sua vida.

Uma vez que até então eu só havia obtido conhecimento dos costumes e da história do Oriente de maneira geral e praticamente não possuía nenhum conhecimento da língua, tal generosidade foi de grande importância para mim. Como estava trabalhando segundo um modo planejado e metódico, eu precisava de informação acessível que teria exigido de mim energia e tempo para procurar em livros, e por isso me dirigi a ele em casos de dúvida, e a toda vez recebi respostas satisfatórias e estimulantes às minhas questões. Essas suas cartas mereciam ser publicadas apenas pelo seu conteúdo e preservadas como um monumento aos seus conhecimentos e à sua boa vontade. Como eu conhecia sua forma rígida e distinta de pensar, evitei tocá-lo a partir de certos lados. Contudo, ele foi muito agradável, algo totalmente contrário a seu modo de pensar, em traduzir para mim algumas anedotas de Nasrudin Hodja, o engraçado companheiro de viagens e de tenda do conquistador Timur, quando lhe perguntei a respeito de seu caráter. Isso mostrou mais uma vez que muitos contos de fada audaciosos que os ocidentais trataram à sua maneira têm sua origem no Oriente, ainda que a cor verdadeira, o correto e apropriado tom tenha se perdido em sua transformação.

Como um manuscrito desse livro se encontra na biblioteca real de Berlim, seria muito desejável que um mestre dessa matéria nos desse uma

---

67 "Wie man mit Vorsicht auf der Erde wandelt,/ Es sei bergauf, es sei hinab vom Thron,/ Und wie man Menschen, wie man Pferde handelt:/ Das alles lehrt der König seinen Sohn./ Wir wissens nun durch dich, der uns beschenkte;/ Jetzt fügest du der Tulpe Flor daran,/ Und wenn mich nicht der goldne Rahm beschränkte,/ Wo endete, was Du für uns getan!"

tradução dele. Talvez ela pudesse ser realizada da maneira mais apropriada em latim, de modo que o erudito fosse o primeiro a conhecê-lo completamente. Para o público alemão se poderia fazer uma tradução decente de alguns trechos desse livro.

Esta coleção de ensaios deve servir como prova de que fiz bom uso de outros escritos do amigo, como o *Contemplações do Oriente* [*Denkwürdigkeiten des Orients*], etc. É mais arriscado admitir que mesmo sua predisposição para o conflito — nem sempre muito admirável — também me foi de grande utilidade. Lembrando meus anos de universidade, quando corria para o campo de esgrima para assistir a alguns mestres ou sêniores testarem sua força e destreza uns contra os outros, ninguém vai negar que tais oportunidades me mostraram pontos fracos e fortes que talvez tivessem ficado para sempre ocultos de um estudante.

O autor do *Livro de Cabus*, Qara Iskander [*Kjekjawus*], rei dos dilemitas, que habitavam a terra montanhosa de Ghilan, que ao meio-dia esconde o *Pontus Euxinus* [o mar Negro]: vamos gostar duplamente dele quando o conhecermos melhor. Educado como príncipe herdeiro para a vida mais livre e ativa, deixou o país para estudar e se testar mais distante no Oriente.

Logo após a morte de Mahmud (cujas grandiosas realizações já apresentamos anteriormente), veio a Gázni, foi muito bem recebido por seu filho Messud e depois de muitos serviços em guerra e paz casou-se com uma das irmãs deste. Numa corte na qual poucos anos antes Ferdusi tinha escrito o *Shah-nameh*, onde o novo governante, inteligente e belicoso como seu pai, sabia valorizar uma companhia espirituosa, Iskander conseguiu encontrar a melhor oportunidade para ampliar sua formação.

Mas precisamos falar primeiro sobre sua educação. Seu pai o tinha confiado a um excelente preceptor para aperfeiçoar seu treinamento físico. Este devolveu o filho hábil em todas as artes de cavalaria: tiro, cavalgada, atirar cavalgando, atirar a lança, manejar a marreta para acertar a bola da maneira mais destra possível. Depois de tudo isso ter se realizado à perfeição e depois de o rei parecer estar contente, mesmo elogiando muito o professor, adicionou: "Ainda tenho algo para lembrar. Ensinaste meu filho em todas as atividades para as quais ele precisa de uma ferramenta: sem cavalo não pode cavalgar, sem arco não pode atirar. O que é o seu braço se não tiver uma lança, e o que seria o jogo sem a marreta e a bola? Não lhe ensinaste a única coisa de que a vida dele precisa mesmo, que é o mais necessário e no que ninguém mais o poderá ajudar." O professor ficou envergonhado, ouvindo dizer que o príncipe não sabia a arte de nadar. Essa arte também foi aprendida, ainda que com alguma resistência do príncipe, e ela salvou-lhe a vida quando, durante uma viagem a Meca, seu barco afundou no Eufrates cheio de peregrinos, dentre os quais apenas alguns poucos sobreviveram.

O fato de ele ter sido muito bem educado nas matérias do intelecto prova-se pela boa recepção que teve na corte de Gázni, de modo que foi nomeado companheiro do príncipe, o que na época significava que deveria ser inteligente para conseguir reportar de maneira razoável e agradável tudo aquilo que acontecesse.

A sequência do trono de Ghilan era incerta, e incerta também era a posse do reino em si devido a vizinhos poderosos e sedentos por conquistas. Finalmente, após a morte de seu pai, primeiramente deposto e depois recolocado no governo, Iskander galgou o trono com muita sabedoria e consciência decidida a respeito das consequências dos acontecimentos. Na idade adulta, quando previu que o filho Ghilan Shah teria uma posição ainda mais perigosa do que a sua, escreveu esse memorável livro no qual fala a seu filho: "Que queira se educar nas artes e ciências pelo seguinte motivo duplo: ou para conseguir ganhar seu sustento por meio de alguma arte — se vier a ser colocado numa situação dessas por necessidade — ou no caso em que não precise da arte para a subsistência, que pelo menos seja bem instruído a respeito das razões de todas as coisas, se for permanecer no poder."

Se hoje em dia tal livro estivesse à disposição dos grandes emigrantes que, com admirável resignação, frequentemente se sustentaram com o fruto de seu trabalho manual, como lhes teria sido consolador!

Um livro excelente e inestimável como esse não é mais conhecido provavelmente porque o autor o publicou sob suas próprias expensas e a editora Nicolai o pegou apenas sob comissão, o que fez com que uma obra como essa tenha ficado desde o início presa na livraria. Para que nossa pátria saiba que tesouro está esperando por ela, apresentamos aqui o conteúdo dos capítulos e solicitamos às estimadas folhas diárias — como *Das Morgenblatt* e *Der Gesellschafter* — a tornar conhecidas do público geral as anedotas e histórias edificantes e divertidas, bem como as incomparáveis máximas que essa obra contém.

SUMÁRIO DO *LIVRO DE CABUS* POR CAPÍTULOS

1. Reconhecimento de Deus.
2. Louvor do profeta.
3. Deus é louvado.
4. Plenitude na missa é necessária e útil.
5. Obrigações para com pai e mãe.
6. Elevar sua origem por meio da virtude.
7. Quais regras devem ser seguidas ao falar.
8. As últimas regras de Nushirvan.
9. Condição da idade avançada e da juventude.
10. Decência e regras nas refeições.
11. Comportamento ao beber vinho.
12. Como hóspedes devem ser convidados e atendidos.
13. De que maneira se faz brincadeiras, se joga pedra e xadrez.
14. Conduta dos amantes.
15. Vantagens e desvantagens da coabitação.
16. Como lavar-se e dar banho.
17. Estado de sono e repouso.
18. Ordem na caça.
19. Como praticar o jogo de bola.
20. Como confrontar o inimigo.
21. Meios de ampliar o patrimônio.
22. Como preservar e como devolver bens que nos foram confiados.
23. Compra de escravos e escravas.
24. Onde é possível comprar posses.
25. Compra de cavalos e identificação dos melhores.
26. Como um homem deve tomar uma esposa.
27. Ordem na educação das crianças.
28. Vantagens em fazer amigos e escolhê-los.
29. Não ser desleixado quanto aos planos e conspirações do inimigo.
30. É bom perdoar.
31. Como se deve procurar conhecimento.

32. Negócios.
33. Regras dos médicos, e como se deve viver.
34. Regras dos astrônomos.
35. Atributos dos poetas e da poesia.
36. Regras dos músicos.
37. A arte de servir imperadores.
38. Conduta dos confidentes e companheiros do imperador.
39. Regras da chancelaria.
40. Ordem do vizirado.
41. Regras do comando do exército.
42. Regras do imperador.
43. Regras da aragem e da agricultura.
44. Benefícios da virtude.

Sem dúvida, um livro com esse conteúdo promete um conhecimento amplo das circunstâncias orientais, de modo que igualmente não há dúvida de que ali encontraremos analogias suficientes para nos educar a respeito da nossa condição europeia e como avaliá-la.

Por fim, uma pequena repetição cronológica. O rei Iskander chegou ao poder aproximadamente no ano da Hégira 450 (= 1058), governando até Heg. 473 (= 1080), casou-se com uma filha do sultão Mahmud de Gázni. Seu filho, Ghilan Shah, para quem escreveu essa obra, teve suas terras roubadas. Sabe-se pouco sobre sua vida, nada sobre sua morte. Cf. a tradução de Diez, publicada em 1811 em Berlim.

Gostaria de pedir à livraria que assumir a tarefa de publicar o *Livro de Cabus* que incluísse esta informação. Um preço baixo certamente facilitaria vendas maiores.

Von Hammer

O quanto passei a dever a este homem honrado é demonstrado no meu livrinho em todas as suas partes. Há muito tempo tive minha atenção chamada para Hafez e seus poemas, mas nada daquilo que havia encontrado na literatura, em relatos de viagem, em jornais ou outros documentos me deu nenhuma noção, nenhuma ideia do valor, do mérito deste homem extraordinário. Finalmente, contudo, quando a tradução completa de toda sua obra chegou às minhas mãos na primavera de 1813, apanhei com especial afinidade seu ser interior e procurei me colocar em relação com ele através de produção própria. Essa amigável atividade ajudou-me a superar tempos difíceis, e enfim me permitiu desfrutar da maneira mais agradável os frutos da paz conquistada.

Há alguns anos tive ciência de modo geral do trabalho vivaz dos *Fundgruben*[68], mas agora chegou a hora em que tenho que tirar vantagens disso. De muitas formas, essa obra indicou, estimulou e acalmou simultaneamente a necessidade da época, e aqui mais uma vez se confirmou a experiência de que somos auxiliados por nossos contemporâneos em qualquer área e da maneira mais bela quando nos dispomos a aplicar de modo grato e amigável suas contribuições. Homens de grande conhecimento nos ensinam sobre o passado, fornecem o ponto de partida a partir do qual as atividades atuais emanam, e indicam o próximo caminho que devemos tomar. Felizmente, a maravilhosa obra citada ainda é continuada com o mesmo zelo, e mesmo se tivermos que nos colocar atrás em nossas pesquisas nessa área, retornaremos sempre com prazer e com renovado interesse àquilo que nos foi oferecido de forma tão frescamente apreciável e útil de tantas perspectivas diferentes.

Contudo, para lembrar-me de *algo*, devo confessar que essa importante coletânea teria me auxiliado de modo ainda mais rápido se os editores, que naturalmente se empenham e trabalham apenas para especialistas, também tivessem dirigido seu olhar a leigos e amadores e, se não para todos, tivessem precedido vários artigos de uma curta introdução sobre as condições de épocas, pessoas e localidades do passado. Dessa forma, o ávido estudante teria sido poupado de muita busca cansativa e dispersiva.

Mas tudo o que então tinha ficado a desejar foi agora proporcionado em grandíssima medida, por meio da inestimável obra que nos transmitiu a história da poesia persa. Pois admito com prazer que, já no ano de 1814, quando os *Göttinger Anzeigen* nos deram a primeira notícia do conteúdo dessa obra, organizei e realizei de imediato meus estudos segundo as

---

68 *Fundgruben des Orients* [Minas do Oriente], revista publicada por Joseph von Hammer entre 1809 e 1818 com análises e artigos a respeito do Oriente.

rubricas ali dadas, o que me proporcionou um ganho considerável. Quando a impacientemente aguardada obra completa enfim apareceu, encontramo-nos de repente como dentro de um mundo conhecido, cujas condições podíamos reconhecer e contemplar uma a uma com clareza, onde antes só se podia vislumbrar de maneira genérica e como que por entre camadas oscilantes de névoa.

Que se possa ficar satisfeito com a utilização que fiz desta obra e se reconheça o objetivo de atrair aqueles que, de outra forma, teriam passado toda sua vida ao largo dessa abundância de tesouros.

Com certeza possuímos agora um fundamento sobre o qual a literatura persa pode ser demonstrada de modo magnífico e claro, cujo modelo pode servir de inspiração para elevar a posição e a apreciação de outras literaturas. Altamente desejável, porém, é que sempre se mantenha o ordenamento cronológico e não se tente fazer uma organização sistemática segundo os diferentes gêneros. Nos poetas orientais, tudo é misturado demais para ser separado individualmente; o caráter da época e do poeta na sua época é, por si só, edificante e age de forma vivaz sobre qualquer pessoa; que se siga fazendo do mesmo modo como foi feito aqui.

Que os méritos da brilhante Xirin, da séria e edificante "folha de trevo" que posicionei com tanto prazer ao final deste trabalho, possam ser amplamente reconhecidos.

Traduções

Como os alemães também têm avançado cada vez mais em direção ao Oriente por meio de traduções de todo tipo, sentimo-nos motivados a trazer aqui algo a esse respeito que é de fato conhecido, mas que nunca se repete.

Existem três tipos de tradução. O primeiro deles nos familiariza com o estrangeiro no nosso próprio sentido, e neste caso uma tradução simples e prosaica é a melhor. Apesar de a prosa eliminar por completo toda idiossincrasia de qualquer arte poética e rebaixar o entusiasmo poético a um mesmo nível, mesmo assim ela presta um grande serviço inicial, pois nos surpreende com o extraordinário do estrangeiro dentro de nosso aconchego nacional e de nosso cotidiano, de modo que, sem que saibamos como, fornece-nos um ânimo mais elevado e verdadeiramente nos edifica. A tradução da Bíblia de Lutero vai produzir sempre um efeito desses.

Se a *Canção dos Nibelungos* tivesse sido colocada numa prosa útil e impressa como livro popular, teríamos tido muito ganho e o sentido cavaleiresco estranho, sério, sombrio e macabro teria chegado até nós com toda a sua força. Se isso seria aconselhável e factível de fazer ainda hoje em dia, avaliarão melhor aqueles que se dedicarem mais decididamente a esses assuntos antigos.

Uma segunda época se segue, na qual de fato nos esforçamos em nos colocar na condição do estrangeiro, mas na verdade apenas nos apropriamos do sentido estrangeiro e o reapresentamos segundo nosso sentido caseiro. Tal época gostaria de chamar, no mais puro sentido da palavra, de *parodística*. Na maioria são pessoas espirituosas que se sentem chamadas a realizar tal empresa. Os franceses valem-se dessa forma na tradução de todas as obras poéticas, e exemplos às centenas podem ser encontrados nas transposições de Delille.[69] O francês, quando torna as palavras estrangeiras apropriadas à sua fala, procede igualmente com os sentimentos, pensamentos e até mesmo com os objetos, e exige para cada fruto estrangeiro um substituto que tenha crescido em seu próprio solo.

As traduções de Wieland[70] pertencem a essa forma; ele também tinha um senso racional e gosto próprios, com os quais se aproximou da Antiguidade e do estrangeiro apenas na medida em que encontrava conveniência neles. Este excelente homem pode ser visto como representante da sua época. Exerceu influência extraordinária, pois justamente aquilo que o motivava, a forma com que se apropriava e retransmitia também alcançou seus contemporâneos de modo agradável e deleitoso.

---

69 Jacques Delille (1738-1813) foi poeta e tradutor francês, traduziu Virgílio para o francês. É um dos representantes da chamada corrente tradutória das *belles infidèles*.

70 Christoph Martin Wieland (1733-1813) foi poeta, editor e tradutor alemão. Juntamente com Herder, Goethe e Schiller, fez parte do chamado Classicismo de Weimar. Traduziu, entre outros, Cícero, Horácio, Luciano e toda a obra de Shakespeare. Goethe se refere no texto a estas últimas, e em outros dois textos as analisa com mais vagar: um trecho da autobiografia *Poesia e verdade*, na qual reflete sobre o impacto das traduções de Shakespeare numa época em que este autor era desconhecido na Alemanha; e o artigo "Zum brüderlichen Andenken Wielands" [À memória fraterna de Wieland], publicado em 1813 quando do falecimento do amigo poeta. Excertos desses trechos (inclusive do capítulo "Traduções" do *Divã*) foram reunidos na coletânea de textos sobre tradução por Störig (1969), e vertidos para o português por Rosvitha Friesen Blume na coletânea *Clássicos da teoria da tradução* (HEIDERMANN, 2010, p. 28-35).

Como não se pode permanecer por muito tempo nem na perfeição nem na imperfeição, e uma transformação sempre deve se seguir a outra, assim vivemos o terceiro período, que deve ser considerado o mais elevado e o último, ou seja, aquele no qual se deseja tornar a tradução idêntica ao original, de modo que um não deva existir em vez do outro, e sim no lugar do outro.

Essa forma sofreu no início a maior resistência, pois o tradutor que se liga com firmeza ao seu original abandona mais ou menos a originalidade da sua nação, e assim surge um terceiro para o qual se deve primeiramente formar o gosto da multidão.

O nunca suficientemente estimado Voß[71] não conseguiu satisfazer o público de início, até que, pouco a pouco, aprendemos a ouvir nessa nova forma e nos adaptamos a ela. Quem agora não percebe o que se sucedeu, quanta versatilidade chegou aos alemães, quantas vantagens retóricas, rítmicas, métricas estão à mão do jovem com talento e gênio, como agora Ariosto e Tasso, Shakespeare e Calderón já foram apresentados a nós duas e três vezes como estrangeiros germanizados, essa pessoa pode esperar que a história literária fale abertamente de quem foi o primeiro a abrir esse caminho sob tantas dificuldades.

Os trabalhos de Von Hammer também apontam para um tratamento semelhante de obras-primas orientais nas quais a aproximação à forma exterior é o recomendável. Quão infinitamente mais vantajosos se mostram os trechos de uma tradução de Ferdusi que o citado amigo nos trouxe, contra aquelas de um modificador, das quais algo se pode ler nos *Fundgruben*. Essa maneira de modificar um poeta consideramos o erro mais triste que um tradutor dedicado e em especial consciente de seu trabalho poderia cometer.

Como em toda literatura essas três épocas se repetem e se invertem, e como os modos de tratamento podem até mesmo ser aplicados simultaneamente, talvez agora uma tradução em prosa do *Shah-nameh* e da obra de Nezami ainda seja desejável. Ela seria utilizada para a leitura rápida e dedicada a revelar o sentido principal, nos alegraríamos com o conteúdo

---

71 Johann Heinrich Voß (1751-1826), poeta e tradutor alemão, traduziu para o alemão os poemas épicos homéricos, bem como muitos outros clássicos gregos e romanos. Suas traduções são consideradas até hoje exemplares e ousadas.

histórico, fabuloso, ético geral e nos aproximaríamos com confiança cada vez maior às concepções e modos de pensar, até que finalmente poderíamos nos irmanar por completo com eles.

Lembremo-nos aqui do aplauso mais efusivo que nós alemães dedicamos a uma tradução dos *Sakuntala*[72], e poderemos atribuir à prosa geral na qual o poema foi dissolvido toda a alegria que ela nos proporcionou. Agora, contudo, seria tempo de nos darmos uma tradução do terceiro tipo que correspondesse aos diferentes dialetos, aos modos de linguagem rítmicos, métricos e prosaicos do original e fizesse com que esse poema nos parecesse novamente satisfatório e nativo, em todas as suas características próprias. Como nos dias atuais se encontra em Paris um manuscrito dessa obra eterna, um alemão que morasse lá poderia nos proporcionar um serviço imortal ao realizar tal trabalho.

O tradutor inglês do *Mensageiro das nuvens* ou *Meghaduta*[73] é igualmente digno de todas as honras, pois o primeiro contato com uma obra como essa sempre marca época na nossa vida. Contudo, sua tradução pertence na verdade à segunda época, parafrástica e supletória; bajula o ouvido e o sentido do Noroeste [Inglaterra] com o pentâmetro iâmbico. Ao nosso Kosegarten[74], por outro lado, agradeço por alguns versos vertidos diretamente da língua original, que com certeza proporcionam uma compreensão completamente outra. Além disso, o inglês se permitiu transposições dos motivos que o experiente olhar estético descobre e deprecia de pronto.

Por que chamamos a terceira época também de última, esclarecemos aqui brevemente. Uma tradução que objetiva se identificar com o original se aproxima, ao fim e ao cabo, da versão interlinear e facilita muito a compreensão do original. Por ela somos conduzidos e até mesmo arrastados ao texto-base, e enfim se fecha todo o círculo no qual se movimenta a aproximação do estrangeiro e do nativo, do conhecido e do desconhecido.

---

72 *Sakuntala* é um drama do poeta indiano Kalidasa. Goethe se refere à tradução publicada em 1791 por Georg Forster, a partir da tradução inglesa de William Jones.

73 Outra obra também de Kalidasa.

74 Johann Gottfried Ludwig Kosegarten (1792-1860), orientalista e linguista alemão, além traduzir de poesia árabe, persa e indiana, editou um dicionário do dialeto baixo-alemão.

Fecho final!

Os conhecedores e amigos julgarão com benevolência o quanto conseguimos conectar o Oriente longínquo mais antigo ao mais novo e vivo. Chegou-nos à mão, porém, novamente algo que pertence à história atual e pode contribuir satisfatoriamente à conclusão alegre e vivaz do todo.

Cerca de quatro anos atrás, quando o enviado persa destinado a São Petersburgo recebeu a tarefa de seu imperador, a nobre esposa do monarca não desperdiçou essa oportunidade de forma alguma. Ela enviou de sua parte significativos presentes à Sua Majestade Imperadora Mãe de todos os Russos, acompanhada de uma carta cuja tradução[75] temos a felicidade de compartilhar.

Carta da esposa do imperador da Pérsia à Sua Majestade Imperadora Mãe de todos os Russos

Enquanto durarem os elementos dos quais o mundo é composto, que a nobre senhora do Palácio da Grandeza, a arca do tesouro das pérolas do Império, a constelação das estrelas do Império, aquela que carrega o Sol brilhante do grande Império, o círculo do ponto central do Império superior, a palmeira da fruta da força suprema; que ela possa estar sempre feliz e preservada de todas as intempéries.

Depois de apresentados esses meus mais sinceros desejos, como em nossas épocas felizes, por ação da grande misericórdia do Ser Todo-Poderoso, os jardins das duas grandes potências produzem novamente frescas flores de rosas, e tudo aquilo que se infiltrou para separar ambas as magníficas cortes foi eliminado pela mais sincera união e amizade; e também em reconhecimento dessa grande bênção, como todos que estão ligados a uma ou outra corte; tenho a honra de anunciar que não cessaremos de manter relações e correspondências amigáveis.

Neste momento, quando a Sua Excelência Mirza Abul Hassan Chan, o enviado à grande corte russa, está viajando à sua capital, achei necessário abrir as portas da amizade por meio da chave desta sincera carta. E, porque é um antigo costume que amigos se deem presentes, segundo os fundamentos da amizade e da cordialidade, assim rogo que aceite as mais finas joias do nosso país que oferecemos. Espero, em

---

75 Aqui Goethe apresenta sua tradução a partir da versão francesa adquirida por meio de contatos com a corte russa.

retorno, que V. Exª, por meio de algumas gotas de cartas amigáveis, possa saciar o jardim de um coração que o ama muito. Da mesma forma que peço que me lisonjeie com pedidos, os quais me ofereço a atender do modo mais devoto.

Que Deus mantenha seus dias puros, felizes e gloriosos!

Presentes

Um colar de pérolas com peso de 498 quilates.
Cinco xales indianos.
Uma caixinha de cartão, trabalho de Ispahã.
Uma pequena caixa para guardar penas.
Receptáculo com aparelhos úteis.
Cinco peças de brocado.

★

Demonstraremos aos nossos conterrâneos o quanto o enviado que ficou em Petersburgo se expressou sobre as relações entre as duas nações de modo prudente e modesto, ao nos conectarmos com a história da literatura e da poesia persas apresentada acima.

Recentemente, porém, descobrimos que esse, digamos, *enviado nato*, quando em sua passagem para a Inglaterra, foi contatado em Viena pela graça de seu Imperador, cidade à qual o próprio soberano quer dar importância e brilho por meio de expressão poética. Também estes poemas[76] acrescentamos aqui, como a pedra final da nossa cúpula, de fato feita de muitos materiais, mas, Deus queira! construída para ser durável.

À Bandeira

O grande Fatih Ali Shah, o Turco, é igual a Jamshid,
Luz do mundo, senhor do Irã, Sol da Terra.
Seu escudo lança amplas sombras no prado do mundo,
Seu cinto exala almíscar no cérebro de Saturno.
O Irã é a garganta de um leão, seu príncipe o Sol;
Eis brilham leão e Sol no brasão de Dara.
A cabeça do arauto Abul Hassan Khan
Eleva ao domo celeste o brasão de seda.

---

76 Traduzidos ao alemão por Kosegarten a pedido de Goethe.

Por amor foi enviado a Londres
E trouxe sorte e bem para o senhor dos cristãos.⁷⁷

در درفش
فتحعلی شه ترک جمشید کیتی افروز
کشور خدای ایران خورشید عالم آرا
چترش بصحن کیهان افکنده ظلّ اعظم
کردش بمعز کیوان آکنده مشک سارا
ایران کنام شیران خورشید شاه ایران
ز آنست شیر و خورشید نقش درفش دارا
فرق سفیر دانا یعنی ابو الحسن خان
بر اطلس فلک شود از این درفش خارا
از مهر سوی لندن اورا سفیر فرمود
زان داد فرّ و نصرت بر خسرو نصارا

À faixa da Ordem Real com a imagem do Sol e do rei

Deus abençoe esta faixa de brilho nobre;
O Sol retirou-lhe o véu.
Seu enfeite veio do pincel do segundo Mani,
A imagem do Fatih Ali Shah com a coroa do Sol.
Um arauto grande do senhor com a corte celeste
É Abul Hassan Khan, erudito e sábio,
Da cabeça aos pés imerso em pérolas reais;
O caminho do dever trilhou do começou ao fim.
Já que queriam erguer sua cabeça ao Sol,
Deram-lhe como servo o Sol do céu.
Tão boa-nova é de grande sentido
Para o emissário, nobre e louvável.

---

77 "Auf die Fahne/ Fetch Ali Schah, der Türk, ist Dschemschid gleich,/ Weltlicht und Irans Herr, der Erden Sonne./ Sein Schirm wirft auf die Weltflur weiten Schatten,/ Sein Gurt haucht Muskus in Saturns Gehirn./ Iran ist Löwenschlucht, sein Fürst die Sonne;/ Drum prangen Leu und Sonn in Daras Banner./ Das Haupt des Boten Abul Hassan Chan/ Erhebt zum Himmelsdom das seidne Banner./ Aus Liebe ward nach London er gesandt/ Und brachte Glück und Heil dem Christenherrn."

Sua aliança é aliança do senhor do mundo, Dara,
Sua palavra é palavra do senhor com brilho celeste.⁷⁸

در پرده
با صورت شاه وافتاب
تبارك الله زاين پرده همايون فرّ
كه افتاب بر پرده كش پرده در
بلى طرازش از كلك مانى ثانى
نكار فتّعلى شاه افتاب افسر
مهين سفير شهنشاه اسمان دركاه
ابو الحسن خان ان هوشمند دانشور
زپاى تا سر او غرق كوهر از خسرو
سپرد چون ره خدمت بجاى پا از سر
چو خواست بازكند تاركش ترين با مهر
ترانش داد بدين مهر اسمان چاكر
درين خجسته بشارت اشارتست بزرگ
بر ان سفير ذكر سيرت ستوده سير
كه هست عهدش عهد جهانكشا دارا
كه هست قولش قول سپهر فرّ داور

★

As cortes orientais cultivam, sob uma aparente ingenuidade infantil, um comportamento particularmente inteligente e malicioso. Os poemas acima são prova disso.

A última delegação russa enviada à Pérsia de fato encontrou Mirza Abul Hassan Khan na corte, mas não em condições excelentes. Ele se manteve de maneira modesta junto à delegação, prestou muitos serviços

---

78 *"Auf das Ordensband mit dem Bilde der Sonne und des Königes/ Es segne Gott dies Band des edlen Glanzes;/ Die Sonne zieht den Schleier vor ihm weg./ Sein Schmuck kam von des zweiten Mani Pinsel,/ Das Bild Fetch Ali Schahs mit Sonnenkrone./ Ein Bote groß des Herrn mit Himmelshof/ Ist Abul Hassan Chan, gelehrt und weise,/ Von Haupt zu Fuß gesenkt in Herrscherspeln;/ Den Dienstweg schritt vom Haupt zum Ende er./ Da man sein Haupt zur Sonne wollt erheben,/ Gab man ihm mit die Himmelssonn' als Diener./ So frohe Botschaft ist von großem Sinn/ Für den Gesandten edel und belobt;/ Sein Bund ist Bund des Weltgebieters Dara,/ Sein Wort ist Wort des Herrn mit Himmelsglanz."*

e obteve a gratidão dela. Alguns anos depois, o mesmo homem foi enviado à Inglaterra com um considerável séquito. Contudo, para glorificá-lo da maneira correta, lança-se mão de recursos próprios. Não forneceram todas as vantagens planejadas para sua viagem: pelo contrário, deixaram-lhe apenas créditos e o que mais fosse necessário para iniciar a jornada. Porém, mal chegando a Viena, foi abalroado por brilhantes confirmações de sua glória, claros testemunhos de sua importância. Uma bandeira com insígnias do império foi enviada a ele, uma faixa da ordem real com o símile do Sol e decorada com a efígie do imperador — tudo isso fez dele o representante do mais alto poder, pois nele e com ele a majestade estava presente. Mas isso não é suficiente: poemas são adicionados, glorificando de maneira oriental a bandeira, o Sol e a efígie, com metáforas e hipérboles magníficas.

Para melhor compreensão dos detalhes, adicionamos aqui alguns poucos comentários. O imperador se diz um *turco*, saído da tribo Katshar, falante da língua turca. Todas as tribos principais da Pérsia, que contribuem com contingente para o exército, são divididas, segundo a língua e a descendência, nas tribos de língua turca, curda, úrica e árabe.

Ele se compara com *Jamshid*, da forma pela qual os poderosos príncipes se ligavam aos seus antigos reis, relacionando-se com certas características: Feridun com sua honra, Jamshid com seu brilho, Alexandre com seu poder, Dario com suas defesas. O imperador é ele mesmo um *escudo*, sombra de Deus na Terra, e certamente precisa de proteção num dia quente de verão — que, contudo, não faz sombra apenas nele, mas em todo o mundo. O *aroma de almíscar*, o mais refinado, duradouro e fragrante sobe do cinto do imperador até a cabeça de Saturno. Para eles, Saturno sempre foi o maior dos planetas, sua órbita fecha o mundo inferior. Aqui a cabeça, o cérebro de tudo: onde está o cérebro está a razão. Saturno, portanto, ainda é sensível para o aroma de almíscar que emana do cinto do imperador. *Dara* é o nome de Dario, e significa governante: a memória dos antepassados nunca é mitigada. Consideramos significativo o fato de o Irã ser chamado de *garganta do leão*, pois a parte da Pérsia onde a corte costumeiramente se instala é bastante montanhosa e permite imaginar o império como uma garganta, povoada por guerreiros — ou seja, leões. A *bandeira de seda* eleva o emissário tanto quanto possível, e uma relação amigável e amável com a Inglaterra é proclamada ao final.

No segundo poema, podemos comentar de maneira geral que as relações entre palavras dão uma amável vida interna à poesia persa. Elas aparecem com frequência e nos causam deleite pela sua sonoridade sensível.

A *faixa* também serve para todo tipo de cercamento que tem uma entrada e, por isso, também necessita de um porteiro, como o original expressa e diz: "cuja cortina (ou porta) o sol levanta (abre)". Pois a porta de muitos cômodos orientais é composta de uma cortina. O apoio e o mecanismo para erguer a cortina são, portanto, o porteiro. *Mani* diz respeito a Manes, chefe da seita dos maniqueus. Conta-se que ele foi um grande pintor, propagando suas estranhas doutrinas por meio de pinturas. Ele aparece aqui da maneira como faríamos aparecer Apeles ou Rafael. No termo *pérolas do governante*, a imaginação é estimulada de modo estranho. Pérolas também podem ser gotas, e assim podemos pensar num mar de pérolas no qual a grande majestade submerge o seu favorito. Se ela o puxar para fora, as gotas permanecem penduradas nele, e assim ele fica belamente enfeitado da cabeça aos pés. Porém, o *canal oficial* também tem cabeça e pé, início e fim, começo e objetivo, e o servo é louvado e recompensado por tê-los percorrido com fidelidade. As linhas seguintes novamente apontam para a efusiva elevação do emissário e para garantir-lhe a maior confiança na corte para a qual foi enviado, como se o próprio imperador estivesse presente. Disso depreendemos, pois, que sua missão na Inglaterra deve ter sido de grande importância.

Sobre a poesia persa já foi dito, com grande verdade, que ela estaria compreendida num eterno ciclo de diástole e sístole. Os poemas acima verificam esse ponto de vista. Eles vão de forma contínua até o infinito, e depois novamente até o finito. O imperador é a luz do mundo, e ao mesmo tempo é senhor de seu império. O escudo que o protege do sol aumenta sua sombra sobre os campos do mundo. Os perfumes de seu cinto chegam até Saturno, e assim por diante tudo se dirige para longe e para perto, dos tempos mais fabulosos até o presente dia da corte. Aqui aprendemos mais uma vez que seus tropos, metáforas e hipérboles nunca devem ser compreendidos isoladamente, mas apenas dentro do sentido e do contexto do todo.

Revisão

Se considerarmos a parte do legado persa que foi confiada à tradição escrita desde os tempos mais antigos até os mais atuais, veremos que ela se torna viva pelo fato de sempre existir algo a modificar e melhorar naqueles pergaminhos e folhas. Se pudéssemos ter acesso a uma cópia reconhecidamente livre de erros de um autor antigo, logo ela seria colocada de lado.

Também não podemos negar que perdoamos muitos erros de impressão num livro enquanto nos vangloriamos por tê-los encontrado. Que esse hábito humano beneficie também este nosso trabalho, uma vez que fica reservado a nós ou a outros identificar falhas e corrigir erros no futuro. Mas mesmo pequenas contribuições não serão rejeitadas de maneira animosa.

Devo primeiramente abordar a ortografia dos nomes orientais, na qual é difícil manter uma uniformidade. Pois como as línguas orientais e ocidentais são muito distintas, é difícil encontrar na nossa língua um equivalente para cada letra do alfabeto deles. Como, além disso, as línguas europeias conferiram valores e significados distintos ao próprio alfabeto devido a diferentes afinidades e dialetos, fica ainda mais difícil encontrar uma uniformidade nesse campo.

Fui conduzido a tais regiões principalmente por um guia francês. O dicionário de [Barthélemy d'] Herbelot (1625-1695) veio ao encontro de nossos anseios. O erudito francês teve que se apropriar de palavras e nomes orientais e torná-los palatáveis à pronúncia e ao modo de escuta de sua nação, algo que pouco a pouco se transmitiu também para a cultura alemã. Assim, preferimos "Hegire" [Hégira] a "Hedschra", pelo som agradável e em tributo à antiga amizade.

E o quanto os ingleses de sua parte também realizaram! Apesar de eles não entrarem em acordo sobre a pronúncia de seu próprio idioma, adquiriram razoavelmente o direito de pronunciar e escrever esses nomes à sua maneira, fazendo-nos sempre hesitar e ficar em dúvida.

Os alemães, que são aqueles que melhor escrevem como se fala e que não se opõem a adaptar sons, ritmos e cadências estrangeiros, fizeram um serviço sério. Mas é justamente porque estes sempre se esforçaram para se aproximar cada vez mais do estrangeiro e do estranho, que entre eles se encontram grandes diferenças entre escritos mais antigos e mais recentes, de modo que é difícil encontrar uma autoridade na qual possamos confiar.

Fui gentilmente aliviado dessa preocupação pelo cuidadoso e prestativo amigo J. G. L. Kosegarten, a quem agradeço pela tradução dos poemas imperiais acima. Ele também fez comentários e correções ao meu texto.

Que esse confiável homem também possa olhar com simpatia as minhas considerações para um *Divã* futuro.

★

<u>Silvestre de Sacy</u>

A nosso mestre, vai! penhora-
-te, folhinha, gentil-sôfrega;
Eis o início e o fim, ora:
Leste, oeste, Alfa e Ômega.[79]

سیلویستر دساسی
یا ایها الکتاب سر الی سیدنا الاعز
فسلم علیه بهذه الورقة
التی هی اول الکتاب واخره
یعنی اوله فی المشرق واخره فی المغرب

ما نصیحت بجای خود کردیم
روزکاری دربن بسر بردیم
کر نیاید بکوش رغبت کس
بر رسولان پیام باشد وبس

Pronunciamos então o bom conselho,
muitos dias nossos pusemos nisso;
Se acaso soar mal no ouvido humano —
Bom, dever de núncio é falar. E só.[80]

---

79 "Unserm Meister, geh! Verpfände/ Dich, o Büchlein, traulich-froh;/ Hier am Anfang, hier am Ende,/ Östlich, westlich, A und Ω."

80 "Wir haben nun den guten Rat gesprochen/ Und manchen unsrer Tage dran gewandt;/ Mißtönt er etwa in des Menschen Ohr —/ Nun, Botenpflicht ist sprechen. Damit gut."

POSFÁCIO
Daniel Martineschen

DANIEL MARTINESCHEN (★1981) é bacharel e mestre em ciência da computação pela Universidade Federal do Paraná (UFPR), bacharel e doutor em alemão e tradução também pela UFPR, com tese sobre o papel da tradução no *Divã ocidento-oriental* de Goethe. É tradutor juramentado do idioma alemão e, atualmente, professor de língua e literatura alemã e tradução na Universidade Federal de Santa Catarina (UFSC). Além de Goethe verteu para o português também Anna Seghers, Friedrich Rückert, Rosa Luxemburgo e as biografias *Béla Guttmann: uma lenda do futebol do século XX*, de Detlev Claussen, e *Sabina Spielrein: de Jung a Freud*, de Sabine Richebächer.

Introdução

Precede este posfácio a primeira tradução integral do *West-östlicher Divan* de Johann Wolfgang Goethe para o português do Brasil. "Integral" aqui significa duas coisas: 1) até esta publicação, apenas trechos e poemas esparsos foram traduzidos e publicados em português em livros, revistas e na internet — esta tradução objetiva preencher tal lacuna; 2) o *Divan* é composto de uma primeira parte de poemas e uma segunda em prosa, e apesar de uma ser complementar à outra, em algumas edições (em alemão e traduções) a prosa é omitida. Esta tradução apresenta ambas as partes, pois integram um todo inseparável.[1] Neste posfácio dou breve notícia sobre a história do *Divã*, sua estrutura (tanto na poesia quanto na prosa), comento as traduções já existentes (em português e outras línguas) e por fim falo sobre o processo de tradução que deu origem a esta edição. Concluo o posfácio com uma pequena lista de referências e leituras para o leitor interessado em se aprofundar no estudo desta obra.

A motivação para esta tradução foi uma série de disciplinas que cursei em 2011 na Universidade Federal do Paraná sobre poesia persa e sobre o próprio *Divã*, que me deram o "estalo" para compor um projeto de doutorado que incluísse a tradução integral da obra. Na minha tese discuto mais largamente as questões apenas apontadas aqui, inclusive detalhes micrológicos de tradução em diversos trechos. Discuto lá também a força dos *Divanstudien*, que chamo aqui de "divanística". Considero que este é talvez o livro mais "prefaciado" de Goethe, e sua reputação o precede, mesmo onde ele não circula na língua local (como no Brasil). Por essa razão preferi que estes comentários sobre a história, estrutura e tradução ficassem no final, e que a obra falasse por si mesma. Remeto o leitor interessado por maiores referências e discussões ao texto da minha tese (MARTINESCHEN, 2016).

---

1 Da parte em prosa, o capítulo "Traduções" ["Uebersetzungen"] já fora traduzido para o português por Rosvitha Friesen Blume, e publicado no volume 1 da coletânea bilíngue *Clássicos da teoria da tradução* (HEIDERMANN, 2010, p. 30-35).

História do *Divã*

O *West-östlicher Divan* — a partir de agora podemos chamá-lo de *Divã ocidento-oriental* — é o único livro de poemas publicado por Goethe enquanto tal em todo seu longo período produtivo. A grande parte dos milhares de poemas que escreveu está em cartas, revistas, outros livros — como os romances de *Wilhelm Meister*, o *Werther*, a *Viagem à Itália* —, almanaques e outros locais que não um *livro de poemas*. Esse fato coloca o *Divã* numa posição singular dentro da vasta obra de Goethe. Ele foi publicado originalmente em duas edições (a primeira em 1819, a segunda em 1827, ambas pelo editor Cotta de Stuttgart), e sua história começa em 1814. A primavera desse ano marca um singular encontro literário entre a literatura alemã e persa quando, antes de se lançar em viagem às termas de Bad Berka, Goethe recebe de presente do editor Friedrich Cotta a primeira tradução integral do *Diwan*[2] do poeta persa Hafez, traduzida pelo diplomata austríaco Joseph von Hammer-Purgstall. O impacto da leitura da obra de Hafez foi tão intenso que o impulsionou a escrever sua própria resposta poética. O poeta diria posteriormente (anotando em seus *Tag- und Jahreshefte* [Diários e anuários] do ano de 1815) sobre o efeito da leitura do *Diwan*:

> Se antes não consegui tirar nenhum proveito dos trechos desse magnífico poeta, traduzidos e publicados aqui e ali em revistas, agora eles agiram em conjunto sobre mim de maneira muito mais viva, e tive que, em contrapartida, agir de maneira produtiva, caso contrário não poderia ter resistido à poderosa aparição. O efeito foi vivo demais, a tradução alemã estava disponível, e portanto tive que encontrar razões para minha própria participação. Tudo aquilo que, no que tange ao conteúdo e ao sentido, guardou-se e nutriu algo semelhante em mim, sobressaiu com tal fereza que senti a mais extrema necessidade de fugir do mundo real — que ameaçava, tanto às claras quanto secretamente — para um mundo ideal, a cuja parte mais agradável estavam dedicados o meu prazer, a minha habilidade e a minha vontade. (apud GOETHE, 2010, p. 727)

---

2 *Diwan*, na transcrição alemã, ou "divã" em português, é uma palavra de origem persa que significa "coletânea", e é usada nas tradições poéticas de língua árabe, persa e turca para reunir toda a poesia escrita por um determinado poeta. O *Diwan* de Hafez é lido até hoje em todo o mundo muçulmano como um livro de sabedoria, ao lado do Corão.

Desta anotação de Goethe já temos a informação de que a poesia persa não era novidade no Ocidente, mas conhecida ainda apenas de maneira esparsa e fragmentária. A tradução de Von Hammer representa, portanto, um marco na história da relação literária Ocidente-Oriente por ser a primeira edição de fôlego em alemão[3] e também por ter sido o "estopim" do ávido interesse do autor pela poesia persa.

A partir de 1814 esse interesse se intensificou, e Goethe mergulhou em leituras, pesquisas e na escrita de poesia, com uma pausa a partir de 1816 (sua esposa Christiane faleceria nesse ano após longa e dolorosa enfermidade) até 1818, com a publicação da *Geschichte der schönen Redekünste Persiens* de Von Hammer, que lhe reavivou o interesse. Até o final desse ano os poemas foram concluídos, e até agosto de 1819 ele se dedicou à revisão e preparação da edição final.

A prosa do *Divã* não foi escrita nem antes nem junto com os poemas. Em 1817, Goethe publicou alguns poemas no semanário *Taschenbuch für Damen auf das Jahr 1817* [Livro de bolso para damas, ano 1817], para testar a reação do público frente a uma poesia "exótica" e "estrangeira" — e teve seu *feedback*: uma incompreensão do público fundada numa curiosa ambiguidade, que o poeta registraria nos seus *Tag- und Jahreshefte* de 1818:

> A prévia enviada ao *Damenkalender* mais confundiu o público do que o preparou. A ambiguidade, de serem [os poemas] traduções ou imitações inspiradas ou apropriadas, não teve bons resultados para o empreendimento; deixei, contudo, que tudo seguisse o seu curso, já acostumado a ver o público alemão tropeçar até que consiga receber e apreciar [algo novo]. (apud GOETHE, 2010, p. 734)

É curioso Goethe não ter tentado resolver essa "ambiguidade", e isso torna ainda mais misteriosa a sua classificação tríplice de traduções no capítulo "Traduções". Esse *feedback* do público, porém, foi o impulso para a escrita da seção em prosa. Ela recebeu o título de "Besserem Verständniß" ["À melhor compreensão"] na edição de 1819, mas ficou conhecida como "Noten und Abhandlungen zu besserem Verständniß des

---

3   Von Hammer também publicou outras obras sobre a poesia do Oriente, como a revista *Fundgruben des Orients* entre 1809 e 1818 (amplamente consultada por Goethe), a obra *Geschichte der schönen Redekünste Persiens* [História das belas artes retóricas da Pérsia], em 1818, e a coletânea *Morgenländisches Kleeblatt* [Folha de trevo oriental], publicada em 1819.

West-östlichen Divans" ["Notas e ensaios para melhor compreensão do *Divã ocidento-oriental*"], que é o título do segundo volume do *Divã* publicado na edição de obras completas de 1827. O comentário de Goethe sobre esse *feedback* do público explica o impulso da escrita das *Notas*: "Sobretudo pareceu necessário esclarecer, para mim e para os outros, as características dos sete principais poetas persas e as suas contribuições" (GOETHE, 2010, p. 734).[4]

O trabalho com o *Divã* significou para o autor não apenas estudos e pesquisas, mas também aprofundamento de amizades, novas e antigas. O já citado Joseph von Hammer se tornou uma referência constante. Importantes foram suas relações — por carta ou por intermédio dos respectivos estudos — com os orientalistas Johann G. L. Kosegarten (1792-1860) e Heinrich Friedrich von Diez[5] (1751-1817), e também com o historiador e colecionador de arte Sulpiz Boisseré (1783-1854). Johann Gottfried von Herder (1744-1803), amigo-mentor de Goethe, também influenciou em grande medida nos interesses do autor pela poesia oriental durante seus estudos em Estrasburgo, principalmente com relação a um modo de ler o Antigo Testamento (sobretudo o Cântico dos cânticos) como poesia e a uma aguda consciência sobre a interdependência entre as literaturas.

O *Divã* significou para Goethe também rejuvenescimento. A relação mais importante para a escrita do livro foi a profunda e amorosa amizade entre o autor e a atriz austríaca Marianne von Willemer (1784-1860). Eles se conheceram em julho de 1814, quando a moça ainda era protegida do amigo de infância de Goethe, o banqueiro Johann Jakob von Willemer, que viria a desposar a moça algum tempo depois. Goethe visitou o casal de amigos várias vezes, e em setembro de 1814 passou um período mais longo com eles na casa de campo do casal, a *Gerbermühle*, quando a relação entre o autor e Marianne se tornou ainda mais intensa. Não se sabe

---

4 "Vor allen Dingen schien sodann nothwendig die Charaktere der sieben persischen Hauptdichter und ihre Leistungen mir und anderen klar zu machen."

5 Diez foi um feroz opositor de Von Hammer, tanto no que diz respeito aos seus estudos quanto, principalmente, com relação à qualidade e pujança de suas traduções, em especial nos *Fundgruben* e no próprio *Diwan*. Goethe aceitaria o conselho de Diez e posteriormente solicitaria traduções do persa não a Von Hammer, mas a Kosegarten. Por diplomacia e por admirar o trabalho pioneiro de Von Hammer, Goethe não deixa de colocá-lo entre os mais importantes interlocutores no trabalho com o *Divã*. Sobre a querela entre Diez e Von Hammer, cf. o detalhado estudo de Katharina Mommsen, *Goethe und Diez* (MOMMSEN, 1961).

(e não importa) se o amor que nutriam teve realização no plano físico: o que nos restou foi o jogo dialógico lírico-amoroso do *Divã ocidento-oriental*, em especial no *Livro de Zuleica*, onde as figuras de Hatem e Zuleica (*personas* de Goethe e Marianne) trocam cartas cifradas, poemas, provocações, canções. Mas o papel da atriz não foi o de musa inspiradora para a persona de Zuleica, mas, sim, de ativa participante na criação poética: três dos poemas do *Livro de Zuleica* são da pena de Marianne, e foram incluídos ali sem serem creditados. Os poemas são "Hochbeglückt in deiner Liebe" (em nossa tradução "Bendita teu amor me faz"), "Was bedeutet die Bewegung?" ("O que é o movimento?", também conhecido como "Canção do vento leste") e "Ach, um deine feuchten Schwingen" ("Ah, das tuas úmidas alas", também conhecido como "Canção do vento oeste").[6] Curiosamente, estes três poemas do *Divã* de autoria de Marianne von Willemer são os que mais foram musicados por diversos compositores, como Friedrich Schubert e sobretudo Carl Friedrich Zelter, amigo e correspondente de Goethe.

Estrutura do *Divã*

Se eu precisasse resumir o *Divã* em poucas palavras, eu diria: *duplo* e *profundo*. A profundidade se reflete na densa rede hipertextual que se estabelece em cada palavra, cada verso, cada estrofe com outras palavras, versos, estrofes dentro de um mesmo livro ou outros livros do *Divã*, com outros poemas de Goethe, e com eventos da sua própria vida. Mais profundas ainda são as referências às várias culturas que o autor coloca em movimento: as tradições hebraica, árabe pré-islâmica, islâmica, a antiga religião persa, a herança cultural e linguística do Ocidente como um todo e a poesia de todas essas tradições, em suas várias expressões e expoentes. Um exemplo é o poema "O Inverno e Timur", que narra o embate do inverno personificado contra o déspota mongol Tamerlão.[7]

---

[6] Posteriormente, Marianne admitiria sua relação com Goethe e sua participação na escrita do *Divã* em carta enviada a Herman Grimm, que publicaria artigo sobre o assunto em 1869. Para mais sobre essa relação, cf. Grimm (1869) e Unseld (1998).

[7] Abordo essa intertextualidade profunda de maneira mais detalhada na minha tese de doutoramento, defendida em 2016 sob o título *O lugar da tradução* no West-östlicher Divan *de Goethe* (MARTINESCHEN, 2016). De lá retiro o material para este posfácio.

Quanto ao caráter duplo, pode-se dizer que a obra tem uma *estrutura dupla*, em diversos níveis. Seu título já contém uma duplicidade: *ocidento--oriental* (*west-östlich* em alemão) indica que a literatura ali contida é ocidental (da pena de um poeta europeu) e também oriental (a partir da poesia persa). Esse adjetivo, já duplo, permite também uma dupla interpretação: tanto pode significar *paralelismo* (a justaposição de Ocidente e Oriente aponta para um espelhamento ou peso semelhante das duas grandes regiões do mundo) quanto *movimento*, ao indicar que o poeta (ocidental) se volta para outra região (oriental) para buscar seus temas, formas, elementos poéticos.

Dupla também é a estrutura geral do *Divã*, com uma primeira seção de poesia e uma segunda de prosa. A seção de poesia, por sua vez, está dividida em doze "livros" ou coletâneas, cada uma com uma temática própria que subsume os poemas ali contidos. Cada livro, como se vê na tabela abaixo[8], possui um título que também é duplo, em alemão (aqui em português) e em persa, em transcrição. O sufixo *nameh* (palavra persa para "livro") aponta para o caráter oriental da poesia. Na última coluna da tabela há uma curta descrição da temática geral (que, contudo, não esgota a totalidade) dos poemas de cada livro. Alguns livros têm em seu frontispício uma pequena estrofe (em outros livros, incluída apenas na edição de 1827) que faz as vezes de mote.

Essa divisão em "livros" não foi projetada de antemão por Goethe, mas se estabeleceu apenas em outubro de 1815, quando a quantidade de poemas compostos e o tempo de imersão na literatura persa permitiram ao poeta organizar esse conjunto. Ou seja, a partir de um grande conjunto de poemas "orientalizantes" intimamente relacionados, ele procurou emular a tradição dos poetas persas de dividir seus divãs em livros, e formou um grande "colar de pérolas poéticas" — para usarmos outra imagem cara à poesia persa.

ORDEM	TÍTULO EM PERSA	TÍTULO EM ALEMÃO	TÍTULO EM PORTUGUÊS	TEMÁTICA
1	Moganni Nameh	Buch des Sängers	Livro do cantor	A poesia, o poeta
2	Hafis Nameh	Buch Hafis	Livro de Hafez	O poeta Hafez

8 Martineschen (2016, p. 107).

ORDEM	TÍTULO EM PERSA	TÍTULO EM ALEMÃO	TÍTULO EM PORTUGUÊS	TEMÁTICA
3	Ushk Nameh	Buch der Liebe	Livro do amor	O amor
4	Tefkir Nameh	Buch der Betrachtungen	Livro das contemplações	Reflexões, sabedoria, mística
5	Rendji Nameh	Buch des Unmuths	Livro do mau humor	Escárnio, humor ácido, crítica
6	Hikmet Nameh	Buch der Sprüche	Livro dos provérbios	Provérbios traduzidos e/ou adaptados
7	Timur Nameh	Buch des Timur	Livro de Timur	Tamerlão*
8	Suleika Nameh	Buch Suleika	Livro de Zuleica	Diálogo poético-amoroso de Hatem e Zuleica
9	Saki Nameh	Das Schenkenbuch	Livro da taverna	O vinho
10	Mathal-Nameh	Buch der Parabeln	Livro das parábolas	Parábolas cristãs e islâmicas
11	Parsi Nameh	Buch des Parsen	Livro do parse	Zoroastrismo e culto ao fogo
12	Chuld Nameh	Buch des Paradieses	Livro do Paraíso	Sobre o Paraíso

* Tamerlão ou Timur-leng (que em turcomeno significa "Timur, o coxo") viveu entre 1336 e 1405 e foi um dos imperadores do período que se seguiu à dissolução do império de Genghis Khan (1162--1227). Sua última investida conquistadora foi em 1405, quando partiu em direção à China em meio ao inverno e faleceu na cidade de Shymkent (atual Cazaquistão). Na cidade de Samarcanda (atual Uzbequistão) foi erguido um mausoléu em sua homenagem, chamado Gur Emir.

Num colar, as pérolas ou contas podem ter sua posição intercambiada, ou serem entrelaçadas e entremeadas de maneira que surgem relações então não visíveis ou novos desenhos e formas. De modo análogo, as "pérolas poéticas" do *Divã* podem ser combinadas de diferentes maneiras pelo leitor, de modo que relações entre determinados livros se tornam mais evidentes e enriquecem a leitura. Assim, por exemplo, o *Livro do cantor* e o *Livro de Hafez* podem ser lidos em conjunto, por tratarem do poeta e da poesia; o *Livro do amor* e o *Livro de Zuleica* parecem formar um belo par dialógico. Os livros podem ser agrupados não apenas em pares, mas também em trios: os livros das *contemplações*, das *parábolas* e dos *provérbios* podem ser reunidos pelo caráter sapiencial e reflexivo dos seus poemas; a temática religiosa permitiria também ler em conjunto os livros do *parse*, das *parábolas* e do *Paraíso*. Essa possibilidade de leitura agrupada se explica em parte pelo caráter orgânico dessa poesia, escrita sem uma compartimentação prévia mas arquitetonicamente organizada.

A seção em prosa não é a parte mais conhecida do *Divã*, e dela normalmente se conhece apenas o capítulo "Traduções" ("Uebersetzungen"), que contém uma classificação tríplice dos tipos de tradução segundo a visão de Goethe.[9] As "Notas e ensaios" compreendem 51 capítulos nos quais o autor dá um testemunho da sua relação com a poesia de Hafez e com o Oriente, numa recuperação que retrocede até seus estudos em Estrasburgo e à sua juventude. Goethe constrói nas "Notas" uma narrativa que descreve o processo criativo do *Divã*, as fontes a que recorreu, contatos que estabeleceu, recuperações teóricas e históricas sobre a recepção da literatura oriental na Alemanha (e na Europa em geral), além de reflexões de ordem religiosa, estética e moral.

Os sete poetas persas venerados por Goethe (os "Reis poetas") são, segundo os títulos dos capítulos a eles reservados, "Ferdusi", "Anvari", "Nezami", "Jalal al-Din Rumi", "Saadi", "Hafez" e "Jami". Essa ordem corresponde à sequência cronológica das épocas em que viveu cada um deles. Antes de tratar desses poetas, Goethe considera necessária uma "Introdução" (na qual se apresenta como "um comerciante que dispõe suas mercadorias de maneira conveniente"), seguida de dois capítulos sobre os grandes povos do Levante ("Hebreus" e "Árabes"), para então fazer uma "Transição" aos "Antigos persas" e chegar ao "Regimento". À "História", que sobrevoa milhares de anos de histórias de povos orientais, segue-se uma discussão sobre "Maomé", os "Califas" e depois

---

9 Vide acima nota e comentário sobre essa classificação.

um "Comentário para prosseguimento", a respeito dos efeitos do clima sobre a constituição dos povos[10], para chegar finalmente a "Mahmud de Gázni", soberano do Império Gaznévida (que se estendeu de 997 a 1030 no antigo Khorasan ou Coração).

Após discutir características da poesia persa, de costumes do povo muçulmano ligados ao Corão, de novidades a respeito dessa região e de considerações políticas sobre déspotas conquistadores em vários outros capítulos, Goethe fala da "Bibliomancia" — referindo-se à prática de espetar uma agulha no Corão ou no *Masnavi* de Rumi para desfrutar da sabedoria do acaso —, sobre a "Troca de flores e signos" — a linguagem floral da poesia persa — e "Cifra", em que trata do costume oriental de se comunicar por meio da citação numerada de versos do Corão.[11] O longo capítulo "Divã futuro" apresenta o projeto de expansão do *Divã ocidento-oriental*, discutindo as expansões dos livros da primeira edição ao mesmo tempo que explica ao leitor as razões da temática e da composição de cada um. Segue-se um capítulo "Do Antigo Testamento", que introduz a longa reflexão a respeito de "Israel no deserto", onde fala sobretudo de Moisés e da transmissão da sua história pela Bíblia e pelo Corão, num belo exemplo de exegese que remonta às reflexões bíblicas da juventude de Goethe.[12]

Depois disso, trata de "Outros auxílios", e dedica capítulos a famosos viajantes que foram ao Oriente e trouxeram notícias (e, muitas vezes, muito mais que isso) à Europa: "Marco Polo", "Jehan [Juán] de Mandeville", "Pietro della Valle" — interrompe-se com "Perdão" por ter se estendido demais sobre Della Valle —, "Olearius" e "Tavernier e Chardin". Depois desses viajantes antigos, Goethe discorre sobre os "Novos e mais novos viajantes": começa com seus "Professores: antecessores e contemporâneos" — onde aborda os tradutores e eruditos orientalistas William Jones, Johann Gottfried Eichhorn e Georg Wilhelm Lorsbach — para, em

---

10 Concepção atualmente superada, conhecida como "teoria climática", segundo a qual, por exemplo, povos que vivem em climas quentes e úmidos seriam propensos à preguiça e à indolência, enquanto povos que vivem em florestas e savanas, como os hotentotes, teriam línguas primitivas e saltitantes.

11 Indiretamente, Goethe indica aqui uma prática semelhante que realizou com Marianne von Willemer em cartas cifradas nas quais mencionavam apenas suras e versos do Corão e versos de Hafez.

12 Cf. sobre isso o estudo *Hermeneutik und Bibelexegese beim jungen Goethe* (TILLMANN, 2006).

seguida, falar dos principais estudiosos com quem interagiu durante a escrita do *Divã*: [Heinrich Friedrich] "Von Diez" e [Joseph] "Von Hammer". Depois disso, faz a sua famosa consideração sobre a classificação tríplice das "Traduções", para enfim propor um "Fecho final!", no qual apresenta várias traduções da pena de Von Diez acompanhadas de aguda crítica às traduções de Von Hammer. Finalizam a seção de prosa uma "Revisão", que considera todo o percurso histórico-crítico delineado nas "Notas", e o "Índice", que termina não com os últimos itens dessa lista, mas com dois poemas que inscrevem um arco poético sobre o Oriente e remetem o leitor de novo ao início do livro, com uma espécie de *"disclaimer"* do poeta que cumpriu sua tarefa de mensageiro, e agora é papel do leitor interpretar:

Silvestre de Sacy

Unserm Meister, geh! verpfände
Dich, o Büchlein, traulich-froh;
Hier am Anfang, hier am Ende,
Östlich, westlich, A und Ω.

Silvestre de Sacy

A nosso mestre, vai! penhora-
-te, folhinha, gentil-sôfrega;
Eis o início e o fim, ora:
Leste, oeste, Alfa e Ômega.

سيلويستر دساسى
يا ايها الكتاب سر الى سيدنا الاعز
فسلم عليه بهذه الورقة
التى هى اول الكتاب واخره
يعنى اوله فى المشرق واخره فى المغرب

ما نصيحت بجاى خود كرديم
روزكارى دريــن بسر بـرديم
كر نيايذ بكـوش رغبت كس
بر رسولان پيـام بـاشد وبـس

Wir haben nun den guten Rat gesprochen
Und manchen unsrer Tage dran gewandt;
Mißtönt er etwa in des Menschen Ohr —
Nun, Botenpflicht ist sprechen. Damit gut.

Pronunciamos então o bom conselho,
muitos dias nossos pusemos nisso;
Se acaso soar mal no ouvido humano —
Bom, dever de núncio é falar. E só.

Traduções do *Divã*

O *West-östlicher Divan* foi traduzido para vários idiomas desde meados do século XIX e, do que pude rastrear, há traduções para o inglês, francês, espanhol, italiano, russo, tadjique, uzbeque, persa, árabe, japonês e mandarim.[13] Dessas línguas, tive acesso a quatro versões para o inglês, feitas por: John Weiss (GOETHE, 1877), Hjalmar Boyesen (GOETHE, 1885), Edward Dowden (GOETHE, 1914) e Martin Bidney (GOETHE, 2010c).[14] Também tive acesso à tradução francesa de Henri Lichtenberger (GOETHE, 1984) e a uma italiana, por Ludovica Koch e Ida Porena (GOETHE, 1990). Para comentar essas versões, uso a quadrinha que abre o *Livro do cantor* como "pedra de toque", exceto no caso de Boyesen, para o qual uso a quadrinha "Wer das Dichten will verstehen" que abre as "Notas".[15] Eis a quadrinha do *Livro do cantor*:

> *Zwanzig Jahre ließ ich gehn*
> *Und genoß was mir beschieden;*
> *Eine Reihe völlig schön*
> *Wie die Zeit der Barmekiden.*

O reverendo americano John Weiss[16] (1818-1879) parece ter sido o primeiro a traduzir a obra. Suas soluções são bastante simples e leves. Weiss verteu assim a quadrinha, preservando a métrica e o esquema de rimas do original:

---

13 Informações obtidas a partir da bibliografia constante do volume 2 da edição da Deutscher Klassiker Verlag (GOETHE, 2010) e também no catálogo bibliográfico on-line <www.worldcat.org>.

14 Há ainda uma edição bilíngue de 1974, à qual não tive acesso, de John Whaley com prefácio de Katharina Mommsen.

15 Das versões a que tive acesso, apenas a edição de Martin Bidney e a italiana de Koch & Porena incluem as "Notas" — o que seria de esperar de traduções feitas em contexto acadêmico (Bidney é professor de literatura comparada na Binghammton University e Ludovica Koch foi catedrática no Instituto Oriental de Nápoles, na Itália). As demais omitem as "Notas", quando não as desprezam como "irrelevantes", como disse o tradutor John Weiss.

16 Weiss verteu também o *Heinrich von Ofterdingen* de Novalis e uma seleta de *Philosophical and Æsthetic Letters and Essays* de Schiller, e publicou também *Goethe and Schiller, Their Lives and Works* (1879).

> *Twenty years let slip away*
> *All the best of pleasure gaining;*
> *Time no brighter nor so gay*
> *When the Barmecides were reigning*
> (GOETHE, 1877, p. 3)

A tradução do poeta e professor norueguês-americano Hjalmar Hjorth Boyesen[17] (1848-1895) está no primeiro volume de *Goethe's Works*, publicado por ele em 1885.[18] Nesse volume, encontramos uma seleção que não chega a metade dos cem poemas da primeira edição do *Divã*, e o tradutor igualmente exclui as "Notas" da sua versão. O volume não contém paratextos explicativos (notas, prefácio, posfácio, etc.). Como se trata de uma seleção dos poemas do *Divã*, ocorre que a quadrinha selecionada para comparação não foi vertida. No lugar que ela ocuparia, no início do livro, foi traduzida a quadrinha "Wer das Dichten will verstehen", que tende a reproduzir o ritmo e a rima originais, contudo com torção gramatical e repetição (*"needs must seek"*) que mais parecem querer preencher o espaço do verso:

> *Wer das Dichten will verstehen,*
> *Muß ins Land der Dichtung gehen;*
> *Wer den Dichter will verstehen,*
> *Muß in Dichters Lande gehen.*
>
> *Who the song would understand,*
> *Needs must seek the song's own land.*
> *Who the minstrel understand,*
> *Needs must seek the minstrel's land.*
> (GOETHE, 1885, p. 1)

O trabalho de Edward Dowden (1843-1933), publicado em 1912, também exclui as "Notas", mas verte todos os poemas da edição de 1819. Um

---

17 Boyesen, para além dessa versão do Divã, publicou uma edição das obras de Goethe (*Goethe's Works*) em tradução, de cujos volumes tive acesso ao 1 (com um texto introdutório sobre a vida de Goethe e uma seleta de poesia, inclusive o *Divã*), 3 (que contém boa parte do teatro do autor, excluindo o *Fausto*) e 5 (que contém os *Anos de peregrinação de Wilhelm Meister* e *Afinidades eletivas*).

18 Disponíveis em: <http://www.archive.org>.

prefácio de poucas páginas, escrito pela viúva do tradutor, faz breve retrospectiva da escrita da obra e da carreira de Goethe, mas não faz nenhum comentário quanto à tradução e não menciona a existência das "Notas". A edição não é acompanhada de notas ou posfácio. Sua tradução, como a de Weiss, procura repetir o verso trocaico alemão em inglês, sem, contudo, adotar essa opção de maneira consistente. Observemos sua versão da quadrinha do *Livro do cantor*:

> *Twenty years I let go past,*
> *Joying in what life provides;*
> *A train, each lovely as the last,*
> *Years' fair as 'neath the Barmecides.*
> (GOETHE, 1912, p. 1)

Martin Bidney oferece uma das mais completas versões a que tive acesso. Seu trabalho procura diálogo com a "divanística" por oferecer uma tradução integral do *Divã* incluindo as "Notas" e precedê-la com um prefácio que contextualiza o livro dentro da obra de Goethe e com relação a teorias de tradução e com a filologia goethiana (em especial, a obra de Katharina Mommsen). Esta edição contém de fato comentários explicativos, mas Bidney não opta por notas no sentido estrito bibliográfico-filológico do termo, mas por poemas de sua própria pena que, mesclados ao seu estilo, emulam o texto goethiano. Vejamos sua versão para a quadrinha do *Book of the Singer*:

> *Twenty years I let pass by,*
> *Relishing my destined lot;*
> *Time that lent a pleasure high,*
> *As when the Barmecides had wrought.*
> (GOETHE, 2010c, p. 1)

Bidney escreve o seguinte poema complementar (tradução minha):

Plain and simple phrasing, yet	Texto curto e direto, apesar
Riddles, too. He shows, he hides.	que, em enigmas, mostre e elida.
Ready appetites he'll whet.	Apetites prontos vai afiar.
Who, though, are the Barmecides?	Quem, porém, foram Barmecidas?

Wait — and read a little more,	Espere — e leia mais além,
Settle in, sit back, relax.	Calma, sente, tire os sapatos.
Notes and Essays *hold in store*	*Notas e tratados,* no armazém,
(Section 9) the answer-facts.	(Seção 9) trazem os fatos.
(ibidem, p. 294)

A tradução francesa do *Divã,* de Henri Lichtenberger, segue a tendência de excluir as "Notas". Acompanhada de um prefácio escrito por Claude David e notas explicativas (com informações sobretudo sobre data e local de composição dos poemas), a tradução de Lichtenberger opta por um verso livre sem grande rigidez métrica e sem rima, mas também sem "prosificar" os poemas para tornar mais confortável a leitura. A quadrinha-mote do *Livre du chanteur*:

J'ai lassé couler vingt années
Et j'ai joui de ce qui m'échut:
Une ère de supréme beauté
Comme les temps des Barmécides.
(GOETHE, 1984, p. 27)

Por fim, a versão para o italiano, *Il Divano occidentale-orientale,* levada a cabo por Ludovica Koch e Ida Porena, é a única edição bilíngue de todas as que tive acesso. Apenas a parte dos poemas é bilíngue, a seção em prosa apresenta-se somente em italiano. Traduzido por uma germanista e professora universitária, *Il Divano* se insere na tradição filológica da "divanística" ao apresentar um longo prefácio histórico-crítico, uma bibliografia temática de obras sobre o *Divã,* e extensos comentários em pé de página. O projeto de tradução da poesia prima pela legibilidade e compreensão dos textos, e opta (como na edição francesa) por um verso livre sem rimas, esclarecendo e expandindo questões nas notas de pé de página. A quadrinha do *Libro del cantore*:

Ho lasciato trascorrere vent'anni,
Ho goduto di quanto mi accadeva:
Uma fila d'anni splendida
Come l'era dei Barmecidi.
(GOETHE, 1990, p. 39)

O *Divã* no Brasil

No Brasil, o *West-östlicher Divan* ainda é uma obra desconhecida do grande público, pois apenas uma pequena parcela de seus poemas foi traduzida. Isso não ocorre na germanística e nos estudos goethianos, naturalmente, que têm no *Divã* uma fonte de referências sobretudo para a discussão da ideia de *Weltliteratur* ou literatura mundial.

Os Estudos da Tradução no Brasil também têm este livro no seu horizonte teórico, especificamente com o capítulo "Traduções", que circula em português na antologia organizada por Werner Heidermann (2010), além de outros estudos, como a monografia de William Haack (2009), artigos de João Azenha Jr. (2003; 2006), e trabalhos deste tradutor.

Considerando a poesia do *Divã*, temos também uma recepção esparsa e irregular. A notícia mais antiga que tenho é do suplemento *Autores e Livros* do jornal *A Manhã* de dezembro de 1949, publicado em comemoração aos duzentos anos de nascimento de Goethe, com uma seleção de sua lírica incluindo alguns poemas do *Divã*, em tradução de Múcio Leão e Manuel Bandeira. Deste último, temos o famoso poema "Selige Sehnsucht", vertido por ele como "Anelo". Um dos poemas mais marcantes da lírica de Goethe, "Selige Sehnsucht" tem sua origem numa tradução inspirada de gazéis de Hafez e no prefácio de Joseph von Hammer-Purgstall ao *Diwan*, de onde o poeta de Weimar retira as imagens da borboleta que se queima na chama da vela e da metáfora do *"stirb und werde"* ("morre e te transforma"), como figura da metamorfose que necessita de uma pequena morte para que um ser vivo renasça transformado. A versão de Manuel Bandeira:

Anelo

Só aos lábios o reveles,
Pois o vulgo zomba logo:
Quero louvar o vivente
Que aspira a morte no fogo.

Na noite em que te geraram,
Na noite que geraste, sentiste,
Se calma a luz que alumiava,
Um desconforto bem triste.

Não sofres ficar nas trevas
Onde a sombra se condensa.
E te fascinas o desejo
De comunhão mais intensa.

Não te detêm as distâncias,
Ó mariposa! e nas tardes,
Á vida de luz e chama,
Voas para a luz em que ardes.

"Morre e transmuda-te:" enquanto
Não cumpres esse destino,
És sobre a terra sombria
Qual sombrio peregrino.

Como vem da cana o sumo
Que os paladares adoça,
Flua assim da minha pena
Flua o amor o quanto possa.
    (BANDEIRA, 1993, p. 349-350)

Assim como ocorre para os outros "Poemas traduzidos" na *Estrela da vida inteira,* não sabemos qual edição Manuel Bandeira utilizou, se consultou edições em outros idiomas ou qual o seu método de tradução.[19] Mesmo assim, a versão de Bandeira é poderosa, dada a já sabida maestria do poeta no manejo do verso em português.[20]

Os poemas escolhidos por Múcio Leão são do *Livro de Zuleica*: "Was bedeutet die Bewegung?" ("O que é o movimento?") e "Ach, um deine feuchten Schwingen" ("Canção do vento oeste"), ambos poemas musicados por Schubert e Zelter. Suas versões se enquadram no propósito de divulgação do suplemento (com trechos do *Fausto* em tradução de Jenny Klabin Segall). Um estudo mais aprofundado da obra tradutória de Múcio Leão poderia revelar as fontes e seu projeto de tradução. É curioso notarmos aqui, rapidamente, que ambos poemas escolhidos

---

19 Sobre Manuel Bandeira como tradutor, cf. Paes (1990), Costa (1986) e Simões (2010).

20 Confesso que não consegui me livrar da influência de Bandeira na minha tradução deste poema.

por ele são justamente os que *não* foram compostos pelo poeta de Weimar, mas por Marianne von Willemer e levemente alterados por Goethe para publicação!

Uma série de outros poemas do *Divã* foi publicada mais recentemente em *Poesias escolhidas* (GOETHE, 2005), organizada por Samuel Pfromm Netto. Nesse volume, o organizador reúne alguns poemas já publicados em outras coletâneas (como as já esgotadas de Paulo Quintela) e oferece novas versões, feitas por ele e por outros tradutores (sem fornecer informações sobre data e local de possível publicação desses textos). Os poemas do *Divã* ali contidos são: "Selige Sehnsucht" ("Ânsia ditosa", do *Livro do cantor*), "Lesebuch" ("Livro de leitura", do *Livro do amor*), "Nicht Gelegenheit macht Diebe" ("Livro de Zuleica I", aqui "A ocasião não faz o ladrão"), "Laß mich weinen!" ("Livro de Zuleica II", poema do espólio) e "Wiederfinden" ("Reencontro"), os três últimos do *Livro de Zuleica*. A perspectiva de tradução defendida por Pfromm Netto prioriza "fidelidade ao significado do texto original, e, ao mesmo tempo, uma versão aceitável" (PFROMM NETTO, 2005, p. 8), concepção bastante essencialista de literatura que não rende resultados que correspondam à ambição teórica. Como antologia, porém, tem sua validade por marcar um lugar na recepção da poesia goethiana no Brasil.

Em 2010, Rubens Enderle (tradutor, entre outras obras, d'*O Capital* de Marx) publica na revista *Tiraz* da USP os seis primeiros poemas do chamado *Livro do cantor* do *Divã oriental-ocidental* [sic][21] (ENDERLE, 2010). Acompanham os seis poemas uma introdução sobre a gênese da obra e notas explicativas ao final com referências às fontes de Goethe (p. ex. os *Fundgruben* e a versão do *Diwan* de Hafez), igualmente consultadas pelo tradutor. Na introdução, Enderle afirma que "a presente tradução é uma amostra de um trabalho em andamento, cuja meta é a tradução integral do *Divã*" (ENDERLE, 2010, p. 165), que, até onde temos notícia, ainda não veio a lume.

---

21 A inversão que Enderle faz, a meu ver, ignora o movimento para o Oriente que marca o *Divã*. Um "Divã oriento-ocidental", ou seja, uma poesia oriental feita em resposta a uma ocidental, teve lugar no *Payam-e-Mashriq* [A mensagem do Oriente] do poeta paquistanês Muhammad Iqbal (1923), na forma de *rubaiyat* e poemas longos, com um trecho em prosa considerando a interação entre as literaturas persa e alemã. Para mais detalhes, cf. a tese de Ghorbanali Askarian (2009) sobre a obra de Iqbal.

O projeto de Enderle, apesar de não explicitado, reproduz o metro original do tetrâmetro trocaico valendo-se do octossílabo em português, de modo a reproduzir a mesma quantidade de sílabas poéticas do alemão, ainda que sem a "leveza" e o ritmo do original, sobretudo na passagem do segundo para o terceiro verso, onde o *enjambement* introduz um "solavanco" na leitura. A quadrinha do *Livro do cantador*:

> Vinte anos deixei decorrer,
> E as horas estabelecidas
> Gozei; tão belo suceder
> Como a era dos Barmecidas.
> (ENDERLE, 2010, p. 167)

Sobre esta tradução

Por fim, mas não menos importante, comento aqui brevemente os procedimentos e escolhas que orientaram meu trabalho no *West-östlicher Divan*.[22] A edição que utilizei mais amplamente foi a edição crítica em dois volumes organizada por Hendrik Birus para a editora Deutscher Klassiker Verlag (GOETHE, 2010). Essa edição contém todas as versões publicadas em vida do autor, um catálogo com os poemas do espólio, esboços e uma seção de figuras. Ao leitor interessado recomendo a longa lista de referências de trabalhos sobre o *Divã* nas páginas 1919 a 2010 do volume 2. Outras edições e versões consultadas estão na lista de referências a seguir.

A recepção de Goethe no Brasil é bastante curiosa. Apesar da indubitável reputação do poeta alemão, ainda não há uma antologia ampla de sua poesia traduzida, o que torna difícil estabelecer uma dicção unificada ou unificadora. A edição de Pfromm Netto, comentada acima, não permite isso por reunir traduções feitas com pressupostos muito diferentes, de épocas diferentes e com efeitos e rendimentos discrepantes entre si. A contribuição de Paulo Quintela é importante e poderosa, mas de

---

22 O que apresento foi retirado da minha tese de doutoramento (MARTINESCHEN, 2016), na qual discuto a presença da tradução no *Divã* em muitos níveis e intensidades.

pouca ajuda para estabelecer uma dicção goethiana em português brasileiro do século XXI — sem falar da dificuldade de estabelecer diálogo devido ao esgotamento das edições em sebos ou livrarias. A versão do *Fausto* de Jenny Klabin Segall serviu-me de auxílio principalmente para compreender e visualizar melhor referências entre os dois livros, como as apontadas pela edição comentada de Hendrik Birus. Muitos poemas de Goethe traduzidos circulam em revistas acadêmicas, literárias e pela internet, em *blogs* de poesia, por exemplo — numa quantidade e velocidade que tornam difícil acompanhar em tempo real como essa recepção tem evoluído.

Pelas razões acima, achei difícil me apoiar (conscientemente) em outras traduções para estabelecer uma linguagem comum. Para achar meu *"modus traducendi"*, então, procurei encontrar o que me pareceu ser o *"modus faciendi"* de Goethe na escritura do *Divã*. Esse *"modus"* inclui as opções formais de verso, estrofe, rima e andamento, o registro e o vocabulário, bem como a arquitetura geral da obra.

O verso utilizado na grande maioria dos poemas é o "tetrâmetro trocaico", um metro profundamente enraizado na tradição de poesia oral e popular de língua alemã. Alternando sílabas fortes e fracas, na contagem alemã os versos têm em geral oito sílabas poéticas, contando até a última sílaba. A primeira estrofe do poema "Hégira" ilustra o uso desse verso:

> *Nord und West und Süd zersplittern,*
> *Throne bersten, Reiche zittern,*
> *Flüchte du, im reinen Osten*
> *Patriarchenluft zu kosten,*
> *Unter Lieben, Trinken, Singen,*
> *Soll dich Chisers Quell verjüngen.*
>   (GOETHE, 2010, p. 12)

Como afirma na "Introdução" das "Notas", Goethe "se comprometeu, em primeiro lugar, na ética e na estética, com a compreensibilidade". O objetivo era escrever uma poesia que soasse bem ao ouvido do leitor alemão, e "por isso se empenhou em usar a linguagem mais simples e a métrica mais leve e compreensível de seu dialeto", sugerindo "só muito vagamente aquilo no que o oriental encontra o seu deleite". Assim, Goethe utilizou esse verso da poesia oral e popular como que para "acamar" a poesia estrangeira num "leito" alemão.[23] O esquema de rimas adotado por Goethe também é muito tradicional e simples, com rimas alternadas e paralelas, frequentemente rimas perfeitas e "rimas ricas", com alguma licença poética. Dessa forma, os versos do *Divã* têm tal fluidez que, como comentou Heinrich Heine em *Die romantische Schule* [A escola romântica], parecem "tão leves, tão felizes, tão sussurrados, tão etéreos, que nos admiramos de que algo assim fosse possível em língua alemã" (HEINE, 2002 [1836], p. 55-56).[24]

Meu objetivo foi tentar traduzir o *Divã* reproduzindo em português o ritmo e a sonoridade da poesia (mesmo que isso soe vago), procurando simplificar soluções e evitar rebuscamento. Procurei, assim, espelhar a métrica usada no original, e cada poema foi um caso particular. Na maioria dos casos, o verso ideal para essa reprodução me pareceu ser a redondilha maior, por ter o mesmo andamento do troqueu e uma quantidade de sílabas poéticas semelhante ao original alemão. Além disso, a redondilha é uma forma/fôrma[25] tradicional da poesia e da canção popular. Levando em conta que a língua alemã é muito rica em monossílabos significativos e que em português a grande maioria das palavras é paroxítona, é difícil fazer essa conta "fechar" — mas as duas "sílabas extras" ao final da redondilha maior me ofereceram flexibilidade para estender o verso para até nove sílabas, quando o esquema de rimas o permitisse. Aqui a primeira estrofe do poema "Hégira" em minha tradução:

> Norte e oeste e sul se espalham,
> tronos racham, reinos falham,

---

23 Cf. essa imagem de aconchego no poema "Boa noite", o último do último livro do *Divã*, na p. 275 desta edição.

24 "[...] *diese sind so leicht, so glücklich, so hingehaucht, so ätherisch, daß man sich wundert, wie dergleichen in deutscher Sprache möglich war.*"

25 Entender a forma poética também como *fôrma* é uma maneira de estabelecer "o espaço de liberdade do tradutor" (CARDOZO, 2009, p. 115), pois assim se abre ao tradutor a possibilidade de, ao verter um verso, optar pela via da *forma* (e assim criar um verso que obedeça as regras dessa forma, como a redondilha maior) ou pela da *fôrma* (segundo a qual as ideias têm que se conformar a um determinado formato, a um determinado quadro de restrições que molda o verso resultante). O verso em redondilha pode, então, ser composto ou ajustado pelo tradutor. Deixo para o leitor interpretar o que predominou em minha versão.

> Vai-te à terra oriental,
> sorve o ar patriarcal;
> Pois no amar, beber, cantar
> Vai Chadir te remoçar.
>
> (p. 13)

O leitor notará que uso extensamente o recurso da elisão vocálica para, por um lado, garantir que se espelhe a cadência do verso original e, por outro, conseguir fazer "caber mais em menos espaço". Assim, "Norte e oeste e sul" tem cinco sílabas e não sete. Outro metro frequente no *Divã* é o hexassílabo (também característico da canção popular), que verti em português pela redondilha menor, por ser este também tradicional da poesia em língua portuguesa, sobretudo a trovadoresca. A "compressão" desse verso é ainda maior do que na redondilha maior, e o trabalho de "condensação" ainda mais difícil.

O esquema de rimas da poesia do *Divã* é bastante tradicional, com rimas alternantes e paralelas, perfeitas e assonantes[26], poucas internas e um uso consistente da aliteração. Na estrofe acima se nota a presença da paralela. Seria de se esperar que Goethe, ao emular a poesia de Hafez, procurasse utilizar a monorrima típica da poesia persa[27], mas não é esse o caso. Goethe faz isso de maneira muito consciente em poucos lugares quando essa repetição tem um significado específico, como por exemplo no poema "Em mil formas podes de esconder", o último do Livro de Zuleica, no qual o poeta dialoga de maneira profana com os 99 nomes de Alá[28] ao atribuir vários epítetos à pessoa amada. A monorrima se encontra sempre nos versos pares, como se fosse uma oração, neste caso dirigida ao amado e não (exclusivamente) à divindade:

---

26 Há momentos em que essa regra não se mantém. Por exemplo, quebrando radicalmente a expectativa do leitor no poema "Cachos! têm-me enredado" do *Livro de Zuleica* (p. 173), Goethe deixa de colocar seu nome no verso para rimar com Morgenröthe [Aurora], e usa "Hatem", o nome do amante de Zuleica.

27 Quem incorporou largamente as formas e elementos poéticos árabes/persas em sua obra poética foi Friedrich Rückert (1788-1866), prolífico tradutor e linguista, tradutor do Corão e autor das famosas *Kindertodtenlieder*, musicadas por Gustav Mahler no século XX.

28 A canção islâmica *al-asmā' al-husnā* (com os 99 "belos nomes de Alá") pode ser encontrada na Wikipédia em: <https://pt.wikipedia.org/wiki/Noventa_e_nove_nomes_de_Al%C3%A1>.

Em mil formas podes te esconder,
mas, Oniamado, logo reconheço a ti;
com véus mágicos vais te defender,
Onipresente, logo reconheço a ti.

No jovem cipreste, de puro ardor
Oniviçoso, logo reconheço a ti;
se a água viva do canal flui sem labor
Onilisonjeiro, claro, reconheço a ti.

Quando as águas em fluxo se desdobram
Onibrincalhão, feliz reconheço a ti;
quando nuvens formando se transformam
Onivariado, ali reconheço a ti.

No tapete florido que vela a campina,
Onicolorstrelado, belo reconheço a ti;
e agarra em torno com mil braços vinha,
ó Oniacolhedor, ali conheço a ti.

Quando ao monte a manhã se incendeia,
logo, Onirreluzente, saúdo a ti;
depois sobre mim o céu puro se alteia,
Onicordiamplo, aí respiro a ti.

O que sei com senso externo, interno,
tu Oni-instrutor, conheço por meio de ti;
e quando os nomes de Alá, cem, externo,
em cada um ressoa um nome de ti.
(p. 203)

No poema acima se nota outra característica presente no *Divã*: a alternância de rimas agudas e graves, ou rimas masculinas e femininas. Esse recurso também não foi aplicado por Goethe de maneira aleatória. Como a poesia do *Divã* é uma poesia de amor, de diálogo entre um homem e uma mulher, a alternância entre os acentos para marcar o discurso feminino/masculino tem grande significado, sobretudo no jogo dialógico do *Livro de Zuleica*. Essa alternância é tão pujante que a estrofe comum do *Livro de Zuleica* ficou conhecida como *Suleikastrophe* ou "estrofe de Zuleica", uma contribuição para a versificação alemã.²⁹ Essa forma de estrofe não tem equivalente na versificação portuguesa, pelo menos não com esse nome, sobretudo porque as designações "masculina" e "feminina" caíram em desuso há algum tempo.³⁰ Aqui um exemplo de *Suleikastrophe* no qual tentei manter essa alternância, ainda que sem ser totalmente bem-sucedido:

Hatem

Nicht Gelegenheit macht Diebe,
Sie ist selbst der größte Dieb,
Denn sie stahl den Rest der Liebe
Die mir noch im Herzen blieb.

Dir hat sie ihn übergeben
Meines Lebens Vollgewinn,
Daß ich nun, verarmt, mein Leben
Nur von dir gewärtig bin.

Doch ich fühle schon Erbarmen
Im Karfunkel deines Blicks
Und erfreu' in deinen Armen
Mich erneuerten Geschicks.

(GOETHE, 2010, p. 75)

Hatem

A ocasião não faz o ladrão;
pois ela é o maior ladrão:
roubou o resto da paixão
que eu tinha no coração;

Todo o ganho da minha vida
só a ti ela entregou;
e pobre de mim, querida,
sem ti eu nada não sou!

Mas já sinto a empatia
na joia do teu olhar,
e em teus braços a alegria,
minha sorte, vou encontrar.

(p. 143)

De maneira similar à *Suleikastrophe*, considera-se o *Divã* a origem da chamada *Schenkenstrophe*³¹ ou "estrofe da taverna", por ser esta predominante no *Livro da taverna*. Ela consiste de quatro versos de andamento trocaico, todos com cadência feminina ou grave. Um exemplo que se vale largamente da *Schenkenstrophe*:

---

29 Cf. por exemplo Felsner, Helbiger e Manz (2012, p. 85).

30 Isso se não contarmos o tratado *O sexo do verso* de Glauco Mattoso (2010), que, de maneira jocosa e consoante à sua poesia pornográfica e escatológica, defende uma "suruba" de masculino e feminino na versificação portuguesa, com forte ênfase no ritmo.

31 A *Schenkenstrophe* pode ser encontrada em manuais de versificação, como o livro *Deutsche Metrik* (WAGENKNECHT, 2007, p. 91) e o *Arbeitsbuch Lyrik* (FELSNER, HELBIG e MÄNZ, 2012, p. 85). Ainda que descrita de maneira rápida nesses manuais, a "estrofe da taverna" é registrada como uma contribuição do *Divã* de Goethe para o repertório de formas e elementos poéticos da poesia alemã.

Schenke	Escanção
Nennen dich den großen Dichter,	Chamam-te grande poeta,
Wenn dich auf dem Markte zeigest;	quando te mostras no mercado;
Gerne hör' ich wenn du singest	gosto de ouvir quando cantas
Und ich horche wenn du schweigst.	e ouço se estás calado.
Doch ich liebe dich noch lieber,	Mas te amo mais amado
Wenn du küssest zum Erinnern;	se o teu beijo permanece;
Denn die Worte gehn vorüber	As palavras são passado
Und der Kuß der bleibt im Innern.	E esse beijo nunca esquece.
Reim auf Reim will was bedeuten,	Rima em rima diz, sim, algo,
Besser ist es viel zu denken.	pensar muito é muito bom.
Singe du den andern Leuten	Canta tu ao vário vulgo,
Und verstumme mit dem Schenken.	e te cala com o garçom.
(GOETHE, 2010, p. 110)	(p. 221)

Estruturalmente, como já mencionei, meu projeto de tradução não abre mão de publicar a poesia e a prosa juntas, por serem indissociáveis e indispensáveis para a compreensão mútua. Mantive também os títulos duplos nos livros do *Divã*, utilizando uma transcrição abrasileirada e aproximada.

Para além da forma/fôrma, é importante cuidar do vocabulário e do registro. Afora palavras estrangeiras advindas do persa ou referências a temas específicos ou distantes temporalmente (como termos bíblicos ou de história antiga), a linguagem do *Divã* não é de forma alguma hermética. A poesia está repleta de humor e ironia, assim como a poesia de Hafez mistura elementos banais e cotidianos para falar de temas religiosos, místicos e amorosos. Também há momentos em que ela assume um discurso mais reflexivo, sobretudo nos poemas de temática religiosa, ou belicoso e violento, como em "O Inverno e Timur". Assim como o esquema métrico e de rimas teve de ser escolhido e ajustado na tradução de cada poema, da mesma maneira o registro, o vocabulário e a dicção foram trabalhados caso a caso, sempre numa tentativa de espelhar o original. Um exemplo em que creio ter sido bem-sucedido é "Confissão" do *Livro do cantor*, no qual o poeta reflete sobre a dificuldade de conter um poema tão logo ele se forme, e considera jocosamente o que o público pode pensar dessa "incontinência":

Geständniss	**Confissão**
Was ist schwer zu verbergen? Das Feuer!	O que é ruim de esconder? O fogo!
Denn bei Tage verrät's der Rauch,	Se ao dia a fumaça o trai
Bei Nacht die Flamme, das Ungeheuer.	à noite a chama o monstro, o ogro.
Ferner ist schwer zu verbergen auch	Difícil de esconder ainda mais,
Die Liebe; noch so stille gehegt,	O amor: guardado em cura calma,
Sie doch gar leicht aus den Augen schlägt.	pula ágil pra fora da alma.
Am schwersten zu bergen ist ein Gedicht,	O pior mesmo é esconder um poema:
Man stellt es untern Scheffel nicht.	pois cobri-lo dá o maior problema.
Hat es der Dichter frisch gesungen,	Se o poeta o recém-cantou,
So ist er ganz davon durchdrungen,	de poesia se encharcou;
Hat er es zierlich nett geschrieben,	se o poeta o escreveu com classe,
Will er, die ganze Welt soll's lieben.	quer que todo o mundo o abrace.
Er liest es jedem froh und laut,	A todos lê, alegre e forte.
Ob es uns quält, ob es erbaut.	Azar de nós — ou será sorte?
(GOETHE, 2010, p. 16)	(p. 23)

Leituras aprofundadas e referências

Aqui relaciono algumas obras de referência para o leitor que queira se aprofundar no estudo do *Divã ocidento-oriental*. Algumas estão disponíveis apenas em língua alemã, outras em inglês. Ainda há poucos trabalhos em português, mas espero que essa condição mude em breve. Há trabalhos da "divanística" que talvez apelem apenas aos germanistas, como o dicionário de Christa Dill ou o catálogo do espólio de Anke Bosse. Mas sem dúvida a longuíssima e profunda obra de Katharina Mommsen[32] é um dos melhores pontos de partida para quem desejar se aprofundar no estudo. As biografias escritas por Richard Friedenthal e Rüdiger Safranski também são de grande ajuda na compreensão da época de escrita do *Divã*.

---

32 Uma lista de publicações, com alguns textos disponíveis para download, pode ser encontrada em: < http://www.katharinamommsen.org/>.

Uma área de especial interesse aos leitores do *Divã* de Goethe é a poesia da chamada "época de ouro" persa, dos poetas Saadi, Rumi, Hafez, Jami, Ferdusi, Nezami e Omar Khayyam. O poeta e tradutor Marco Lucchesi tem trabalhado há anos na tradução da poesia de Rumi para o português, e seus trabalhos contêm referências valiosas para leitura e estudo aprofundado.

OBRAS DE GOETHE

Edições do *Divã ocidento-oriental* em alemão

GOETHE, Johann Wolfgang von. *West-östlicher Divan*. Com a participação de Hans Heinrich Schaeder; edição e comentários de Ernst Beutler. Wiesbaden: Dieterich, 1948.

_____. *West-östlicher Divan. Eigenhändige Niederschriften*. Organização e comentários de Katharina Mommsen. Frankfurt s/ Meno: Insel, 1996.

_____. *West-östlicher Divan*. Studienausgabe. Edição de Michael Knaupp. Stuttgart: Reclam, 1999a.

_____. *West-östlicher Divan*. Munique: Deutscher Taschenbuch, 2006.

_____. (DKV) *West-östlicher Divan*. Organização de Hendrik Birus. 2 v. Berlim: Deutscher Klassiker, 2010b.

_____. *West-östlicher Divan*. Edição e comentários de Hans-J. Weitz. Com ensaios sobre o *Divan* de Hugo von Hofmannsthal, Oskar Loerke e Karl Krolow. Berlim: Insel, 2012.

Traduções do *Divã*

GOETHE, Johann Wolfgang von. *Goethe's West-easterly Divan*. Tradução, introdução e notas de John Weiss. Boston: Roberts Brothers, 1877.

_____. *Goethe's Works Illustrated by the Best German Artists*. Vol. 1. Introdução biográfica de H. H. Boyesen. Filadélfia: George Barrie, 1885.

_____. *West-eastern Divan in Twelve Books*. Tradução de Edward Dowden. Londres; Toronto: J.M. Dent & Sons, 1914.

_____. *Le Divan*. Tradução de Henri Lichtenberger; prefácio e notas de Claude David. Paris: Gallimard, 1984.

_____. *Obras completas*. Tomo 1. Compilação, tradução, estudo preliminar, preâmbulos e notas de Rafael Cansinos Assens. Madri: Aguilar, 1987 ["Divan de Occidente y Oriente", p. 1645-1866].

_____. *Il Divano occidentale-orientale*. Edição de Ludovica Koch, Ida Porena e Filiberto Borio. Milão: Rizzoli, 1990. (Edição bilíngue alemão-italiano.)

_____. *The West-east Divan: Poems, with "Notes and Essays": Goethe's Intercultural Dialogues*. Tradução, introdução e comentários de Martin Bidney; tradução de "Notes and Essays" com a colaboração de Peter Anton von Arnim. Albany; Nova York: State University of New York Press, 2010c.

Demais obras de Goethe

GOETHE, Johann Wolfgang von. *Goethes Werke in zwölf Bänden*. Berlim, Weimar: Aufbau, 1981.

_____. *Memórias: poesia e verdade*. Tradução de Leonel Vallandro. 2 v. Brasília: Ed. UnB, 1986 [1811-1833].

_____. *Poemas*. Tradução de Paulo Quintela. Coimbra: Centelha, 1986.

_____. *Werke*. Berlim: Directmedia, 1998. (Digitale Bibliothek).

_____. *Viagem à Itália 1786-1788*. Tradução de Sérgio Tellaroli. São Paulo: Companhia das Letras, 1999 [1813-1817].

_____. *Poesias escolhidas*. Organização e apresentação de Samuel Pfromm Netto. Campinas: Átomo; PNA, 2005a.

_____. *A metamorfose das plantas*. São Paulo: Antroposófica, 2005b.

_____. *O aprendiz de feiticeiro*. Tradução de Mônica Rodrigues da Costa. Edição bilíngue. São Paulo: Cosac Naify, 2006. (Coleção Dedinho de Prosa).

_____. *Gedichte*. Studienausgabe. Stuttgart: Reclam, 2008.

_____. *Anos de aprendizado de Wilhelm Meister*. Tradução de Nicolino Simone Neto. Apresentação de Marcus Vinicius Mazzari. Posfácio de Georg Lukács. 2. ed. São Paulo: Editora 34, 2009.

_____. *Fausto: uma tragédia*. 2 v., 4. ed. Tradução de Jenny Klabin Segall. Apresentação, comentários e notas de Marcus Vinicius Mazzari. Ilustrações de Eugène Delacroix. São Paulo: Editora 34, 2010a.

Outras obras consultadas

ALCORÃO. *O Alcorão Sagrado*. Versão digital do Centro Cultural Beneficente Árabe Islâmico de Foz do Iguaçu. LCC Publicações Eletrônicas, eBooksBrasil.com. Disponível em: <http://www.ligaislamica.org.br/alcorao_sagrado.pdf>. Acesso em: 8 maio 2019.

AL-MUALLAQAT. *Os poemas suspensos*. Tradução do árabe, introdução e notas de Alberto Mussa. Rio de Janeiro: Record, 2006.

AMARU. *Poemas de amor*. Tradução de Aurélio Buarque de Hollanda. São Paulo: José Olympio, 1949.

ASKARIAN, Ghorbanali. *Ost-westliche Begegnung in der Poesie. Muhammad Iqbals "Botschaft des Ostens" als Antwort auf Goethes "West-östlichen Divan"*. Berlim: Weißensee, 2009.

AZENHA JR., João. "Tradução é movimento: uma leitura do Romantismo alemão". *Revista ANPOLL*, n. 14, jan.-jun. 2003, p. 31-56.

_____. "Goethe e a tradução: a construção da identidade na dinâmica da diferença". *Literatura e Sociedade*, FFLCH-USP, n. 9, 2006, p. 44-59.

BANDEIRA, Manuel. *Estrela da vida inteira*. 20. ed. Rio de Janeiro: Nova Fronteira, 1993.

BERMAN, Antoine. *A prova do estrangeiro: cultura e tradução na Alemanha romântica: Herder, Goethe, Schlegel, Novalis, Humboldt, Schleiermacher, Hölderlin*. Tradução de Maria Emília Pereira Chanut. Bauru: Edusc, 2002 [1984].

BIRUS, Hendrik. *Goethes Idee der Weltliteratur. Eine historische Vergegenwärtigung*. Disponível em: <http://www.goethezeitportal.de/db/wiss/goethe/birus_weltliteratur.pdf>. Acesso em: 17 out. 2011.

_____. "Goethes imaginativer Orientalismus". In: *Jahrbuch des Freien Deutschen Hochstifts*. 1992, p. 107-128.

BOSSE, A. *Meine Schatzkammer füllt sich täglich... Die Nachlaßstücke zu Goethes "West--östlichen Divan". Dokumentation — Kommentar*. Göttingen: Wallstein, 1999.

_____. "O significado da diferença: a dimensão crítica da noção de projeto de tradução literária". *Tradução e Comunicação*, n. 18, 2009, p. 101-117.

COSTA, Walter Carlos. "Bandeira, importador de poesia". *Travessia*, v. 5, n. 13, 1986, p. 102-108.

DILL, Christa. *Wörterbuch zu Goethes West-östlichem Divan*. Amsterdam: De Gruyter, 2010.

ENDERLE, Rubens. "*Divã oriental-ocidental*, de Goethe. Poemas 1-6 do Livro do cantador". *Tiraz, Revista de Estudos Árabes e das Culturas do Oriente Médio*. USP, n. 7, ano VII, 2010, p. 163-186.

FELSNER, Kristin; HELBIG, Holger; MANZ, Therese. *Arbeitsbuch Lyrik*. Berlim: Akademie, 2012.

FRIEDENTHAL, Richard. *Goethe. Sein Leben und seine Zeit*. Munique: R. Piper, 1963.

GRIMM, Herman. "Goethe und Suleika. Zur Erinnerung an Marianne von Willemer". In: *Preußische Jahrbücher*. Organização de H. v. Treitsche e W. Wehrenpfennig. Vol. 24. Berlim: Georg Reimer, 1869.

HAFEZ, Mohammed Schemsed-din. *Der Diwan*. Tradução do persa de Joseph von Hammer-Purgstall. Stuttgart e Tübingen: Cotta'sche Buchhandlung, 1812. Disponível em: <http://www.deutsche-liebeslyrik.de/hafis/hafis.htm>.

_____. *Os Gazéis de Hafiz*. Tradução de Aurélio Buarque de Hollanda; ilustrações de Luis Jardim. Rio de Janeiro: José Olympio, 1944.

HEIDERMANN, Werner. *Clássicos da teoria da tradução*. Vol. 1: alemão-português. 2. ed. rev. e ampl. Florianópolis: UFSC/Núcleo de Pesquisas em Literatura e Tradução, 2010.

IQBAL, Muhammad Allama. *Botschaft des Ostens*. Tradução e edição de Annemarie Schimmel. Tübingen: Edition Erdmann, 1977a.

_____. *Message from the East. A Selective Verse Rendering of Iqbal's "Payam-i-Mashriq"* by M. Hadi Hussain. Lahore, 1977b. Disponível em: <http://www.allamaiqbal.com/works/poetry/persian/payam/translation/>. Acesso em: 7 fev. 2016.

JONES, Sir William. *Poeseos Asiaticae commentatorium libri sex*. Leipzig, 1774.

LUCCHESI, Marco. *A sombra do Amado: poemas de Rûmî*. Tradução de Marco Lucchesi e Luciana Persice. Rio de Janeiro: Fisus, 2000.

_____; TEIXEIRA, Faustino. *O canto da unidade: em torno da poética de Rūmī*. Rio de Janeiro: Fisus, 2007.

MOMMSEN, Katharina. "Die Barmekiden im West-östlichen Divan". *Jahrbuch der Goethe--Gesellschaft*, neue Folge, v. 14/15, 1952-1953, p. 279-301.

_____. *Goethe und Diez. Quellenuntersuchungen zu Gedichten der Divan-Epoche*. Berlim: Akademie, 1961.

_____. *Goethe und die arabische Welt*. Frankfurt s/ Meno: Insel, 1989.

_____. *Goethe und der Islam*. Frankfurt s/ Meno: Insel, 2001.

_____. *Goethe und 1001 Nacht*. Berlim: Akademie, 1960a.

PAES, José Paulo. *Tradução: a ponte necessária*. São Paulo: Ática, 1990.

PFROMM NETTO, Samuel. "Introdução". In: GOETHE, J. W. *Poesias escolhidas*. Campinas: Átomo; PNA, 2005.

RUMI, Jalal al-Din. *A Mística do Amor*. Tradução de André Luis Soares Vargas. Porto Alegre: Pradense, 2012.

_____. *Gedichte aus dem Diwan*. Seleção e organização de Johann Christoph Bürgel. Stuttgart: Philipp Reclam, 1972.

SAADI. *O Jardim das Rosas*. Tradução de Aurélio Buarque de Hollanda. 2. ed. Rio de Janeiro: José Olympio, 1952.

_____. *Gulistan. O Jardim das Rosas*. Prefácio de Omar Ali Shah. Tradução de Rosângela Tibúrcio, Beatriz Vieira e Sergio Rizek a partir do original persa traduzido por Omar Ali Shah. São Paulo: Attar, 2000.

SAFRANSKI, Rüdiger. *Goethe. Kunstwerk des Lebens*. Munique: Carl Hanser, 2013.

SAFRANSKI, Rüdiger. *Goethe. Kunstwerk des Lebens*. Munique: Carl Hanser, 2013.

SAID, Edward. *Orientalismo: o Oriente como invenção do Ocidente*. Tradução de Rosaura Eichenberg. São Paulo: Companhia das Letras, 2001.

SCHIMMEL, Annemarie. "Weltpoesie allein ist Weltversöhnung". *Via Regia — Blätter für internationale kulturelle Kommunikation*, v. 21/22, 1995. Disponível em: <http://www.via-regia.org/bibliothek/pdf/Heft2122/schimmel_weltpoesie.pdf>. Acesso em: 10 jan. 2016.

SCHWIEDER, Gabriele. *Goethes west-östlicher Divan: eine poetologische Lektüre*. Colônia; Weimar; Viena: Böhlau, 2001.

SIMÕES, Alan Caldas. "Manuel Bandeira: o tradutor". *A MARgem — Revista Eletrônica de Ciências Humanas*, ano 3, n. 6, jul./dez. 2010, p. 72-84.

STÖRIG, Hans Joachim. *Das Problem des Übersetzens*. Darmstadt: Wissenschaftliche Buchgesellschaft, 1969.

TILLMANN, Thomas. *Hermeneutik und Bibelexegese beim jungen Goethe*. Berlim; Nova York: Walter de Gruyter, 2006.

UNSELD, Siegfried. *Goethe und der Ginkgo: ein Baum und ein Gedicht*. Frankfurt: Insel, 1998.

VON HAMMER-PURGSTALL, Joseph. *Der Diwan von Mohammed Schemsed-din Hafis. Aus dem Persischen zum erstenmal ganz übersetzt von Joseph v. Hammer*. 2 v. Stuttgart; Tübingen: Cotta, 1812. Disponível em: <http://www.deutsche-liebeslyrik.de/hafis/hafis.htm>.

ESTE LIVRO FOI COMPOSTO EM PALATINO
LIGHT 10,5 POR 15 E IMPRESSO SOBRE PAPEL
CHAMBRIL AVENA 80 g/m² NAS OFICINAS DA
RETTEC ARTES GRÁFICAS E EDITORA,
SÃO PAULO – SP, EM MARÇO DE 2020.